U0587515

◎ 国家社科基金重大项目
"开放经济条件下我国虚拟经济运行安全法律保障研究"
（批准号：14ZDB148）成果

◎ 重庆市"十四五"重点出版物出版规划项目

虚拟经济安全的法律塑造

靳文辉　陈　誉◎著

重庆大学出版社

图书在版编目(CIP)数据

虚拟经济安全的法律塑造／靳文辉,陈誉著. -- 重庆:
重庆大学出版社,2022.12
(虚拟经济运行安全法律保障研究丛书)
ISBN 978-7-5689-3694-1

Ⅰ.①虚… Ⅱ.①靳…②陈… Ⅲ.①虚拟经济—经济法—研
究—中国 Ⅳ.①D922.290.4

中国国家版本馆 CIP 数据核字(2023)第 007942 号

虚拟经济安全的法律塑造
XUNI JINGJI ANQUAN DE TALÜ SUZAO
靳文辉 陈誉 著
策划编辑:张英姿 张慧梓 许璐
责任编辑:张慧梓 版式设计:张晗
责任校对:刘志刚 责任印制:张策
*
重庆大学出版社出版发行
出版人:饶帮华
社址:重庆市沙坪坝区大学城西路 21 号
邮编:401331
电话:(023)88617190 88617185(中小学)
传真:(023)88617186 88617166
网址:http://www.cqup.com.cn
邮箱:fxk@cqup.com.cn(营销中心)
全国新华书店经销
重庆升光电力印务有限公司印刷
*
开本:720mm×1020mm 1/16 印张:19 字数:273 千
2022 年 12 月第 1 版 2022 年 12 月第 1 次印刷
ISBN 978-7-5689-3694-1 定价:98.00 元

本书如有印刷、装订等质量问题,本社负责调换
版权所有,请勿擅自翻印和用本书
制作各类出版物及配套用书,违者必究

作者简介

———————

靳文辉,甘肃天水人,法学博士,重庆大学法学院教授,博士生导师。中国经济法学会理事,中国证券法研究会理事,中国商业法研究会理事,重庆大学虚拟经济法治研究中心副主任。

陈誉,重庆涪陵人,重庆大学法学院博士研究生,重庆大学虚拟经济法治研究中心研究人员。

总　序

必然是长期孕育的,但必然总是需要偶然来点亮的。

20 世纪与 21 世纪之交,由中国一些土生土长的经济学家如刘骏民、成思危教授所创制的"虚拟经济"概念,尤其是将传统市场经济重新解读为"实体经济与虚拟经济二元格局"的学说,像夜空中划过的一道亮光,照亮了许多人的眼睛。虚拟经济理念自此便在中国的大地上逐渐兴起。可惜隔行如隔山,与大多数行外人一样,当时的我知之甚少,更谈不上明了其中所蕴含的时代意义了。

在博士论文选题时,考虑到硕士学的是民法,博士学的是经济法,我便准备在经济法基本理论方面下些功夫,试图寻找一个能跨越民法与经济法,类似于"贯通民法与经济法的人性精神"之类的选题,要将民法与经济法的共生互补以及这两者对人类经济社会发展的不可或缺,彻底地研究一番,以弥合两个学科间长期的对立,缓和学者们喋喋不休的争论。就在即将确定题目之前,好友杨泽延与卢代富来家小坐,听了我的想法后,反倒建议我最好务实一些,先从具体问题着手,选一个既以民法规则为基础又以经济法国家干预手段为寄托的题目,比如"证券内幕交易法律规制问题研究",以后再俟机扩大研究范围,进而深耕经济法的基本理论。

或许是太出乎意料了,这一题目竟然直戳我的心窝。突然,我想起来了:1992 年我正读硕士,其时中国股市刚建立不久,普通百姓还一头雾水,我却受人仓促相邀，懵懵懂懂地参加了《中国股票债券买卖与法律实务》的编写。莫非两位好友的这个题目，恰好将我潜意识中留存的有关股票、债券的一点点余烬给重新点燃？我几天睡不着觉，天天跑书店和图书馆，去追寻带有"内幕交易"的所有纸张与文字，还特意托好友卢云豹夫妇联系台湾的亲朋帮忙查寻相关资料。最后，提交给导师李昌麒教授审核的题目自然就是"内幕交易及其法律控制研究"了。好在，该选题不仅得到了恩师的首肯，还获得了国家社科基金项目的资助，论文也顺利通过了答辩，并被评为重庆市优秀博士论文，获重庆市第四届优秀社科成果二等奖。

2002 年博士论文业已完成，但一些超越该论文范围的根本性问题却持续困扰着我。直到有一天，当"虚拟经济"这四个字不经意地溜进眼帘时，我的眼睛竟然放出光来。由于证券是最典型的虚拟经济交易品，因而它不能不让我怦然心动，甚至也让我豁然开朗——似乎那些缠绕在我心中多年的许多困惑瞬间冰消雪融。我觉得太亲切了，相见恨晚，激动之余再也止不住去搜集有关虚拟经济的论著。尽管经济学中的数学计算、模型推演等很难看懂，但这并不妨碍我从其论说的字里行间去领悟那背后所隐含的意蕴，于是义无反顾地埋头研习。

什么是虚拟经济？一个人基于投资获得了一个公司的投资凭证——股票，钱物投进公司让公司花去了，可持有股票的这个人，因某种原因不想继续当股东分红利，而别的投资者恰好又看好这家公司的前景想挤进投资者行列，当这两人进行了该股票的买卖时，他们就完成了一次虚拟经济交易。实践中，能作为虚拟经济交易品的，除股票外，还有债券、期货、保险及其他金融衍生工具。当这些偶发的、个别的交易一旦普遍化、标准化和电子化，虚拟经济市场之繁荣与发达也就再也无法阻挡了。

之所以说它"虚拟"，是与传统实体经济的商品交换相对而言的：因为包含劳动价值的财产已移转给公司占用了，此处用以交换的股票，本身是不包含人类劳动价值的——说到底，它仅仅是记录投资的证明或符号而已。也就是说,从旨在实现劳动价值与获得使用价值的传统商品交换演变到纯粹没有价值的"符号交换",这就意味着市场已经从实体经济迈向了虚拟经济。

本来,传统市场经济是以实体经济为主的经济,在这样的经济格局中,虚拟经济不过是实体经济的副产品,也是实体经济运行所借用的一种工具。但令人惊奇的是,20世纪末中国的一些经济学家发现虚拟经济的发展速度已经超越了实体经济,且其规模足以与实体经济相媲美。也就是说,市场经济已经由原来的实体经济独霸天下,不知不觉地进入了实体经济与虚拟经济平分秋色的"二元经济时代"。

在现代市场经济体系中,虚拟经济确实有其积极作用,它可以促进实体经济的飞速发展,甚至有"现代经济的中枢""现代经济的核心""市场经济的'发动机'"等美誉。不过,虚拟经济背后也潜藏着巨大的风险:在人类历史上发生的历次金融危机中,人们已经真切地感受到了它给实体经济带来的反制、威胁,甚至破坏。

徜徉于这崭新的经济学理论之中,累却快乐着。到2007年,以"虚拟经济概念"及"二元经济时代"审视我国的经济法及其理论,我完成了《虚拟经济及其法律制度研究》一书的写作。此时恰逢北京大学吴志攀教授组织出版"国际金融法论丛",吴教授阅过书稿之后,当即同意将其纳入他的丛书,恩师李昌麒教授也欣然命笔为该书作序,最后由北京大学出版社付梓出版。就我本人而言,该书只是一个法学学者学习经济学并思考经济法的一些体会,它未必深刻,却是国内将虚拟经济理念引入经济法领域并对经济法的体系结构和变革方向做出新的解读的第一部法学著作。特别是该书提出的"虚拟经济立法的核心价值是安全"的论述,不幸被次年波及全球的美国次贷危机所反证,也使得这本书多少露出了些许光华。也许是出于这些原因吧,在2009年的评奖中,该书获得教育部优秀人文社科成果三等奖和重庆市第六届优秀社科成果二等奖。乘此东风,我又组织团队申报了教育部人文社科规划项目"中国预防与遏制金融危机对策研究——以虚拟经济安全法律制度建设为视角",领着一群朝气蓬勃、年轻有为的博士,于 2012 年完成书稿,并由重庆大学出版社出版发行。

然而,实践是向前的,也是超越既有理论预设的。随着改革开放的不断推进,虚拟经济也飞速发展。在创造经济奇迹的同时,我国经济也出现了更加纷繁复杂的问题和矛盾。其中虚拟经济的"脱实向虚"及其与实体经济之间的冲突,衍生出了现代市场经济发展中一个全新的、具有重大时代意义的命题——虚拟经济治理及其法治化。但作为一个经济学上与实体经济相对的概念,即使在经济学界也未获得普遍认可的情形下,寄望于法学界的广泛了解与大量投入,暂时是不太现实的。也就是说,将其引入法学界容易,但要得到法学学者们的广泛认同,并调动法学学术资源对其展开研究,还需要更为漫长的时间和更为艰难的历程。虚拟经济安全运行的法治化治理,至今仍然是经济学界和法学界远未解决的重大历史课题。

在前几年的研究项目申报中,尽管由母校西南政法大学资助并由法律出版社出版的拙著《人性经济法论》已经获得了教育部优秀人文社科成果二等奖,但在民法学与经济法学的争论尚未了结而民法学已然成为显学的年代,要获准经济法基本理论方面的选题依然是困难重重。因接连受挫,不免有些怅然若失。于是,我索性决定放弃中小项目的申报,直接冲击国家社科基金重大项目。物色选题时,约请几位博士生一同前来商讨,提出的建议选题有好几个,且都很有价值,只是未能让我动心。最后当一位博士生提出"开放经济条件下我国虚拟经济运行安全法律保障研究"这一选题建议时,我顿觉像当年偶遇"虚拟经济"这几个字时一样地怦然心动。我拍着桌子跳了起来,挥着这个题目,激动地用方言大声说:"啥都甭说了! 就是他娃娃了!"意思是:什么都别说了,就认定这个宝贝疙瘩了!

在商请合作者的过程中,北京大学的彭冰教授、中国人民大学的朱大旗教授、中国政法大学的刘少军教授、华东政法大学的吴弘教授、武汉大学的冯果教授对此选题很是赞同,欣然同意作为子课题负责人参与项目的申报。

在课题的进程中,他们不仅参与论证、发表前期成果,自始至终给予支持,彭冰教授和冯果教授还建议,推荐年轻人出任主研,将子课题负责人让位给重庆大学杨署东教授和靳文辉教授。

不仅如此,在之后的研究中,许许多多校内外的专家学者都给予了我们无私的支持和帮助。像北京大学的吴志攀教授,中国政法大学的时建中教授,华东政法大学的顾功耘教授,西南政法大学的李昌麒教授、谭启平教授、岳彩申教授、盛学军教授和叶明教授,西北政法大学的强力教授,中国人民大学的涂永前教授,西南财经大学的高晋康教授,重庆大学的冉光和教授、刘星教授、刘渝琳教授、周孝华教授和黄英君教授等等,都为课题的论证、前期成果的产出和课题的推进与完成,做出了重要贡献。

当然,在研究进程中,我自己的团队,甚至法学院经济法学科的博士生和硕士生们,自课题立项以来,都不同程度地参与了课题研究的工作,还发表了一些阶段性成果;而来自社会各界的众多朋友,也都以各种方式关心课题的进展,给予了我们热情的鼓励与帮助……在此,我们谨向参与、关心和支持过本课题研究的所有人,表达最诚挚的谢意!

谁知课题获批后不久,身体就和我开了一个小小的玩笑,是家人的呵护、亲友的关爱、弟子们的陪伴,让我对未来充满了信心。不过,课题多少还是受了些影响,曾一度进展缓慢。然而,团队的力量是巨大的:课题组里的资深专家就是定海神针,而课题组中活跃着的一批充满活力并在学术界崭露头角的年轻教授和博士,则勇挑重担、冲锋陷阵,成了课题研究的主力。

早在之前的课题申报过程中,写作班子就将申请书打造成了一份内容扎实、逻辑严谨、格式规范的文件,近 20 万字,不是专著却胜似专著;在课题研究的推进中,每当遇到各种困难和烦恼时,课题成员们总是互相鼓励,互相支持,使我们的研究能够持续,我们的理论能够得到校正;特别是在近几年最终成果的打造过程中,本丛书十部著作的作者们,不畏艰辛,秉承"上对得起重大项目,下对得起学术良心"的信念,克服重重困难,使得丛书最终得以出炉。这十多位年轻作者的才华与风采，也尽藏于本丛书的简牍之中。

本丛书十部著作并不是简单的罗列或拼凑，而是有其自身的内在逻辑，也就是说有一根红线贯穿始终。为了找到这根红线，课题组花了好几年的时间。我们认为，既然虚拟经济是虚拟的，它就必然带有人设的性质。正如没有人为预先设定且为游戏者公认并一体遵行的游戏规则就没有游戏一样，虚拟经济的运行需要规则先行。同时从治理的角度来看，即使游戏有了内在的规则，也还需要游戏的外部法律边界及法律监督：如游戏不得触犯禁赌法令，游戏不得扰民，游戏不得损害他人利益和社会公共利益等。尤其是虚拟经济呈现出的"弱寄生性""离心规律""高风险性""风险传导性"等，明确无误地表明其"有利有弊"的"双刃剑"特质，决定了追求公平正义的法律肩负着为其提供内部规则和外部边界的艰巨使命。具体而言，虚拟经济赋予法律的天职，就在于通过法律制度的设计，为虚拟经济的运行设定"限度"，铺设"轨道"，装置"红绿灯"，进而为虚拟经济运行安全设定交通规则，作为虚拟经济运行、虚拟经济监管和虚拟经济司法的制度支撑。

基于上述基本认知，我们认为：所谓虚拟经济有限发展法学理论，是指根据虚拟经济自身运行规律，从法律自身的宗旨和价值出发，主张法律在保障虚拟经济发展的同时，为预防与克服其负面效应，保障其运行安全和可持续发展，而将其置于法律约束下的安全范围内运行的一种法学思想。

这一理论虽然是以虚拟经济运行的"双刃剑"规律和体现法律公平正义基本要求的安全价值为基础提出来的，但我们认为，它主要还是从法学，特别是从经济法学国家适度干预理论的角度提出来的，因而与纯粹的经济学理论有着明显的不同。不过，最大的疑问还不在此处。在研究过程中，一些热切关心我们课题的学者常常忍不住提出这样的疑问：为什么实体经济不需要"有限发展"而虚拟经济却要"有限发展"呢？这是问题的关键。对此，我们的回答主要有三条：其一，人类社会的基本生活（如衣食住行及娱乐）毕竟只能仰赖实体经济，实体经济提供的产品和服务，除了受生产力水平的约束和人类需求的制约外,就其品种、数量和质量来说,根本就不存在"有限发展"的问题。仅此一点,虚拟经济就难以望其项背。其二,虚拟经济毕竟是寄生于实体经济的,不论其寄生性的强弱如何,最终还是决定了它不能野蛮生长以至于自毁其所寄生的根基。其三,实体经济伴随人类的始终,而虚拟经济则是一种历史现象,它仅仅是实体经济发展到一定阶段的产物,而且其产生以后并不一定能与实体经济"白头偕老"。

虚拟经济有限发展法学理论的确立,让我们找到了解题的一把金钥匙。它昭示着这样一个最基本的道理:我们在草原上发现了一匹自由驰骋的骏马,但我们只有给这匹骏马套上缰绳,它才会把我们驮向我们想要去的"诗和远方"。

然而,学术是严谨、苛刻而精细的,也有它自身相对固化了的"八股"定式。要说清楚这一理论的来龙去脉、前因后果、内在机理、外部表征、政策制约、法律规范、理论影响和实践效果,就要以学术的方式加以展开和表达。本丛书的十部著作正是这种展开和表达的具象:它们以"虚拟经济有限发展法学理论"为主线,按其内在逻辑展开——总体为"1+9"模式,即1个总纲,9个专题。而这"1+9"模式具体又可分为以下相互关联的四个板块:

板块一也就是"1+9"中的"1",即《虚拟经济有限发展法学理论总说》,它既是整个研究的总纲,即总设计图或者总路线指引图,也是对整个研究成果的全面提炼和总结。不过,这一总纲与后面的九部专著各有分工,各有侧重,各有特色,虽构成一个系统,却不能相互取代。板块二是"虚拟经济有限发展法学理论及其证成",旨在立论和证明,包括《虚拟经济有限发展法学理论及其根源》《虚拟经济立法的历史演进:从自由放任到有限发展》和《近现代经济危机中虚拟经济立法的过与功——虚拟经济有限发展法学理论的例证》三部著作。它们分别从立论及其理论解析、历史归纳和典型案例证明的角度,提出并证明虚拟经济有限发展法学理论。板块三的主旨是"虚拟经济有限发展法学理论指引下的观念变革",主要包括《虚拟经济安全的法律塑造》《虚拟经济有限发展法学理论的法律表达：立法模式与体系建构》《虚拟经济运行安全法律制度的立法后评估：以中国为样本》三部著作。其特点在于，它既是虚拟经济有限发展法学理论的应用，又是虚拟经济有限发展法学理论的进一步证明，是介于理论证成与实践应用之间的一个板块，对我国虚拟经济立法的价值、原则、模式、体系及立法质量的提升与检测，具有重要的指导意义。板块四是虚拟经济有限发展法学理论的具体运用，包括《虚拟经济有限发展法学理论视角下的银行法律制度变革》《虚拟经济有限发展法学理论视角下的证券法律制度变革》《虚拟经济有限发展法学理论视角下的期货法律制度变革》三部著作，试图以此三个典型领域为例，揭示虚拟经济有限发展法学理论在银行、证券和期货立法方面的具体映射与应用。

这四个板块之间的关系，可参考下图：

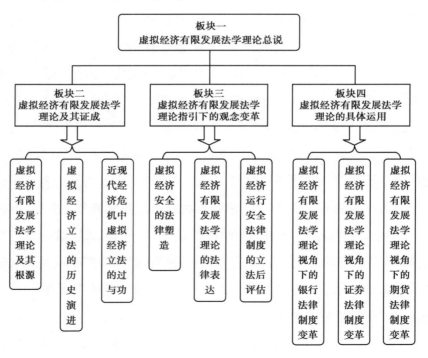

虚拟经济有限发展法学理论的论证与展开思路图

国家社科基金重大项目这一名称本身就体现出了它的分量。能在这一序列中获得"开放经济条件下我国虚拟经济运行安全法律保障研究"这一项目，既是偶然也是必然；既让我们有些激动和自豪，也让我们深感责任和压力。这几年，我们尽力做了，而且按"重大"之分量，踏踏实实地做了。至于成不成功，是否达到重大，就有待理论的佐证和实践的检验了。

我们处于一个大变革的时代，旧的事物陆续悄然退场，新的事物又在不知不觉中挤进我们的生活，甚至渐渐成为社会生活的一种主流。虚拟经济正是在这一历史巨变中膨胀，不断挣脱传统实体经济的束缚，而与实体经济分庭抗礼的。更有甚者，甚至到了反过来挟持、绑架、威胁实体经济的地步。正是这种二元经济格局的形成及两者之间的长期博弈和激烈冲突，给世界经济的发展以及各国政府的经济治理提出了前所未有的挑战。据我本人的揣测，在未来的几十甚至上百年里，如何看待和治理虚拟经济，不仅是中国面临的一大难题，也是世界面临的一大难题。

好在，越来越多的人正在逐渐看清虚拟经济脱实向虚的天性及其负面效应和可能的危害，有先见之明者已经着手强化监管、变革法治，竭尽趋利避害之能事，力图让虚拟经济助力实体经济，增进人民福祉。前几年我国着力扼制虚拟经济"脱实向虚"，这几年我国高层对虚拟经济采取既更开放又更注重其监管的策略，即可看作是"虚拟经济有限发展法学理论"在实践中得到的初步印证。

世界上没有尽善尽美的东西，也没有绝对的真理和最后的真理，学术上存在不足就是学术本身可能自带的一种"秉性"。例如，本研究中原预想的交叉学科知识的运用，现在看来还很不成熟；有的问题，如保险及其他一些金融衍生品也未能辟专题来讨论等等，都是短时间内很难弥补起来的不足，需寄望于后续研究中的努力了。

我向来认为，学术的魅力不仅体现在努力创新的过程之中，更体现在学界从未停歇过的争辩、质疑和批判之中。任何致力于社会科学研究的学者，所提出的观点或理论，都不可能是尽善尽美的，而学术正是在这种不完美之中求得点滴的进步,从而得以蹒跚前行的。为此,我们热忱欢迎学界诸君提出批评与指正。

虚拟经济概念及市场经济"二元格局"理论的提出,看似偶然,却是必然。它拨云见日,让人们突然看清了自己所生活的这个时代的"庐山真面目"。然而,其意义可能被我们的社会公众严重地低估了。就我的感受而言,它带来的思想冲击与震撼,当不亚于 20 世纪 80 年代托夫勒掀起的《第三次浪潮》,也不亚于当下人们热议的区块链、人工智能、大数据以及元宇宙等。而法律,特别是始终站在市场经济历史洪流风口浪尖的经济法,随着经济理念及经济格局的不断变迁而不断革新,一定是势不可挡,也一定是不可逆转的。

我仍然坚信,必然是长期孕育的,但必然总是需要偶然来点亮的。

胡光志

2022 年 12 月 10 日

前　言

在开放经济条件下,金融安全事关国家经济安全,金融动荡不仅会影响到金融业自身的运行,还会威胁到国家的政治安全和政治稳定,甚至诱发国家主权风险。虚拟经济的有效治理是判断国家治理能力和治理现代化的关键依据,虚拟经济安全是衡量国家安全的重要指标,构成衡量国家治理能力和治理现代化的关键依据。在虚拟经济有限发展法学理论框架中,虚拟经济安全要求虚拟经济发展是一种"有限发展",这种发展模式对虚拟经济安全的理念、实现路径提出了新的要求。虚拟经济监管以监管的价值选择为前提,安全、效率和秩序是虚拟经济监管价值的基本内容。其中,虚拟经济安全是虚拟经济监管的首要价值和最终目标,在虚拟经济监管价值体系中处于基础地位。虚拟经济安全的基本要素包含虚拟经济结构协调性、虚拟经济监管的有效性、市场机制运行的规范性和外部环境的适应性等内容。

按照虚拟经济有限发展法学理论的分析逻辑,虚拟经济安全的法治塑造需要构造规范的法权结构。虚拟经济的兴起及发展意味着经济领域一种新的生活方式、经营方式和监管方式的形成,虚拟经济安全制度的构造蕴含的权利、权力内容及复杂关系,决定了以"权利-权力"为核心范畴的"法权理论"对其有更充分的解释力。虚拟经济风险防范法律制度中的权利类型主要包括虚拟经济消费者的财产安全权和虚拟经济经营者的自由经营权,而权力形态则表现为虚拟经济管理机构的管理权,它们共同构成了虚拟经济风险防范法治化运行的基本力量。虚拟经济消费者权利的非理性行使，虚拟经济经营者自由经营权的过度扩张，以及国家虚拟经济管理权在运行中的失灵情形，均为诱发或放任虚拟经济风险发生的重要因素。因此，提升金融素养，促成虚拟经济消费者权利的理性行使；开启"监管沙箱"，平衡经营自由权行使中的创新与安全；规范虚拟经济监管权，提升虚拟经济监管行为的有效性，这些内容既是法权理论视角下虚拟经济安全法律制度建构的基本路径，也是实现虚拟经济有限发展的法治方案。

同时，虚拟经济有限发展法学理论要求虚拟经济的发展是受规范约束的发展，是遵循虚拟经济发展规律的发展。通过政府干预来保障虚拟经济的安全，是虚拟经济有限发展法学理论的核心要旨。虚拟经济安全监管需要科学、高效的监管组织，监管组织的科学构造是决定虚拟经济风险监管合理性的关键要素，对虚拟经济监管目标的确定、监管手段的运用、监管工具的选择都会产生决定性影响。传统的"统合监管"和"分业监管"等监管组织模式，和虚拟经济均存在某种程度的非契合。虚拟经济运行的基本事实和风险的具体状态，决定了对虚拟经济的监管必须是综合整体性和专业性的复合型监管，必须是灵活、适宜和富有弹性的回应型监管。以此为依据，建立由正式监管组织、行业协会和互联网平台构成的多中心监管组织，通过文化、资源、责任和技术等途径来构建监管组织的跨部门协调机制，引入专家、强化监管队伍建设以提升监管组织的专业能力，实现虚拟经济风险评估组织的独立运行，这是虚拟经济监管组织设计中应该遵从的路径。

在某种意义上，虚拟经济的安全运行和虚拟经济风险的防范是一个问题的两个方面，也是虚拟经济有限发展法学理论的核心内容。虚拟经济风险的防范以风险识别和预警为前提。虚拟经济风险预警技术的科学性、预警组织的规范性和预警范围确定的合理性，是决定虚拟经济风险预警有效性的关键因素，均需要法律制度的促成和保障。具体而言，在预警技术和方案的运用方面，法律制度可促成预警指标选取、模型构造等技术要素在价值预设和利益判断上的适当性,保障虚拟经济风险预警"指标-模型"技术理性和社会理性的统一。在预警组织的建构中,法律制度可通过对虚拟经济风险预警组织开放性和独立性的保障,以及对预警组织横向结构和纵向结构的规范,保障虚拟经济风险预警组织"形态-结构"与虚拟经济风险的特征相契合,促成虚拟经济风险预警行动的有序与高效。在预警范围的确定方面,法律制度可从政治、经济和社会层面对虚拟经济风险预警评估的对象和范围予以确认,保障虚拟经济风险预警评估范围的确定性和周延性,实现虚拟经济风险预警的规范性和准确性。

除了风险预警之外,风险治理也是虚拟经济有限发展法学理论下虚拟经济运行安全的关键要求。现代虚拟经济市场表现为多层次、多主体、多环节的资本叠加、行为叠加和技术叠加,各种诉求、规则和价值之间的互嵌、冲突和对抗普遍存在,蕴含的风险极为繁杂多样,对虚拟经济风险的治理需要政府、社会和市场等机制的协同互动才能完成。从形成基础上讲,政府、社会和市场机制的治理能力及边界,以及虚拟经济风险的系统性、复杂性和治理所需知识的多样性,是虚拟经济风险协同治理的逻辑基础和现实依据;从构成要素上讲,法权要素、主观要素、结构要素和知识要素是虚拟经济风险协同治理的核心要素,这些要素需要通过对治理主体间权利和权力的合理配置、治理主体间信任关系的法治促成、网络连接状态的法治强化和知识共享的法治保障来落实;从实施过程来讲,行政指导、行政契约、行政授权、行政委托和行政辅助是虚拟经济风险协同治理的主要行为类型,法律激励、责任机制和过程约束是法治视角下虚拟经济风险协同治理行为展开的主要路径。

本书以胡光志教授提出的"虚拟经济有限发展法学理论"为指导写成,具体的写作分工如下。陈誉撰写第一、第二章,靳文辉撰写引言、结语和第三、第四、第五、第六章。

尽管写作过程中几经易稿,但其中的疏漏依然难免,恳请诸位方家批评指正。

目　录

引　言

　　虚拟经济是实体经济发展到一定阶段的必然产物,现代市场经济已经发展至实体经济与虚拟经济同时发展、相互依存、相互促进、实体经济与虚拟经济并存的"二元"经济时代。一个现代国家的经济发展决然离不开虚拟经济的发展和支持,因为虚拟经济能够解决资本要素有序地自由流动和高效利用问题,可以在更高层次上完成社会资源的优化配置。但是,如果运筹管理不当,虚拟经济也可能对实体经济发展产生负面作用甚至巨大的破坏性作用。

　　和实体经济相比,虚拟经济尤其需要加强对安全价值的强调。虚拟经济具有典型的脆弱性,"金融脆弱性是用来描述金融市场上出现这样一种冲击:它们可以导致信贷市场或资产市场上价格和流量发生无法预测的变化,使金融公司面临倒闭的危险,这种危险反过来又不断扩大蔓延以致肢解支付机制及金融体系提供资本的能力"[①]。与之相关的另一概念是金融风险,金融风险与金融脆弱性相关,意指"潜在的损失可能性","金融脆弱不仅包括可能的损失,还包括已经产生的损失"[②]。同时,虚拟经济还可能诱发经济结构的失衡,实体经济是虚拟经济的基础,实体经济的良性运转产生了适度的虚拟经济。当两者保持合理的发展速度与规模时,二者相辅相成,互相促

---

① 姜磊、杨娟:《金融体系的脆弱性与国际金融体制的创新》,《财政研究》2001 年第 11 期,第 70 页。

② 黄金老:《论金融脆弱性》,《金融研究》2001 年第 3 期,第 41 页。

进。但是,经济体中的内在动力促使虚拟经济的膨胀速度要高于实体经济,两者背离不可避免的结果就是资产泡沫的产生。而且,虚拟经济还有诱发经济形态"脱实向虚"的风险,在虚拟经济运行的过程中,虚拟经济存在明显的挤出效应,"所谓虚拟经济的挤出效应,是指虚拟经济的过度膨胀会吸引本属于实体经济的产业资本,排挤实体经济的发展,结果造成实体经济发展缓慢甚至停滞、倒退,而虚拟经济不正常繁荣的情形。"①由于虚拟经济所具有的流动性强的特征,就使得现代市场经济条件下的金融危机,非常容易突破一国界限而在世界范围内传播,比如,美国"次贷危机"在很短的时间内,就扩展到世界各国,引发出一场全球共振的金融风暴,危机还从经济领域延展至政治领域,引起了部分国家的外交纠纷。

正是因为虚拟经济的上述特征,使得虚拟经济的有限发展成为必要。虚拟经济有限发展法学理论,一方面,肯定虚拟经济的发展和有限发展,并认为虚拟经济的有限发展具有前提性的约束价值;另一方面,该理论基于社会整体利益的需要和发展性的动态需求,在三个向度上展示其核心内涵:虚拟经济有限发展法学理论在规模上强调虚拟经济的发展要与实体经济相匹配,在价值上强调虚拟经济发展的实质公平,在理念上强调虚拟经济发展的边界性。

虚拟经济有限发展法学理论会引起虚拟经济法治的诸多变革,这种变革首先包括虚拟经济法律制度的价值调整。"虚拟经济法的价值,要解决的是虚拟经济法发挥作用的思想根源和最终目的。"②按照法理学的一般逻辑,作为一个制度存在,虚拟经济法律制度和其他法律制度一样,是一个"有目的的事业"——我们首先要解决的是目的或者价值的问题——法律的价值决定了法律的目的,法律目的反映并表达着法律价值。不仅不同的价值立

---

① 胡光志:《虚拟经济及其法律制度研究》,北京大学出版社,2007,第96页。
② 胡光志:《虚拟经济及其法律制度研究》,北京大学出版社,2007,第231页。

场会有不同的立法产出,相同的法律在不同的价值观指导下亦会产生不同的执法结果,因此,虚拟经济法律制度的价值确立,无疑是虚拟经济法律制度变革的逻辑前提。在虚拟经济有限发展法学视域中,虚拟经济法的价值序位应如何安排? 首要价值应该是什么? 而且,虚拟经济法不仅仅是制度的体现,而且也反映了社会经济发展的需要,包含着社会对虚拟经济发展的期望。这些需要及期待,都需要通过虚拟经济法的价值来呈现,因此,明确虚拟经济法在维护特定时空条件下社会价值体系中的地位,明确其与国家安全、经济发展之间的关联,同样是有限发展法学视角下虚拟经济法治需要解决的重要问题。

在虚拟经济有限发展理论下,虚拟经济的安全价值需要通过相应的法权结构来表达。虚拟经济风险的形成是多种因素综合的结果,虚拟经济消费者的消费行为,虚拟经济经营者的经营行为,以及国家管理机关对虚拟经济风险的监管行为,均可能成为诱发或放任虚拟经济风险发生的因素,虚拟经济安全要求下的风险防范的理念设计和制度安排,应将虚拟经济所有参与者及其行为纳入综合考虑范畴。由此,虚拟经济安全需要对虚拟经济消费者权利、虚拟经济经营者权利和政府的虚拟经济监管权作为一个系统框架来统筹分析。这种统筹分析不仅是实现虚拟经济安全在法理层面的依据,也是实现虚拟经济安全与传统法理学的连接纽带。

在虚拟经济监管的制度设计中,监管组织及运行机制的科学构造,是决定监管合理性的关键要素。特定的虚拟经济监管组织对应着特定的行为样式,对监管目标的确定、监管手段的运用,监管工具的选择都会产生决定性的影响,监管组织的设计事关虚拟经济能否

健康发展和监管绩效。因此,以虚拟经济有限发展法学理论为依据,虚拟经济安全运行的监管主体,是虚拟经济安全法治必须回答的又一个问题。

在“预防行政”的框架下,虚拟经济安全运行的首要要求是金融风险预警机制的建立。“危机的预测与防御要比危机产生后的处理更为有效,而现

代金融危机的突发性更要求我们将对付金融危机的重点放在对危机的预见上。"①"预警"是一种事前机制,是虚拟经济监管的核心环节,缺乏虚拟经济风险预警的虚拟经济监管制度是不完整的,虚拟经济风险预警法律制度的缺位会让政府的虚拟经济监管陷入功亏一篑的境地。如果从整体主义的角度考虑,虚拟经济风险预警的有效性不仅要考虑虚拟经济风险预警技术和方法本身的正当性,还要考虑虚拟经济风险预警组织构造的合理性,更要立足于特定的政治和社会环境,考虑虚拟经济风险预警评估体系的科学性。金融风险预警技术与方法的规范运用,风险预警组织的科学构造,以及预警范围的合理性,这些要求都需要以虚拟经济有限发展理论为基础,在虚拟经济安全法治的分析框架下加以分析。

随着虚拟经济的发展,现代虚拟经济市场常常表现为多层次、多主体和多环节的资本叠加、行为叠加和技术叠加,各种诉求、规则和价值之间的对抗、冲突和互嵌普遍存在,所蕴含的安全风险不可避免,对虚拟经济风险的治理需要一套多元主体参与和协同互动的治理策略,因此,考察虚拟经济安全监管中的政府、市场与社会主体,寻求三者共治格局的法治路径,也是虚拟经济安全价值实现的关键策略。

---

① 闻岳春、严谷军:《论金融危机预警系统的构建》,《浙江大学学报(人文社会科学版)》2000 年第 5 期,第 132 页。

第一章　虚拟经济安全的宏观背景

一、新时代国家安全战略与虚拟经济安全

2008 年全球金融危机爆发后,国际市场持续低迷,基于单边主义和贸易保护主义的逆全球化思潮逐步兴起,加之 2020 年爆发并蔓延全球的新冠疫情给原本不确定的世界经济格局带来了巨大冲击。这不仅加剧了全球经济衰退的风险,还使逆全球化趋势甚嚣尘上,导致当今世界正在经历百年未有之大变局。在此背景下,我国不仅丧失了原有的良好国际经济环境,还面临着主动转变经济发展方式、优化经济结构、推动经济从高速发展向高质量发展的内部压力,我国经济发展面临前所未有的困难和挑战。[①] 为了在变局中开新局,在危机中育新机,必然"要加强国家安全体系和能力建设,确保国家经济安全,保障人民生命安全,维护社会稳定和安全"[②]。之所以要将"完善国家安全体系"提上议程,并上升为战略高度,是因为该体系是基础性、系统性、前瞻性和重构性的整体制度框架,是对国家安全成功经验的深刻总结和传承发展,它为破解当前发展困局,保障国家安全提供了科学指南。国家经济安全作为国家安全体系的重要组成部分,是国家安全的基础,因此,国家

---

① 钱学锋、裴婷:《国内国际双循环新发展格局:理论逻辑与内生动力》,载《重庆大学学报(社会科学版)》2021 年第 1 期,第 15 页。

② 《中国共产党第十九届中央委员会第五次全体会议公报》,2019 年 10 月 29 日,中国共产党第十九届中央委员会第五次全体会议通过。

经济安全的地位变得越来越重要。① 那么,作为国家经济安全重要组成部分的虚拟经济安全与新时代国家安全战略之间有着怎样的联系呢? 在新时代国家安全战略下虚拟经济安全应该如何维护呢? 在此背景下,虚拟经济安全又具有何种时代价值呢? 这将是本章所要讨论的问题。

(一)新时代国家安全战略的一般理解

1. 国家安全战略及其相关概念的界定

第一,国家安全的含义。安全即没有危险的客观状态,既包括外在威胁的消解,也包括内在无序的消解。科学地认识"安全"概念,是研究国家安全理论的前提和基础。② 在中华人民共和国成立初期,我国并无"国家安全"这一概念,但是中国共产党的成立及其成立后的一切行动,均围绕着维护国家安全而展开。在中国共产党历史上,第一次使用"安全"一词的文献是中国共产党于1945年召开的中共七大形成的报告。此后,《毛泽东选集》中的《论联合政府》提及了十个外交问题,其中便涉及了"国家安全"。但是,实践中,理论界和实务界仍然经常使用其他词语,如"我国安全""祖国安全"等来替代"国家安全"。此种状态一直持续至1983年官方文件开始使用"国家安全"一词。

国内关于"安全"的理解目前主要有两种:第一种是根据国际上具有语言霸主地位的英语来解释和定义,或者直接引用以英语为工作语言的西方学者的观点来解释和定义;另一种则是根据汉语语词和逻辑要求来解释和定义,并认为这种定义和解释才具有科学性。此种分歧和争论,使得其逐步

---

① 参见陈斌、程永林:《中国国家经济安全研究的现状与展望》,载《中国人民大学学报》2020年第1期,第50-59页。

② 参见刘跃进:《"安全"及其相关概念》,载《江南社会学院学报》2000年第3期,第17-23页。

发展成为国家安全研究领域中不可避免的一个基础问题。① 但总的来说，国家安全的含义目前学界尚不存在统一的界定。从词源上讲，英国学者曼戈尔德在《国家安全与国际关系》一书中指出，国家安全是一个美国概念，其出现只是近几十年的事情。据其考证，"国家安全"的现代用法最早出现在美国报纸专栏作家李普曼1943年的著作《美国外交政策》中，第二次世界大战结束后，这个提法才构成国际政治中的一个常用标准概念，主要用于替代"军事事务""外交政策""外交事务"等较为陈旧的词语。② 我国学者刘跃进基于国际学术界对国家安全的争论，指出"国家安全"的定义是一种从国际关系理论出发给出的，另一种是从特定意义上的国家安全工作（即隐蔽战线的情报与反间谍工作）出发给出的。③ 在此基础上，他根据国家理论和安全理论进一步指出，国家安全即国家处于没有危险的客观状态，国家既没有受到外部威胁和侵害，也没有内部混乱和祸乱。④ 2015年7月，我国颁布实施的《中华人民共和国国家安全法》（以下简称《国家安全法》）指出，"国家安全是指国家政权、主权、统一和领土完整、人民福祉、经济社会可持续发展和国家其他重大利益相对处于没有危险和不受内外威胁的状态，以及保障持续安全状态的能力"⑤。

第二，国家安全战略的含义。国家安全是国家得以生存和发展的基础，而国家安全战略是事关国家安全目标及其实现途径的宏观方案，其在不同的国家有不同的表述。我国古代的国家安全战略思想自成体系，具有实践

---

① 参见刘跃进：《国内关于安全是否具有主观性的分歧和争论》，载《江南社会学院学报》2006年第2期，第1-6页。
② 刘跃进：《论国家安全的基本含义及其产生和发展》，载《华北电力大学学报（社会科学版）》2001年第4期，第62页。
③ 参见刘跃进：《论国家安全的基本含义及其产生和发展》，载《华北电力大学学报（社会科学版）》2001年第4期，第62-65页。
④ 刘跃进：《国家安全学》，中国政法大学出版社，2004，第51页。
⑤ 《国家安全法》第2条。

性和连贯性,对当前我国国家安全战略的理解具有重要的指导意义。① 闪淳昌等学者综合了目前的相关定义,指出国家安全战略是一个国家在特定历史条件下综合运用和整合政治、经济、军事、外交、文化、科技等方面的资源和力量,应对核心挑战与威胁、维护国家安全利益与价值观、实现国家安全目标的统筹和构想。②

通过分析上述国家安全战略的定义不难发现,国家安全战略具有主体性与时代性特征,并具体体现在安全利益与目标、安全威胁与挑战、安全手段与途径三大要素的确定上。③ 也就是说,国家安全战略的要素可以从安全利益、安全利益的威胁和挑战以及安全手段与途径的运用三个方面加以理解和分析。也有学者从战略学的角度出发,指出国家安全作为一项重大国家战略,其构成要素包括国家安全战略判断、战略布局、战略重点、战略方法和战略部署等主要方面。④ 还有学者指出,国家安全战略的主要要素包括国家实力、战略环境与国家安全观念创新三种,核心要素包括国家安全战略目标、安全风险、安全战略方向与安全战略手段,并且国家安全战略及其要素会适时地发生改变。⑤

第三,国家安全战略的目标。安全目标是国家安全战略的核心问题,是构成国家安全战略的基础所在。鉴于当前国家安全的内容早已超越了军事

---

① 这些借鉴意义体现在:牢固树立实力制胜的国家安全观,以发展求安全;始终坚持"中华一体"的国家安全目标取向,维护国家核心利益;注重运用地缘制衡的国家安全谋略,减轻国防压力;坚决奉行防御为本的国家安全主导原则,实施积极防御的军事战略;崇尚追求和平的国家安全战略文化,塑造良好的安全周边环境。参见尹朝晖:《中国古代国家安全战略思想的借鉴价值》,载《理论探索》2013年第5期,第64-67页。

② 闪淳昌、周玲、沈华:《我国国家安全战略管理体系建设的几点思考》,载《中国行政管理》2015年第9期,第38页。

③ 参见潘忠岐:《利益与价值观的权衡——冷战后美国国家安全战略的延续与调整》,载《社会科学》2005年第4期,第40-48页。

④ 参见马宝成:《总体国家安全观:一项战略学的分析》,载《公安学研究》2020年第3期,第1-18页。

⑤ 参见路艳丽:《中国对东盟的安全战略研究(1992—2018)》,中共中央党校国际战略研究院博士学位论文,2018年,第62-63页。

和政治安全,已经涵盖了传统和非传统安全两大类。因此,在制定国家安全战略时,不仅应该规划好总体战略上的安全目标,还应该规划好在不同领域中的安全战略目标,以更好地制定战略措施。进一步讲,国家安全战略的目标可以从机遇、挑战两方面出发进行制定,并且其必须具有全局性、长远性和总体性的特点。

有学者指出,国家利益是安全目标的基本方向,国家面临的主要威胁是安全目标的准确定位,而国家实力则是达到安全目标的距离。① 也有学者指出,安全目标是安全战略谋划的核心问题,是构成一个国家安全战略的首要基础,是制定并实施安全战略方针的基本前提;确定安全战略一般应该考虑三大因素:国家利益的重要程度、国家利益受到威胁的程度、实现国家利益能力的具备程度。② 据此,21 世纪国家安全战略的总目标应该是为中华民族的伟大复兴创造良好的内外部安全环境,子目标应该为,一是国民经济持续健康的发展和社会的长期稳定;二是相机解决台湾问题;三是创造长期和平的国际安全环境,简称为"发展、稳定、统一、和平"。③

2. 国家安全战略的历史演进

最早提出"国家安全战略"这一概念的国家是美国。"国家安全战略"作为一个概念于 1986 年正式出现于《戈德华特-尼科尔斯国防部改组法》第603 款,并于 1997 年在《军语及相关术语》中被正式界定。④

就国家安全战略在我国的发展来看,中华人民共和国成立以后的很长时间内,中国政府的政策话语中并没有国家安全战略这一概念。但这并不

① 参见孟祥青:《关于 21 世纪初我国国家安全战略选择的几点思考》,载《当代世界与社会主义》2001 年第 6 期,第 26-27 页。

② 参见罗海龙、吕善辉:《21 世纪初中国国家安全战略简论》,载《理论界》2009 年第 9 期,第 17-18 页。

③ 孟祥青:《关于 21 世纪初我国国家安全战略选择的几点思考》,载《当代世界与社会主义》2001 年第 6 期,第 27 页。

④ 闪淳昌、周玲、沈华:《我国国家安全战略管理体系建设的几点思考》,载《中国行政管理》2015 年第 9 期,第 37 页。

意味着在中国不存在有关国家安全战略的相关内容。一直以来,中国政府使用的是国防政策,国防部发表的政策白皮书也称国防白皮书。[①] 1992 年,党的十四大在谈论加强军队建设的相关内容中首次使用"国家安全"一词,[②]标志着我国首次以公开文本探讨"国家安全"。1993 年,我国《国家安全法》的颁布和实施,明确了我国对国家安全相关范畴的界定。2004 年,党的十六届四中全会所作的《中共中央关于加强党的执政能力建设的决定》指出,应该始终将国家主权和安全放在首位,坚决维护国家安全。这标志着"国家安全战略"一词首次明确出现于党的相关文件中。此后,国防部又在其发布的《2004 年中国的国防》白皮书中,明确阐述了维护国家安全的基本目标与任务等相关战略。2007 年,党的十七大报告指出军队建设对于国家安全的重要性,并强调"完善国家安全战略,健全国家安全体制,高度警惕和坚决防范各种分裂、渗透、颠覆活动,切实维护国家安全"。这是"国家安全战略"一词首次出现于党的全国代表大会报告之中。2012 年,党的十八大报告将"国家安全"这一概念的内涵延伸至经济领域,与此同时还强调要"完善国家安全战略和工作机制,高度警惕和坚决防范敌对势力的分裂、渗透、颠覆活动,确保国家安全"[③]。2013 年,党的十八届三中全会提出,"设立国家安全委员会,完善国家安全体制和国家安全战略,确保国家安全"。[④] 由此不难发现,"国家安全战略"逐渐发展成为了实务界和理论界的常用概念,与之相关国家安全体制、国家安全机制等均被视为重要议题,并得到了广泛研

---

① 牛军:《中国国家安全战略 60 年:理论、历史与现实》,载《国际政治研究》2009 年第 4 期,第 90 页。

② 参见江泽民:《加快改革开放和现代化建设步伐夺取有中国特色社会主义事业的更大胜利——在中国共产党第十四次全国代表大会上的报告》,载《求实》1992 年第 11 期,第 12 页。

③ 胡锦涛:《坚定不移沿着中国特色社会主义道路前进 为全面建成小康社会而奋斗:在中国共产党第十八次全国代表大会上的报告》,载《理论学习》2012 年 12 期,第 19-20 页。

④ 《中共中央关于全面深化改革若干重大问题的决定》,载《人民日报》2013 年 11 月 16 日,第 1 版。

讨。2015 年 1 月,中共中央政治局审议通过了《国家安全战略纲要》;①同年7 月,全国人大常委会通过了《国家安全法》。此后,2016 年 12 月中共中央政治局通过了《关于加强国家安全工作的意见》等相关政策和法律法规文件。党的十九届四中全会明确作出了"完善国家安全体系"的战略部署。②在此基础上,党的十九届五中全会明确提出要"统筹发展和安全",并且进一步明确指出要"实施国家安全战略,维护和塑造国家安全,统筹传统安全和非传统安全,把安全发展贯穿国家发展各领域和全过程"。③

此外,也有学者从构成国家安全战略的基本内容,即国家安全战略目标、实现国家安全战略目标的途径和手段出发分析了我国国家安全战略的演进。具体而言,从不成文的"国家安全战略谋划"到成文的"国家安全战略文本",是国家安全战略完善的重要一步。2004 年,我国首次提出"完善国家安全战略"的任务。2015 年,中共中央政治局会议审议通过《国家安全战略纲要》(以下简称《纲要》)。该《纲要》的推出,使中国国家安全战略由无名义、不系统、不成文的"国家安全战略谋划",升级为名副其实、系统成文的"国家安全战略文本",从而迈出了"完善国家安全战略"的重要一步。而其后推出的《关于加强国家安全工作的意见》是对其的具体化和进一步完善,《国家网络空间安全战略》则是总体国家安全观和《纲要》在网络安全领域的贯彻落实。④

3.新时代国家安全战略的内涵

第一,新时代国家安全战略的起点:国家安全形势和矛盾。国家安全状

---

① 《中共中央政治局召开会议审议通过〈国家安全战略纲要〉》,载新华网 2015 年 1 月 26 日,访问日期:2021 年 6 月 21 日。

② 《中国共产党第十九届中央委员会第四次全体会议公报》,2019 年 10 月 31 日,中国共产党第十九届中央委员会第四次全体会议通过。

③ 《中国共产党第十九届中央委员会第五次全体会议公报》,2019 年 10 月 29 日,中国共产党第十九届中央委员会第五次全体会议通过。

④ 参见刘跃进:《国家安全战略及其完善》,载《新视野》2017 年第 4 期,第 5-10 页。

态的基本面是本部分探讨的逻辑起点。自新冠疫情发生后,我国通过采取一系列停工、停产、停业、停运措施,有效控制住了疫情蔓延,并较早地开启了有序的复工复产。进入后疫情时代以来,我国公共卫生安全形势总体向好,国内疫情形势得到基本控制,经济逐步复苏,但国际疫情形势尚不明朗,国际经济衰退风险加剧。2020 年 12 月,世界银行于《中国经济简报》中预测中国经济 2020 年将增长 2.0%,2021 年的经济增速将回升至 7.9%。① 这些数据具有显著性特征。面对疫情给国际国内带来的巨大影响,我国不仅需要保障国民个人健康安全、公共卫生安全,还需要保障由此展开的经济安全、社会安全等方面的国家安全。与此同时,我国国家安全内部也面临着诸多矛盾。

①供需两侧失衡的矛盾。当前严峻形势下,国家安全已然成了备受关注的重要议题,并且被深深嵌入了社会经济背景之下。就我国而言,当前国家安全内部主要存在着供需两侧失衡的矛盾。实践表明,由新冠肺炎疫情冲击所致的非正常市场失灵,首先表现在打破了平时经济平衡,造成了严重的供需失衡。例如,在我国餐饮业、旅游业等领域由于一系列隔离措施,导致市场需求大幅度下降;而在食品、药品、医用防护物资等领域市场需求急剧上升,却由于隔离措施导致供给不足。根据相关数据显示,疫情期间人口流动数量存在大幅下降现象,其中,2020 年 1 月 10 日以后,人口流动量明显下降②,这导致依靠人流量的餐饮业、旅游业等面临着需求大幅度下降的问题。

②虚实两大产业发展失衡的矛盾。产业是支撑经济发展的脊梁,产业可以为国家安全提供经济基础。从经济类型的维度看,一国产业包括虚拟

① 《世行预计明年中国经济增速 7.9%》,载环球网 2020 年 12 月 24 日,访问日期 2021 年 6 月 21 日。

② 相关数据参见交通运输部:《2020 年春运全国共发送旅客 14.8 亿人次,比去年同期下降五成 综合运输组织调度不断加强 防运并举精准保障复工复产》,载中华人民共和国交通运输部网站 2020 年 2 月 20 日,访问日期 2021 年 6 月 21 日。

经济产业和实体经济产业两大类,它们的协调发展是国家安全的又一重要特征。但当前我国产业发展存在着"脱实向虚"的趋势。虚拟经济脱离实体经济独立运行,已经导致全球频发金融危机;并且,根据实证分析表明,资本主义国家虚拟经济自我循环仍然在不断扩张,因此需要对国际金融风险保持高度警惕。①

③区域发展不协调的矛盾。国家安全与其所在国家和地区的发展态势密不可分。当前,我国城乡发展不均衡,主要表现为城乡居民收入差距较大;我国区域发展不协调,主要表现为东部和西部发展不协调②。因此,以高质量发展为引领,充分发掘内部需求并满足日益升级的消费需求,发挥超大规模市场比较优势,推动国内经济良性发展,有利于有效应对日益复杂的国际经济风险,促使我国主动融入全球化进程,在大变局中打造国际竞争、合作新优势,进而实现对国家安全的保障。

第二,新时代国家安全战略的理论基础:总体国家安全观。总体国家安全观是新时代国家安全战略的基础理论,通过探讨我国国家安全观的演变,有助于理解、发现新时代国家安全战略的深刻内涵。自中华人民共和国成立以来,基于国内外形势的变化,中国实现了由传统安全观向总体国家安全观的重要演变。凌胜利等学者基于对安全环境研判、安全内容认知、安全维护手段三个方面的分析③,指出中华人民共和国成立至改革开放以前,我国的国家安全观属于传统安全观,主要表现为,在安全环境研判方面认为存在严重的内忧外患,为此将政治安全视为核心,以军事安全作为维护手段;改

---

① 刘晓欣、田恒:《虚拟经济与实体经济的关联性——主要资本主义国家比较研究》,载《中国社会科学》2021 年第 10 期,第 61-82 页。

② 有学者认为,应该推动西部大开发、中部崛起和东北振兴,发挥东部沿海带动作用,通过区域协调发展形成"东西互济,陆海联动"的发展格局。参见董志勇、李成明:《国内国际双循环新发展格局:历史溯源、逻辑阐释与政策导向》,载《中共中央党校学报》2020 年第 5 期,第 47-55 页。

③ 参见凌胜利、杨帆:《新中国 70 年国家安全观的演变:认知、内涵与应对》,载《国际安全研究》2019 年第 6 期,第 3-29 页。

革开放以后至中共十八大，我国逐步形成了非传统安全观，主要表现为，在安全环境研判方面认为应以和平和发展为时代主题，并由此形成了"经济成为安全的核心问题""互信协作成为追求安全的主要手段""新安全观"依次发展的国家安全观；中共十八大之后，在继承前述国家安全观核心思想的基础上，基于更加复杂的内外部环境，有学者根据十四大以来中共中央关于国家安全的论述与决定，指出总体国家安全观既要倡导以"互信、互利、平等、协作"为核心内容的"国际安全观"，也要重视以"公平、正义、法治、民主"为核心内容的"国内安全观"。① 据此，有学者进一步指出，总体国家安全观不仅成为了中国特色国家安全道路上的指导思想，它作为马克思主义基本原理在中国特色社会主义实践中的具体应用，是我们党成功维护国家安全的历史经验的深刻总结，也是我们党在深入分析我国所面临的新形势新特点而得出的科学结论，更是中国国家安全理念的重大理论和实践创新。② 另外，总体国家安全观还打破了以往有关国家安全理念与实践在国际与国内、不同领域、不同方面、不同层次之间的局限、区隔，将国家安全放到了一个完整系统的谋划和设计中。③

第三，新时代国家安全战略的任务：大安全、大监管、大治理。国家安全的实质就是国家利益的安全，国家利益则指的是一个主权国家在国际社会中的生存利益和发展利益。着眼于时代需求，总体国家安全观是一种体现了"大安全"和"大发展"理念的新思想，④因此，以之为基础理论的新时代国

---

① 参见刘跃进：《十四大以来中共中央关于国家安全的论述与决定》，载《中央社会主义学院学报》2010年第2期，第90-94页。

② 参见马振超：《总体国家安全观：开创中国特色国家安全道路的指导思想》，载《行政论坛》2018年第4期，第5-10页。

③ 钟开斌：《中国国家安全体系的演进与发展：基于层次结构的分析》，载《中国行政管理》2018年第5期，第106页。

④ 也有学者认为，总体国家安全观捍卫了国内实现中华民族伟大复兴，国际构建人类命运共同体两大理念。参见李菅辉、毕颖：《新时代总体国家安全观的理论逻辑与现实意蕴》，载《人民论坛·学术前沿》2018年第17期，第86页。

家安全战略必然要求以"大监管"和"大治理"来保障"大安全"。基于此,本部分将重点探讨新时代国家安全战略的目标和手段,它们共同构成新时代国家安全战略的主要内容。

明确国家安全目标,是制定国家安全战略的基础。① 那么,什么是新时代国家安全战略的目标呢? 本书认为,新时代国家安全战略的目标是国家或政治集团在一定时期内为维护国家安全而所要达到的整体性目标,即所谓的"大安全"。其中,确立国家安全战略目标的主体是国家或政治集团,客体是各类具体安全领域中的各大具体安全,包括政治安全、国土安全、军事安全、经济安全、文化安全、社会安全、科技安全等多个方面。此种"大安全"的战略目标并非自然形成的,而是基于当今世界正在经历百年未有之大变局,国际安全面临的不稳定性、不确定性更加突出而制定的。

国家安全战略手段是国家安全战略目标得以实现的主要途径。基于影响国家安全因素的复杂性和多样性,其战略手段也必然多样化和复合化。对于如何实现"大安全"这一目标,总体来说,对内需要完善国家安全体系,并推进国家治理体系和治理能力的现代化;对外需要不断加强国际竞争与合作,并培育国际竞争合作新优势。具体来说,要实现"大安全"这一目标,从领域来看,需要运用政治、经济、文化、军事、外交等领域中的手段;从性质上来看,需要协调并运用合作性手段和对抗性手段;从强度上来看,需要在某些领域中运用较强的手段,在某些领域运用较弱的手段。基于此,要真正实现国内"大安全",有学者强调新时代国家安全总体布局应该健全国家安全制度体系,创新国家安全思想理论,推进国家安全法治建设,完善国家安全方略谋划,推进国家安全宣传教育。②

---

① 参见[美]丹尼斯·德鲁、唐纳德·斯诺:《国家安全战略的制定》,王辉青等译,军事科学出版社,1991,第14页。

② 参见刘跃进:《以总体国家安全观构建国家安全总体布局》,载《人民论坛》2017年第34期,第38-40页。

（二）新时代国家安全战略下虚拟经济安全的一般解读

国家安全这一概念产生于第二次世界大战末期，并且存在着多种理解。综合而言，有关国家安全的界定包括三个方面：一是将国防安全等同于国家安全；二是从政治学、国际关系的视角解读国家安全；三是把国家安全与国家安全工作混同使用。① 这些探讨的贡献与价值固然毋庸置疑，但是从单一学科的视角出发对之加以定义，其局限性不言而喻。在法学视角下，国家安全的界定不应当过于随意，否则将有损国家安全法制的稳定性。申言之，如果对国家安全概念不作立法上的明确界定，将有碍于对国家安全内涵的深入理解，影响国家安全保障工作的有效开展。对此，有学者曾通过分析世界上大多国家法律中有关国家安全概念的界定及运用，指出法律上国家安全可以界定为"一国法律确认和保护的国家权益有机统一性、整体性免受任何势力侵害的一种状况"②。对于国家安全的认知，有学者指出，我国国家安全经历了从传统安全观向非传统安全观的逐步转变，即从邓小平时期开始，我国基于对时代主题的判断，对安全内容的认知逐步从以"政治安全"为核心向以"经济安全"为核心转变。③ 在国家安全内容认知方面，中国更加注重包括经济安全、军事安全、环境安全、文化安全等在内的综合安全。④

就国家经济安全而言，其是国家安全的物质基础。学术界对国家经济安全的理解，主要分为两种：第一种是"状态论"，指出经济安全是指，在经济全球化的条件下，一国经济发展和经济利益不受外来势力威胁或侵害的状态，其体现在国家经济主权独立，经济发展所依赖的资源供给得到有效保

---

① 参见吴庆荣：《法律上国家安全概念探析》，载《中国法学》2006 年第 4 期，第 64-65 页。

② 吴庆荣：《法律上国家安全概念探析》，载《中国法学》2006 年第 4 期，第 66 页。

③ 参见凌胜利、杨帆：《新中国 70 年国家安全观的演变：认知、内涵与应对》，载《国家安全研究》2019 年第 6 期，第 9 页。

④ 凌胜利、杨帆：《新中国 70 年国家安全观的演变：认知、内涵与应对》，载《国际安全研究》2019 年第 6 期，第 11 页。

障,经济的发展进程能够经受国际市场动荡的冲击等方面;①第二种是"状态与能力并重论",认为经济安全是指,在开放经济条件下,一国为了使国民经济免受国内外各种不利因素的干扰、威胁甚至破坏而不断提高其国际竞争能力,以实现经济社会发展,保证经济优势的状态与能力。② 我国学术界对国家经济安全的关注始于改革开放初期,当时讨论的热点在于参与经济全球化对于我国经济发展的利弊分析,核心是经济全球化,而不是国家经济安全问题本身。随着全球金融危机的爆发,国家经济安全问题的讨论进一步聚集,更加集中于我国在参与全球化进程中,应该如何抵御和化解全球经济危机的外部冲击,保障国家经济安全。而 2020 年新冠疫情所引发的经济危机和社会危机,促使世界各国不得不重新思考国家安全及其之下的经济安全。从经济类型的视角来看,经济安全包括实体经济安全和虚拟经济安全两大类③,虚拟经济安全作为国家经济安全的重要组成部分,对国家经济安全的重要性不言而喻。那么,从我国虚拟经济的发展历程来看,我国虚拟经济安全有怎样的演变? 从外国虚拟经济安全的发展历程来看,虚拟经济安全又有何种演变呢? 在新时代国家安全战略背景下,虚拟经济安全又具有怎样的特征? 这将是本部分要探讨的问题。

1. 新时代国家安全战略背景下我国虚拟经济安全的演变

鉴于虚拟经济最早产生于国外,而我国虚拟经济也是在国外虚拟经济发展到一定阶段下产生的,因此,新时代国家安全战略背景下我国虚拟经济安全的演变应从国外虚拟经济安全的演变开始谈起。

从国外虚拟经济安全的演变来看,早在 20 世纪 70 年代,世界经济就出

---

① 史忠良:《参与经济全球化必须注意国家经济安全》,载《经济经纬》2002 年第 2 期,第 22 页。

② 柳辉:《扩大内需:我国经济安全的战略选择》,载《华东经济管理》2001 年第 4 期,第 41 页。

③ 有学者认为,综观当今世界发达国家均是市场经济发达的国家,并且其市场经济的结构正由传统的实体经济形态向以实体经济为基础、以虚拟经济为最高表现形式的经济形态转变。参见胡光志:《虚拟经济法的价值初探》,载《社会科学》2007 年第 8 期,第 105-106 页。

现了经济虚拟化的现象,并且此后虚拟经济还处于持续发展之中。有学者将国外经济虚拟化的趋势归纳为四种特征:经济虚拟化程度加深、虚拟经济国际化程度日益增强、虚拟经济交易活跃及投机性增强、虚拟经济的高风险性特征更加凸显。[1] 因此,国外虚拟经济安全的演变要早于国内虚拟经济安全的演变。具体来说,国外虚拟经济起步较早,并且虚拟经济的发展程度不断加深,虽然这种趋势在一定程度上推进了实体经济的发展,但是这种超前发展不仅会引发经济泡沫,还会引发金融危机甚至经济危机。因此,国外虚拟经济安全起初仍为大力发展虚拟经济,避免虚拟经济被实体经济挤压而消失;其后,主要表现为虚拟经济和实体经济协调发展,各自有序运行,避免"脱实向虚"问题的产生。这不仅在 2008 年的全球金融危机中有体现,还在2020 年新冠疫情流行所引发的经济危机中有所体现,它们都是虚拟经济和实体经济发展不协调所引发的一系列经济不安全问题。

从国内虚拟经济安全的演变来看,"经济的虚拟化是实体经济发展的必然趋势"[2],那么,在我国实体经济发展不充分时期,虚拟经济尚不可能存在,也无讨论虚拟经济安全之必要。当实体经济发展至一定阶段后,尤其是在货币产生以后,虚拟经济便产生,并处于高速发展之中。但是,由于此阶段虚拟经济不发达,处于被实体经济不断挤压,甚至排挤的状态,具体表现为在夹缝中生长与发展。因此,保障虚拟经济安全要求大力发展虚拟经济,避免被实体经济挤压或排斥。根据有关定量分析虚拟经济和实体经济在规模和活性上的相互作用和影响,虚拟经济对实体经济具有显著的"溢出效应",货币供给规模、价格水平波动等均对实体经济有着正向作用;同时,实体经济对虚拟经济也有一定的反馈影响。[3] 随着虚拟经济的不断发展、累积并壮

---

[1] 参见王千:《中国虚拟经济发展的现状、问题及对策》,载《经济纵横》2006 年第 1 期,第 22-23 页。

[2] 胡光志:《虚拟经济法的价值初探》,载《社会科学》2007 年第 8 期,第 106 页。

[3] 刘金全:《虚拟经济与实体经济之间关联性的计量检验》,载《中国社会科学》2004 年第 4 期,第 80-90 页、第 207 页。

大,甚至脱离和超越了实体经济,我国便出现了明显的"脱实向虚"现象,并逐渐演变为"脱实向虚"问题;并且,实体经济发展受限将反作用于虚拟经济的发展,从而又导致了虚拟经济的安全发展问题。因此,虚拟经济安全主要表现为虚拟经济和实体经济的协调发展,避免虚拟经济对实体经济的挤压或排斥。当前,随着后疫情时代的到来,我国经济结构严重失衡,其中,在金融领域中表现为虚拟经济和实体经济严重失衡,因此,我国虚拟经济安全主要表现为进一步推动虚拟经济为实体经济服务,促进虚拟经济和实体经济的协调发展,克服"脱实向虚"问题,推动"以虚生实"。

2. 新时代国家安全战略下虚拟经济安全的特点

"安全"是党的十九届五中全会的关键词,其中,国家安全是一切安全的重要保障,而国家经济安全是国家安全体系的重要组成部分[1],既是国家安全的物质基础,也是其他安全的重要依托。新时代国家安全战略背景下虚拟经济安全的特点,应该在认清当前国内国际形势的基础上加以理解,具体如下。

第一,系统性。新时代国家安全战略背景下的虚拟经济安全强调系统性安全,这源自虚拟经济风险的系统性。因为虚拟经济的系统性风险是指虚拟经济系统过度波动引起泡沫经济的可能性,而泡沫经济的危机就在于泡沫破灭引起的经济衰退或者经济停滞。[2] 系统性风险属于整体性风险范畴,它不仅可以威胁转型国家的经济安全,对宏观经济也具有很强的冲击性,决定着经济转型的成败。引起虚拟经济系统风险的因素比较多,但是主要有两类:第一类是系统性风险,各种个别事件由于传染机制的存在而导致整个系统瘫痪的传染性因素;第二类是整个系统由于某些内外部因素而出

---

① 参见陈斌、程永林:《中国国家经济安全研究的现状与展望》,载《中国人民大学学报》2020 年第 1 期,第 50-59 页。

② 刘骏民、王国忠:《虚拟经济稳定性、系统风险与经济安全》,载《南开经济研究》2004 年第 6 期,第 38 页。

现的整体下滑,在正反馈机制下导致系统崩溃的整体性风险因素。[①]

第二,整体性。虚拟经济系统性安全强调整体性安全,不仅包括整个经济体系的安全,也包括不让无关的第三方也承担成本。从虚拟经济和实体经济的关系角度来看,它指的是虚拟经济和实体经济的协调发展。因为系统性风险具有不可分散性,不能通过分散投资渠道来消除虚拟经济的系统性风险,也难以运用技术创新来分散风险,只有通过协调实体经济和虚拟经济的关系,以及加强监督才能预防。[②] 从国内和国际角度来看,它指的是国内和国际虚拟经济运行安全,因为系统性风险具有外部性,通过溢出和传染进行传递,一旦从某一领域或某一国家和地区爆发系统性风险,将威胁该国或者世界经济整体发展。[③] 从虚拟经济与其他经济安全的角度来看,新时代国家安全战略下虚拟经济安全理念强调与其他安全的协调性,通过与其他各安全的协调发展来推动整体安全目标的实现。

第三,持续性。在谋求国家总体安全的过程中经济安全是物质保障,是必须长久坚持的一项安全战略。在维护经济安全的过程中,不能只着眼于经济利益,更不能只看重短期利益,而应该具有长远目光,看重持续性。经济问题的关键在于安全,而任何安全问题都离不开发展。对于虚拟经济安全理念,不仅要重视安全,还要重视安全的持久度;不仅要看到发展的速度,还要看到发展的持久度。新时代国家安全战略背景下的虚拟经济安全理念不能忽视持续性,只有将持续性纳入虚拟经济安全理念范围,才能以更高质量、更高形态、更优结构以及更长远的状态发展虚拟经济。

---

① 刘骏民、王国忠:《虚拟经济稳定性、系统风险与经济安全》,载《南开经济研究》2004 年第 6 期,第 38 页。

② 朱楠、任保平:《虚拟经济系统性风险背景下的我国国家经济安全机制的构建》,载《福建论坛(人文社会科学版)》2015 年第 10 期,第 30 页。

③ 朱楠、任保平:《虚拟经济系统性风险背景下的我国国家经济安全机制的构建》,载《福建论坛(人文社会科学版)》2015 年第 10 期,第 30 页。

（三）新时代国家安全战略下虚拟经济安全的实践逻辑

国家安全战略环境的变化是新时代国家安全战略得以形成的时代条件，在此背景下，要保障虚拟经济安全，必然面临着新形势、新任务和新挑战。基于前文所述的新时代国家安全战略背景下虚拟经济安全的一般解读，本部分将着力探讨新时代国家安全战略背景下虚拟经济安全的实践逻辑，具体包括以下三个方面。

1. 新时代国家安全战略下虚拟经济安全的前提条件

一国的安全战略取决于该国所处的发展阶段和其所面临的核心任务，其中，发达国家通过主导国际体系创造一个较为稳定的社会经济秩序，倾向于以外部威胁界定安全；而发展中国家的主要任务仍然是发展，其国内社会经济面临着巨大的挑战，因此以发展界定安全。[①] 我国自改革开放以来，立足于时代条件的变化和我国发展的新方向，着力于实行发展型安全战略，其核心要义在于在发展中谋安全，在安全中促发展，追求安全利益和发展利益的协调与统一。因此，统筹安全与发展是新时代国家安全战略的实践特色，同时也是虚拟经济安全的逻辑前提，有效处理好两者的关系有利于更好地维护和保障虚拟经济安全。换言之，新时代国家安全战略下虚拟经济安全应该在目标、任务两个层面与新时代国家安全战略协调一致。

第一，目标层面。在国家安全战略中，国家经济安全是其他各类国家安全的基础，因此，新时代国家安全战略的目标应该以国家经济安全战略的目标为基础而展开，并且新时代国家安全战略背景下虚拟经济安全的目标应该与之协调一致。具体而言，我国国家经济安全是指通过加强自身机制的建设，使我国经济具备抵御外来风险冲击的能力，以保证我国的经济在面临

外在因素冲击时能继续稳定运行、健康发展。① 因此,我国实施新时代国家经济安全战略的目的在于,防范和化解由于外部冲击可能带来的国内经济运行风险或者危机。而虚拟经济安全作为经济安全的重要组成部分,其目标必然包含于新时代国家安全战略之中。

第二,任务层面。不论是新时代国家安全战略的任务,还是新时代国家安全战略下虚拟经济安全的任务,它们都强调维护国家安全,只是前者的范围更为广泛,包括了虚拟经济安全。因此,新时代国家安全战略下虚拟经济安全的任务应该与新时代国家安全战略协调一致。

2. 新时代国家安全战略下虚拟经济安全的现实动因

虽然我国虚拟经济运行状况良好,安全保障体系较为健全,可以有效维护虚拟经济安全。但是,与维护国家经济安全的紧迫性相比,在进一步强化虚拟经济安全保障机制,提升国家对虚拟经济安全的保障能力,健全虚拟经济法制逻辑等方面还面临着更多的困难和挑战,它们构成了新时代国家安全战略下虚拟经济安全的逻辑动因。其中,在以下几个方面尤为突出。

第一,相关立法欠缺。一方面,尽管虚拟经济正处于高速发展之中,但是与其所处的社会现实相比,目前我国乃至世界尚无一部有关虚拟经济的法律,更无一部系统反映虚拟经济安全的法律,仅仅在一些单行法中存在相关规定,这些法律规定并非以调整虚拟经济安全为整体目标,尚不能形成保障虚拟经济安全的法律体系,不能从整体上保障虚拟经济安全。另一方面,当前世界正处于百年未有之大变局中,对于新形势下出现的可能危及虚拟经济安全或者国家经济安全的领域,缺乏相应的法律规定,或者与国际规则、国际惯例不协调,容易引发由于规则、惯例不对接所致的各种矛盾。

第二,监管机构协调度不够。在防范和化解虚拟经济安全风险的过程

---

① 参见顾海兵、沈继楼、周智高、唐帅:《中国经济安全分析:内涵与特征》,载《中国人民大学学报》2007年第 2 期,第 79-85 页。

中,往往存在着各机构间不协调的问题,而要避免这一问题出现,关键在于提升机构之间的协调能力。当前,我国虚拟经济安全保障机制中的管理模式仍然不够完善,主要以行业管理为主,此种模式虽然可以处理某一特定领域中出现的某些特定问题,但是难以有效应对事关全局性的国家经济安全问题。尤其是伴随着我国虚拟经济的市场化程度逐渐提升,几乎任何一个领域的不安全因素,都具有联动性特征,原有的各司其职、各自为政的缺乏协调的监管模式对此明显力不从心。而实际上,我国也逐渐意识到了这一问题,并逐步对机构进行了改革。例如,在2018年的机构改革过程中,在市场规制领域,我国整合了反垄断执法机构,强化了反不正当竞争和消费者保护机构,归并了知识保护机构,组建了国家市场监管总局;在宏观调控领域,我国合并了银监会和保监会,剥离了发改委的多种职能,它们均有助于推动政府职能转化。

第三,虚拟经济安全评估指标缺失。虚拟经济安全评估指标体系是分析国家虚拟经济安全的特征、评估国家虚拟经济安全的态势和制定相关政策的技术基础,也是国家经济安全评估的重要内容,对国家经济安全的维护具有不可或缺的预测、监管、防范和化解功能。通过科学地选取评估指标,构建相应的虚拟经济安全评估指标体系并对之进行适时调整,有助于准确把握我国虚拟经济的动态发展情况,进而把握我国整体经济的发展情况。从系统论来看,虚拟经济安全可被视为国家经济安全的重要组成部分,而国家经济安全可被视为国家安全的重要组成部分,不论是虚拟经济安全还是国家经济安全,都不单纯取决于经济本身,还与政治安全、文化安全、社会安全以及军事安全等多方面相关。据此,不难发现的是,我国不仅虚拟经济安全评估指标缺失,并且,若要构建科学合理的虚拟经济安全评估指标体系尚且存在一定的困难。

3. 新时代国家安全战略下虚拟经济安全的实践要求

新时代国家安全战略下虚拟经济安全维护的目的在于通过相关法律法

规的构建和国际规则的制定和对接,有效联动国内国际两个市场,充分利用国内国际两种资源,在有效防控外来风险的同时,确保内部经济运行的稳定性和有效性,进而确保国家整体安全。根据当前我国虚拟经济安全保障中存在的主要不足,本文认为,新时代国家安全战略下虚拟经济安全的实践要求包括以下三个方面。

第一,政治层面。2019 年 10 月 31 日,十九届四中全会通过的《推进国家治理体系和治理能力现代化若干重大问题的决定》(简称《决定》)指出,中国共产党领导是中国特色社会主义最本质的特征。其后,十九届五中全会又强调,要加强党中央集中统一领导,推进社会主义政治建设,健全规划、制定和落实机制。据此,新时代国家安全战略下虚拟经济安全的维护也应旗帜鲜明地加强党的领导。

总体来看,2013 年 11 月 12 日成立的中央国家安全委员会(以下简称"国安委")是中共中央关于国家安全工作的决策和议事协调机构,其主要负责统筹国家安全的重大事项和重要工作。中央国家安全委员会要遵循集中统一、科学谋划、统分结合、协调行动、精干高效的原则,聚焦重点,抓纲带目,紧紧围绕国家安全工作的统一部署狠抓落实。从该视角来看,国安委对于统筹协调我国虚拟经济安全的相关事项和工作无疑具有重要意义。因此,在国安委领导下确立虚拟经济安全维护的总体目标,组织各级机构设置及履行职责,负责虚拟经济安全政策的制定与实施,评价我国虚拟经济安全的状况及管理能力,以及完善相应的信息披露机制等有助于维护虚拟经济安全。

第二,制度层面。新时代国家安全战略下虚拟经济安全的维护离不开虚拟经济的法律化,其既包括虚拟经济法律化的过程——立法活动与过程,也包含虚拟经济法律化的结果——虚拟经济法律。[1] 正如虚拟经济已经衍

---

① 胡光志:《虚拟经济法的价值初探》,载《社会科学》2007 年第 8 期,第 107 页。

化成为了当今市场经济最高表现形态和全球经济运行的主要特征一样,与之相关的风险也与日俱增,而保障虚拟经济安全的重要性已经不言而喻,进一步完善与虚拟经济安全相关的法律已然成了一种共识。在新时代国家安全战略背景下,完善虚拟经济安全相关法律必然将在虚拟经济的法律化进程中举足轻重,并且将对虚拟经济安全的具体实践产生深远影响。为此,应将虚拟经济安全立法提上议程,并不断补充和完善与虚拟经济相关的法律法规,这既有助于从制度层面保障虚拟经济安全,也有助于推进全面依法治国进程。

第三,技术层面。面对日益严峻的内外部经济形势,研究国家经济安全、维护国家利益的重要性日益增强,构建一套合理科学的经济安全指标体系是研究中的关键,并且该指标体系应与时俱进。[1] 因此,新时代国家安全战略下虚拟经济安全的实践要求在技术层面构建科学、合理、规范的虚拟经济安全指标体系,并尽快将之付诸具体应用之中,这应是保障虚拟经济安全应重点着手的地方。具体而言,首先,虚拟经济安全指标体系构建的前提在于在明确国家安全战略目标的基础上,将战略目标分解为各类具体的评价指标,正确分析影响我国虚拟经济安全的相关因素。其次,虚拟经济安全指标体系构建的起点在于立足各类引发虚拟经济安全问题的缘由,并且必须基于虚拟经济安全风险信号确定国家安全战略。最后,根据各类型指标及其权重关系,建立与之相适应的国家安全战略的评估和预警体系,使其如实反映我国经济、政治和社会经济运行的安全状况,并能前瞻性地对各种危机因素发出预警信号,以便及早采取措施对国家安全体系各种指标的非正常变动进行适时调控,做到防患未然。[2]

---

[1]　参见顾海兵、朱凯:《国家经济安全指标确定和修正的文献检索法:方法论与案例》,载《南京社会科学》2017 年第 3 期,第 20-27 页。

[2]　耿明俊:《全球化背景下的中国国家安全》,载《当代世界与社会主义》2003 年第 2 期,第 59 页。

二、开放经济条件与虚拟经济安全

按照《世界经济学大词典》的解释,开放经济与封闭经济相对,通常情况下指商品、资金和人员在国境内外可以自由流动不受任何限制的国家(地区)的经济。新中国成立以来,在不断的努力和探索之下,我国对外开放进程被不断扩大和深化,尤其是改革开放以后,我国经济发展已取得巨大成就。其中,自党的十九大报告首次提出"完善开放型经济体系"以后,我国对外开放已迈出新步伐。党的十九届五中全会也再次提出,要实行高水平的对外开放,推动形成对外开放新格局,培育参与国际经济合作与竞争的新优势。然而,随着我国主动参与并融入经济全球化浪潮,乱象丛生的国际经济环境对我国虚拟经济的影响势必更为深远。这主要是由于我国作为世界第二大经济体和全球经济体系中的重要成员,在进一步深化对外开放的过程中,虚拟经济安全不可避免地面临着更多的挑战和机遇。它既可以是开放经济条件下实体经济发展的不竭动力,推动整体经济共同发展;也可以是开放经济条件下实体经济发展的重要阻碍,制约经济发展。可以说,开放经济条件下的虚拟经济安全对我国整体经济安全起着不容小觑的作用。因此,探讨开放经济条件下的虚拟经济安全,已然成了当前不可回避的重要议题。问题是,在逆全球化思潮涌动时期,我们对开放经济应作何理解? 开放经济条件又与虚拟经济安全存在何种联系? 在开放经济条件下虚拟经济安全又应如何保障?

总的来看,尽管逆全球化趋势不断显现,但是全球化仍是主要趋势,其本质仍旧是虚拟经济全球化,即全球虚拟经济的高度融合。任何一个国家的虚拟经济风险都可能通过国际贸易而对其他国家经济安全产生冲击。对此,理论界对开放经济条件下的虚拟经济安全展开了广泛探讨,其中,有关全球化下的虚拟经济安全及其保障,已成为经济学、法学等学科的重点研讨对象。在经济学界,尤其是后疫情时代,更加强调统筹虚拟经济安全与发展。在法学界，一个较为流行的观点是，经济安全是一切安全之本，是人类一切活动的基本前提，其实质为利益安全，即人们在经济活动中利益或行为的保障程度及其遭受损害的可能性，并且，可以从微观和宏观两个角度来加以理解。① 如果说民商法所保护的交易安全属于微观经济安全的范畴，那么经济法则为宏观经济安全提供了法律保障。② 因此，开放经济条件下虚拟经济安全与发展的统筹必然离不开相关法律制度保障。但现实是，开放经济条件下的虚拟经济安全往往囿于虚拟经济风险"太多连接而不能倒""太大而不能倒"，以及规制、规则及制度不对接而得不到充分保障，进而致使与之相关的理论探讨进退失据。基于此，本部分将重点探讨开放经济的一般理解，再探讨开放经济条件下虚拟经济安全的一般理解，进而分析开放经济条件下虚拟经济安全的实践逻辑。

（一）开放经济的一般理解

开放经济条件下虚拟经济安全的实践逻辑是基于开放经济而展开的，因此，梳理开放经济理论思潮、我国开放经济发展阶段是探讨开放经济条件下虚拟经济安全实践逻辑的前提性问题，这有助于深化对开放经济条件下虚拟经济安全实践逻辑的理解，并拓展其理论研究的深度。

1. 开放经济的内涵

第一，开放经济的含义。所谓开放，是指一个国家的经济活动跨越了国界，与别的国家的经济活动有了联系，此种联系主要包括国际贸易和国际金融两大方面。③ 开放经济是西方经济学中的一个规范概念，其在《市场经济学大辞典》中被视为国际化程度高或开放度高的经济，其在《世界经济学大辞典》中被视为封闭经济的对称。如果将开放经济视为由封闭经济、国际贸

---

① 参见何文龙：《经济法的安全论》，载《法商研究（中南政法学院学报）》1998 年第 6 期，第 16-18 页。

② 参见单飞跃：《经济法的法价值范畴研究》，载《现代法学》2000 年第 1 期，第 28 页。

③ 参见黄谷：《开放经济的宏观分析：理论与进展》，载《世界经济文汇》1991 年第 1 期，第 1 页。

易和国际金融三部分组成的,随着一国经济与外界联系的不断增强,其在作出自己国家的经济决策之前,必然不得不考虑其他国家和政府对本国经济政策可能作出的反应和它们所可能采取的相应政策,而该国也不得不关心其他国家或政府、它们的经济政策会对我国经济活动可能产生的影响。[1] 对于开放经济这一概念,具有共识性的认知是,贸易不受限制的地区的经济,即任何个人和本地区之外的任何一个人发生自由的业务关系和贸易关系;[2] "参与国际贸易的经济的一种经济"[3];贸易流动和资本流动,即各国经济对世界都是开放的。[4] 第二种观点认为开放型经济是开放度较高的经济体系,商品、劳动、资本、创新等要素实现跨国界或区域的自由流动,资源配置不断优化,政府按照市场运行机制来管理。[5] 第三种观点强调开放经济和开放型经济有很大区别,认为开放型经济是在开放经济基础上更加注重开放后带来的结果,开放型经济与开放经济相比,更加倾向于制度性和科学的战略。[6] 第四种观点认为开放经济即开放型经济,二者并无区别,开放型经济具有更高的要素流动性、资源优化程度、市场与政府的协调程度。[7] 第五种观点认为,开放经济的运动是一种系统的运动。[8] 第六种观点认为,当代经济是开放经济,其已经作为一种现代生产方式构成当代经济发展的基本条件;其既是一个现代生产方式,又是一个经济发展条件;经济开放既是一种对外政策

---

[1] 参见黄谷:《开放经济的宏观分析:理论与进展》,载《世界经济文汇》1991 年第 1 期,第 1 页。

[2] [美]D·格林沃尔德主编《现代经济词典》,商务印书馆,1981,第 312 页。

[3] [英]戴维·W.皮尔斯主编《现代经济学辞典》,毕吉耀、谷爱俊译,北京航空航天大学出版社,1992,第 400 页。

[4] [美]杰弗里·萨克斯、费利普·拉雷恩:《全球视角的宏观经济学》,费方域等译,上海人民出版社,2004,第 16 页。

[5] 参见李滋仁:《对开放型经济的再认识》,载《亚太经济》1991 年第 6 期,第 67-71 页。

[6] 参见薛荣久:《我国开放型经济体系构建的纲领与重大意义》,载《国际商务》2007 年第 6 期,第 5-10 页。

[7] 参见曾志兰:《中国对外开放思路创新的历程——从外向型经济到开放型经济》,载《江汉论坛》2003 年第 11 期,第 7-20 页。

[8] 赵瑞彰:《开放经济系统论:特征与功能》,载《亚太经济》1988 年第 4 期,第 57-62 页。

决策,又是一条共通增长途径。①

第二,开放经济的本质。鉴于开放经济直接表现为经济全球化,而经济全球化的本质为虚拟经济全球化,因此,可以说,当今经济全球化的本质就是虚拟经济全球化。② 这主要是因为"虚拟资产的国际流动使世界经济在全球体系内的经济联系不断深化,正是这种不受传统空间和时间限制的虚拟资产的流动,才使世界各国经济相互交织渗透、融合,纳入世界经济一体化的运行体系。这是实体经济全球化不可能做到的。"③可以说,"经济全球化是由资本运动推动,而反过来,经济全球化又成为资本运动极度扩张的温床。经济全球化给资本运动的扩张性发展提供了充分的条件和广阔的舞台,从而使资本追求剩余价值的欲望得到无限制、无约束的释放。其重要表现,就是经济全球化使虚拟资本爆炸性增长,虚拟经济日趋膨胀。"④

值得注意的是,虚拟经济全球化对世界经济发展具有深刻影响,它不仅转变了全球经济增长模式,变革了财富创造方式,还推动了实体经济结构的转型和升级,改变了世界的经济结构。⑤ 此外,全球经济失衡、国际金融危机爆发等都与虚拟经济的全球化有着紧密联系。因此,在开放经济条件下,要有效应对虚拟经济全球化,必然需要协调虚拟经济和实体经济的发展,进一步加强我国对虚拟经济风险的监管和预警力度。

第三,开放经济的特征。根据《市场经济学大辞典》,开放经济的特征为,第一,对外经济部门在经济中占有重要的地位;第二,基本实行自由贸易

---

① 参见褚葆一、马强:《经济开放论与开放经济学》,载《上海社会科学院学术季刊》1992 年第 4 期,第 5-13 页。

② 参见刘晓欣:《当代经济全球化的本质——虚拟经济全球化》,载《南开经济研究》2002 年第 5 期,第 22-26 页。

③ 刘骏民、李曙军:《全球流动性膨胀与经济虚拟化》,载《开放导报》2007 年第 2 期,第 68 页。

④ 吴海山:《资本运动视域中的当代资本主义金融危机》,载《当代经济研究》2010 年第 9 期,第 13 页。

⑤ 叶祥松、晏宗新:《当代虚拟经济与实体经济的互动——基于国际产业转移的视角》,载《中国社会科学》2012 年第 9 期,第 78 页。

政策;第三,国内货币体系要受到外汇的显著影响,也就是货币供给量要受外汇储备变动的影响,短期利率要受国外利率或预期汇率变动的影响,而且国内的货币政策无法消除这些影响;第四,国内物价水平不仅由国内因素决定,而且也要受国外物价与汇率变动的影响。[1] 我国在不断推进改革开放的过程中,开放经济的建设速度不断提高,经济的开放程度和开放形态也逐渐得到了国际社会的认可,开放经济的特征逐渐发展成为我国经济体系的一个重要特征,具体表现为,商品市场的开放度和国际化都已达到了较高的水平。但是,我国的金融业和金融市场迄今仍保留着相对封闭的状态,它与日益一体化的世界金融市场存在着相当的隔离度。[2] 此外,还有学者通过对比新时代我国开放经济的特征与 1978 年开放之初的特征,指出我国开放经济具有系统性风险的特征。[3]

2. 开放经济理论思潮梳理

经济全球化进程在不断推进[4],其仍以开放经济理论为基础。这主要是

---

[1] 参见赵林如主编《市场经济学大辞典》,经济科学出版社,1999,第 57 页。

[2] 参见徐明棋:《经济全球化与中国的对外开放》,载《上海社会科学院学术季刊》2000 年第 4 期,第 66-75 页。

[3] 这种系统性风险特征主要表现为:一段时间里有可能全局性地在开放经济系统各个部门关联性相继爆发的、对整个或大部分经济部门都产生重大负面影响和经济伤害的风险,这些风险汇总起来可能造成系统无法修复的损失,甚至可能导致系统崩溃,引起严重的经济危机和衰退,并严重影响经济体系的中长期增长潜力。相关探讨请参见毛征兵、范如国、陈略:《新时代中国开放经济的系统性风险探究——基于复杂性系统科学视角》,载《经济问题探索》2018 年第 10 期,第 1-24 页。

[4] 有学者从资源禀赋、市场力量、技术创新等方面分析了驱动全球化发展的客观动因,并指出全球化是人类历史发展的客观过程,没有谁能够阻止全球化过程进一步向前发展。同时,指出目前全球化发展过程中存在的许多重要问题,譬如说贫富不均和社会不平等进一步扩大的问题、一些国家出现产业空心化的问题、不少国家失业率高居不下的问题、引发全球性金融经济危机的力量伴随全球化发展而有可能进一步积累的问题,等等。为了做到进一步弘扬全球化给人类发展带来积极影响,同时减少、制约和克服全球化在其发展过程中所带来的不利影响,本研究提出了推进全球化实行转型发展的新思路以及实施全球化转型发展的具体目标和方向。此外,他们还发现,积极推动实施"一带一路"倡议和"一带一路"建设,是目前促进全球化转型发展的一个重要"抓手"。参见胡必亮、刘清杰、孙艳艳、王琛、孙苾蕙:《一、全球化是一个客观的历史发展过程,谁也无法阻挡和逆转其发展趋势》,载《经济研究参考》2017 年第 55 期,第 4-15 页。

因为经济开放能够促进生产要素跨国界,实现资源在世界范围内的有效配置。[①] 并且,国内开放经济理论与国外开放经济理论也有所不同。因此,本部分将从国外开放经济理论思潮的梳理出发,分析我国开放经济理论的演进,进而探讨新时代我国开放经济理论的主要特点。

从国外开放经济理论的演进来看,有学者认为大致分为三个阶段,即古典贸易理论、新古典贸易理论和新贸易理论,它们均主要从供给面(要素禀赋、技术、要素生产率、规模经济)和需求面(消费者偏好)分析对外开放贸易和参与国际化分工的动机,并在完全和不完全市场竞争上进行国际贸易;它们分别强调了资源的优势、要素禀赋和各种要素的差距,重点突出了如何在国际贸易中实现更高的效率以及国际上均衡结构的变动情况,但是此理论忽视了贸易的平衡和公平。[②]

从我国开放经济理论的演进来看,有学者指出,当前中国开放经济的实践对西方国际贸易理论提出了质疑、反思和挑战,需要呼唤马克思国际贸易理论的进一步运用和发展。[③] 因此,马克思主义开放观是我国构建开放世界经济的理论渊源[④]。早在 1978 年,邓小平同志就提出要吸收国外资金、技术和管理经验,也要大力发展对外贸易;接着,推行对外开放的基本政策在党的十二大上被正式提出;但是,"开放型经济"这一概念一直到党的十四届三中全会召开时才被正式提出,即"充分利用国际国内两个市场、两种资源、优

---

① 李玮玮、陈理飞:《新开放宏观经济学框架下经济稳定的动态分析》,载《财经问题研究》2019 年第 7 期,第 21 页。

② 于海峰、王方方:《建设新时代中国特色社会主义开放经济理论体系》,载《东岳论丛》2018 年第 5 期,第 38 页。

③ 参见袁志田、刘厚俊:《马克思国际贸易理论的时代性与实践性——兼论中国开放型经济》,载《马克思主义研究》2006 年第 2 期,第 22-28 页。

④ 参见钱学森:《开放型世界经济 70 年:实践探索、理论渊源与科学体系》,载《中南财经政法大学学报》2019 年第 6 期,第 20-21 页。

化资源配置……发展开放型经济"①；自党的十九大报告首次提出"完善开放型经济体系"以后，学者们以完善中国特色社会主义开放经济体系为导向，从理论和实践两个层面出发分析开放经济的发展方向。此后，"开放型经济"这一概念又在党的各次重要会议上被多次提及，其内涵随着我国对外开放实践进程的不断推进而不断丰富和完善，并且已然发展成为包含经济体系、经济体制、全面开放战略、全球经济治理等重要议题在内的较为成熟的理论。②

新时代我国开放经济理论是在不断推动改革和深化对外开放的实践经验中发展而来的，顺应了经济全球化的主要趋势，主动融入并引领经济全球化，培育了我国新形势下国际竞争、合作新优势。与国际开放经济理论相比，新时代我国开放经济理论强调构建互利共赢、多元平衡、安全高效的开放型经济体系，更加重视公平、高效。与我国以往的开放经济理论相比，新时代我国开放经济理论强调迈出改革开放新步伐，构建更高水平的开放型经济体制，增强我国参与和引领国际经济合作竞争优势，提高我国对外开放水平。

3. 我国开放经济的历史演进

有学者认为，中国对外开放经历了四个阶段，即"外贸管理体制实行放开搞活、下放经营权；培育外贸企业成为真正的市场主体；贸易自由化、建立与国际规则接轨的开放型经济体制；开放型经济体制面临进一步完善与创

---

① 《中共中央关于建立社会主义市场经济体制若干问题的决定》，1993 年 11 月 14 日中国共产党第十四届中央委员会第三次全体会议通过。

② 有学者认为，"中国特色开放型经济理论，作为一个成熟的理性思维，其基本要件是：总结了我国 35 年对外开放的基本实践和基本经验，揭示了事物发展的客观规律；提出了我们党的价值观和追求目标；规划了未来的行动纲领。"参见裴长洪：《中国特色开放型经济理论研究纲要》，载《经济研究》2016 年第 4 期，第 16 页。

新。"①但如果从中华人民共和国成立以后看，大致分为以下几个阶段。

第一，初步实践阶段。中华人民共和国成立以后至1978年我国开始实行对外开放政策以前，是我国开放型经济的初步实践阶段。在此阶段，尽管我国开放型经济发展取得了一定成就，但由于受到以美国为首的西方国家的封锁、中苏关系恶化以及"文化大革命"的冲击等，我国并未形成以对外贸易为主导的开放型经济。

第二，努力探索阶段。1978年我国实行对外开放政策后至1992年以前，是我国开放型经济的努力探索阶段，此阶段对于我国实行开放型经济具有划时代的意义，是我国推行开放型经济的重要转折点。在此阶段，我国通过推行各类政策，以试验型城市为先导，践行对外开放政策，并据此走上了对内改革、对外开放之路，构建开放型经济的成效初显。

第三，初步形成阶段。1992—2001年，是我国开放型经济的初步形成时期。此阶段，我国主要推行"走出去"的经济战略，即通过持续推进和实施出口政策以更好地利用外资和技术，并据此形成了全方位的对外开放格局，促使我国开放型经济体系初步形成，推动我国主动融入世界经济体系。

第四，完善与发展阶段。2001年至今，我国步入了开放型经济的不断完善和持续发展阶段。在此阶段，我国开放型经济得到了快速发展，并且被不断调整和优化，我国国际经济竞争合作新优势不断完善和进一步强化。例如，2001年我国正式加入世界贸易组织，这标志着我国开始践行多边贸易主义，并且我国已解决了与多边贸易体制的相容性问题；2002年，党的十六大又重新强调，"引进来"与"走出去"并重；随后，党的十七大又提出要提高开放型经济水平；此后，党的各大重要会议均对我国开放型经济作出了进一步的完善，促使我国对外开放结构进一步优化，开放型经济水平进一步提高。

---

① 参见裴长洪：《中国建立和发展开放型经济的演进轨迹及特征评估》，载《改革》2008年第9期，第15-25页。

此外,我国还不断清理、修订、颁布相关外贸法律法规,这大大地加快了我国制度型开放的进程。

总的来说,从我国开放经济的历史演进来看,我国开放经济的每一个阶段都有着较大的突破,并且体现了,①我国对外开放的大门不会关闭;②不论是理论层面还是实践层面,开放经济的发展历程都是循序渐进的,不是一蹴而就的,并且各大阶段之间存在着紧密联系;③我国开放经济发展战略已经逐步从"外向型"转向"内外并重型";④我国开放经济发展方式仍然以政府主导为主。

(二)开放经济条件下虚拟经济安全的一般解读

经济全球化是一把双刃剑,它在给我国虚拟经济发展带来机遇的同时,也给我国虚拟经济发展带来了挑战。因此,下文将分析开放经济条件下我国虚拟经济所面临的机遇和挑战,进而探讨开放经济条件下我国虚拟经济的特点和现实表现。

1. 开放经济条件下虚拟经济面临的机遇和挑战

第一,开放经济条件下虚拟经济面临的机遇。经济全球化实现了"以最有利的条件生产、在最有利的市场销售"[①]这一世界经济发展的最优状态。其有利于世界各国虚拟经济的发展,尤其有利于发展中国家的虚拟经济发展。在大变局下,我国在开放经济条件下,应对世界经济新一轮经济转型,已经基于改革开放积累了具备把握这一机遇和迎接这一挑战的能力。我国不仅可以吸收和借鉴其他国家虚拟经济发展的经验和教训,还可以主动融入虚拟经济全球化浪潮,从而推动我国虚拟经济的发展。

第二,开放经济条件下虚拟经济面临的挑战。与之相对,开放经济条件

---

① 张敏:《经济全球化与发展中国家经济安全问题浅析》,载《上海投资》2007 年第 7 期,第 15 页,转引自刘力《经济全球化:发展中国家后来居上的必由之路》,载《全球化与中国》,中央编译出版社,1998,第 137 页。

下我国虚拟经济也面临着诸多挑战。这主要是由于开放经济条件下虚拟经济风险具有复杂性和系统性两大特质,一旦某一个环节出现问题容易引发牵一发而动全身的虚拟经济安全问题,进而导致开放经济条件下的虚拟经济成为极其脆弱的"风险经济"①。作为发展中国家,我国的虚拟经济发展起点相对于西方发达国家的虚拟经济发展起点要低,这使我国虚拟经济在开放经济条件下处于相对劣势地位;经济全球化使虚拟经济风险传导速度更快、范围更广、影响更大,我国虚拟经济在此背景下更容易遭受外部风险的冲击和影响。另外,经济全球化还容易加深我国和西方发达国家虚拟经济水平之间的鸿沟,导致我国对西方发达国家的虚拟经济过度依赖。比如,金融自由化和国际化是世界经济一体化的一个重要组成部分,其作为虚拟经济的重要组成部分,在全球化进程中的亚洲金融危机中表现十分明显:一是国内金融机构不健全,银行不良资产过高;二是外债过多,短期债务比例过高,容易引发债务偿付危机;三是盯住美元固定汇率制度,缺乏弹性变动。亚洲金融危机使一些发展中国家在一夜之间倒退十几甚至二十年。②

2. 开放经济条件下虚拟经济安全的特点

在非全球化背景下,虚拟经济安全主要由其内部因素决定,如一国实体经济的发展情况,以及虚拟经济发展和实体经济发展的协调度,这主要由政府适当干预经济来防控与之相关的风险。在全球化背景下,尤其是"疫情经济"时期,世界正处于百年未有之大变局中,虚拟经济安全不仅由内部因素决定,也受外部因素影响,虚拟经济安全更加强调内部安全和外部协调。这一方面,要求消除来自内部的影响虚拟经济安全的相关因素,从而维护内部虚拟经济安全;另一方面,要求防范和化解来自外部的影响虚拟经济安全的

①　范如国:《"全球风险社会"治理:复杂性范式与中国参与》,载《中国社会科学》2017 年第 2 期,第 65-83 页。

②　参见张敏:《经济全球化与发展中国家经济安全问题浅析》,载《江淮论坛》2000 年第 4 期,第 26-27 页。

相关因素,从而保障内部虚拟经济安全。具体而言,开放经济条件下虚拟经济安全的特点如下。

第一,虚拟经济安全受虚拟经济自由影响。经济安全和经济自由之间存在着紧密联系,并且孰轻孰重、何者为先一直是理论界争论的话题。以英国经济学家亚当·斯密为代表的古典经济学派认为,每个市场主体都是追求其利益最大化的理性"经济人",他们无须政府指引便可实现其自身利益最大化,并且,市场也可以实现资源的优化配置。而在以英国经济学家凯恩斯为代表的推崇国家宏观调控的学者们看来,由于存在"信息偏在""负外部性"等市场失灵问题,国家必须干预经济,即国家应该在经济低迷时拉动需求,在经济高涨时稳定市场,从而确保经济安全运行。可以说,虚拟经济安全深受虚拟经济自由的影响。从经济学的角度看,随着世界经济的运行方式发生了较大改变,虚拟经济在西方发达国家呈现出高度膨胀的态势,而实体经济则相对萎缩,并且二者的比例严重失调,各国政府普遍开始加强对经济的干预力度,凯恩斯主义重新回归世界经济舞台,[①]虚拟经济安全也不言而喻地成了前置于虚拟经济自由的国际共识。但是,这并不意味着虚拟经济安全就绝对排斥虚拟经济自由。因为市场经济具备资源配置的自由性,而虚拟经济作为市场经济高度发展的重要产物,也应当具备自由属性。虚拟经济的自由化,从整体来看,可以使经济要素在国际自由流通,提高资源配置效率;从个体来看,在各要素自由流通带来收益的同时,也容易引发一些危及国家虚拟经济安全的问题,如贸易条件恶化、受国际资本控制等。

第二,虚拟经济安全需要虚拟经济制度保障。根据制度安全观,解决安全问题不应仅仅局限于军事领域,也不应单纯依靠军事实力来维持,通过建立相互遵守的原则、规范和规则之上的国际制度,才能够带来真正的国家安

---

① 张国庆、刘骏民:《金融危机与凯恩斯主义的全面回归——兼论对中国的政策启示》,载《南京社会科学》2009 年第 9 期,第 9-16 页。

全和国际合作。[①]　在全球化背景下,各国间的相互依存度与日递增,各国之间的联系也日益紧密,为国际规则的产生,以及各国规则、制度的对接提供了良好的条件,这有助于构建全球统一大市场,规范市场主体的行为和政府的行为,并以此来确保经济安全。因此,可以说制度安全是本源,也是经济安全的保障。

从此意义来看,开放经济条件下虚拟经济安全就主要表现为制度安全。在"疫情经济"时期,进一步完善经济体制,完善和对接相关制度、规则,有助于促使我国进一步融入和引领经济全球化,预防和化解来自外部的虚拟经济风险。可以说,虚拟经济制度安排能否被公众认可和接受,能否与国际规则或通行做法对接是判断制度安全与否的重要标准,也是虚拟经济安全能否得以保障的重要因素。

(三)开放经济条件下虚拟经济安全的实践逻辑

开放经济条件作为虚拟经济的外部环境,其变化将对虚拟经济的安全运行产生影响。随着我国对外开放广度和深度的不断推进,我国虚拟经济安全的实践逻辑也发生着相应的变化。基于前文所探讨的开放经济条件下虚拟经济安全的一般解读,本部分将重点探讨开放经济条件下虚拟经济安全的外部条件、现实动因和内在要求。

1. 开放经济条件下虚拟经济安全的前提条件

经济全球化是开放经济的直接表现,也是虚拟经济得以产生和不断发展的前提条件。因此,可以说,开放经济条件下虚拟经济安全的前提条件是经济全球化进程的不断推进。

第一,经济全球化的含义。全球化是时代的重要特征之一。"全球化"

---

① 　陈先才:《西方国际危机管理三种理论模式之比较》,载《河南大学学报(社会科学版)》2006 年第 6
　　期,第 37 页。

一词已经成为当今国内外社会科学界使用频率最高,内涵界定分歧最大的概念之一,经济学、政治学、文化学、社会学等学科的学者从不同的视角给出了不同的全球化概念的内涵。① 因此,全球化概念的产生与发展可以被视为经济学、政治学、文化学及社会学等相互影响的结果。有学者还进一步指出,有关全球化的研究,可以从世界体系研究法、全球文化研究法、全球社会研究法、全球资本主义研究法着手,并且它们各自有着其鲜明的长处和不足。②

经济全球化又是全球化中的重要组成部分。"全球化"一词最早产生于20 世纪中期,之后于20 世纪八九十年代开始在国际社会大为流行,并在科学研究文献中被广泛应用为一个学术概念③。学者文军通过梳理国外学者对经济全球化的理解,指出在许多经济学家眼里,全球化毫无疑问是指世界经济发展的一种趋势,在这种趋势下,最显著的特征就是国际分工体系中的垂直分工越来越让位于水平分工,资本、商品、技术、信息等在国际的流动越来越迅速,资本的配置也越来越超出民族国家的范围而向全球扩展,不同国家之间的相互依赖度也日益增加,出现了"你离不开我,我也离不开你"的相互依赖局面。④ 胡必亮等学者在中外学者对全球化定义探讨和研究的基础上,进一步指出,学界主要是从经济发展的内在规律和经济全球化进程所产生的影响和作用来展开探讨的。⑤ 而德国社会学家贝克则在其著作《风险社会》中阐述了自己的"风险社会理论",并首次用"风险社会"的概念来阐述

---

① 参见文军:《西方多学科视野中的全球化概念考评》,载《国外社会科学》2001 年第 3 期,第 43-50 页。

② 参见[美]莱斯利·辛克莱:《相互竞争中的多种全球化概念》,载吴士余主编《全球化话语》,上海三联书店,2002,第 29-49 页。

③ 参见张桐:《围绕"全球化"概念的争议》,载《教学与研究》2015 年第 10 期,第 14-22 页。

④ 文军:《西方多学科视野中的全球化概念考评》,载《国外社会科学》2001 年第 3 期,第 44 页。

⑤ 参见胡必亮、刘清杰、孙艳艳、王琛、孙蕊蕙:《一、全球化是一个客观的历史发展过程,谁也无法阻挡和逆转其发展趋势》,载《经济研究参考》2017 年第 55 期,第 4-15 页。

全球化的时代是一个充满了风险的时代。①《马克思主义哲学大辞典》中"全球化"首先被认为是一个经济发展过程,是生产要素,即技术的、信息的、资源的、市场的各要素在全球的流动和重新配置。② 它是企业尤其是跨国企业在全球范围内追求利润最大化而推动的市场机制在全球的扩展。在此过程中,世界各国的经济开放度不断增加,生产要素自由流动的壁垒逐渐消除,各国的经济越来越成为一个整体,亦即"经济一体化",它表现为贸易自由化、金融全球化、投资自由化、生产全球化等。吉登斯认为,全球化可能不是一个特别具有吸引力或者华丽的辞藻……然而,在 20 世纪 80 年代晚期,这个词在学术界或日常语言中被普遍使用,因为它已经无处不在了。并且,任何想要理解我们将来的人都不能忽视全球化。③

第二,经济全球化的阶段。全球化究竟始于何时,这一问题并不好确定。但总体来讲,应该根据全球化的实质来加以判断,即市场经济机制超越民族国家的边界在全球内不断拓展和深化,由此形成了一体化的世界经济体系,并导致各国政治和文化在全球范围内互动。④ 并且,不同阶段下的全球化具有不同的特点。根据国内外学者的探讨,大致分为两种观点。

第一种观点认为,经济全球化发展的历史阶段大致分为两个阶段。其中,国外学者劳伦斯·钱迪和科纳·塞迪尔认为全球化的发展在某些程度上可以通过外国资本存量占 GDP 的比重、商品出口占全球 GDP 的比重、移民存量占全球人口的比重这三个指标去衡量。⑤ 国内学者阎孟伟、朱丽君两

---

① 参见［德］乌尔利希·贝克:《从工业社会到风险社会:生存问题、社会结构与生态启蒙》,载吴士余主编《全球化话语》,上海三联书店,2002,第50-78 页。

② 金炳华主编《马克思主义哲学大辞典》,上海辞书出版社,2003,第 1021 页。

③ ［英］安东尼·吉登斯:《失控的世界》,周云红译,江西人民出版社,2001,第 2 页。

④ 参见阎孟伟、朱丽君:《全球化的实质和进程与马克思的全球化理论》,载《南开学报(哲学社会科学版)》2007 年第 1 期,第 79-85 页。

⑤ 胡必亮、刘清杰、孙艳艳、王琛、孙芯蕙:《一、全球化是一个客观的历史发展过程,谁也无法阻挡和逆转其发展趋势》,载《经济研究参考》2017 年第 55 期,第 8 页。

位学者认为,全球化的第一阶段萌发于 16 世纪的西欧国家,第二阶段则始于 20 世纪 40 年代中期,即"二战"之后;①胡必亮、武岩、范莎等认为,第一次全球化为 15 世纪的"地理大发现"到 1914 年的第一次世界大战,这使得贸易方式发生了较大的改变,跨国公司也在此背景下产生;第二次全球化为第一次世界大战、第二次世界大战和美苏冷战,使得全球化浪潮遭遇了短暂的停滞放缓,随着苏联的逐步解体,区域合作竞争更为普遍,并且导致了发展中国家的机会不平等。②

第二种观点认为,经济全球化分为三个阶段,此种观点源自经济全球化的三次浪潮,但不同的学者又有不同的看法。例如,张可云、蔡之兵两位学者将全球化划分为了三次浪潮:16 世纪以后,随着各种技术尤其是航海技术的快速发展,葡萄牙、西班牙、荷兰等国开始重视开辟新航路或新商路,这些国家通过战争掠夺和殖民地经济与世界其他地区发生了直接的经济联系,从而暴力催生出经济全球化的萌芽,这是第一次具有近代意义的全球化进程,其特征为军事掠夺;第二次全球化进程始于 18—20 世纪,英美等国完成工业革命后,军事殖民成为这些国家对外扩张的主要手段,其特征为军事殖民;第三次全球化始于 20 世纪中下叶,以美国为首的西方发达国家开始通过构建全球性的经济、贸易、金融合作组织来主导第三次全球化进程,世界三大经济组织——WTO、世界银行和国际货币基金组织的产生与发展,标志着经济全球化从无序状态迈向体系化和制度化,其特征主要是西方发达国家主导全球化的经济及贸易运行规则。③

第三,经济全球化对虚拟经济安全的影响。历史经验表明,在经济全球

---

① 参见阎孟伟、朱丽君:《全球化的实质和进程与马克思的全球化理论》,载《南开学报(哲学社会科学版)》2007 年第 1 期,第 82-83 页。

② 参见胡必亮、武岩、范莎:《全球化与新农村》,重庆出版社,2016,第 73-77 页。

③ 参见张可云、蔡之兵:《全球化 4.0、区域协调发展 4.0 与工业 4.0——"一带一路"战略的背景、内在本质与关键动力》,载《郑州大学学报(哲学社会科学版)》2015 年第 3 期,第 87-89 页。

化背景下,要确保我国经济安全,开放的大门不能关闭。并且,不同时期,对外开放对虚拟经济安全也产生了不同的影响。过去,我国经济比较落后,我国虚拟经济正是产生并发展于对外开放的过程之中,如果没有开启对外开放之路,我国虚拟经济的产生估计还要延后相当长一段时间。如今,我国已经走上了全面对外开放的道路,我国虚拟经济也逐渐发展起来,并走向了独立自主之路,但是随着对外开放进程的不断加深,我国虚拟经济容易受外部因素或风险的影响,从而危及我国虚拟经济安全,进而影响我国整体经济安全。

可以说,在经济全球化背景下,我国的对外开放程度将对虚拟经济安全产生多重影响。从虚拟经济自身来讲,虚拟经济的开放程度是一国整体经济开放程度的关键所在,随着我国对外开放程度的不断加深,其一方面会促进我国虚拟经济的发展,为我国虚拟经济高质量发展提供更多的机遇,另一方面,也容易导致我国虚拟经济过度依赖外部环境,并使之处于全球虚拟经济风险之中,甚至会危及我国虚拟经济安全。

2. 开放经济条件下虚拟经济安全的现实动因

在经济全球化愈演愈烈的今天,寻求虚拟经济安全,是适应国内外环境变化和国际竞争的现实驱动。正如前文所述,不同阶段我国开放经济具有不同的特点,其条件下的虚拟经济安全也存在着显著差异;并且,处于不同发展阶段的国家的虚拟经济安全问题,同样存着较大的差别,其中,发展中国家较发达国家而言,往往面临着更多的虚拟经济安全困局。就我国而言,我国虚拟经济起步较发达国家晚,而发达国家的虚拟经济已经高度发达,这已然给我国虚拟经济的发展带来了巨大的压力,容易诱发一系列发展问题,导致我国虚拟经济缺乏国际竞争力,而一切发展问题都与安全问题相关。与此同时,这也导致我国虚拟经济容易受到外来风险的威胁和国际资本的资源掠夺。因此,开放经济条件下寻求虚拟经济的现实动因包括以下两个方面。

第一,我国虚拟经济国际竞争力较弱。我国虚拟经济在经济全球化进程中飞速发展,资本在全球快速流动,这不仅促进了资源的优化配置,还有助于实体经济的发展。有学者认为,虚拟经济本身也是财富创造的重要形式,虚拟经济所创造的财富和虚拟经济发展规模已经成为体现一国国际地位、国际竞争力的重要指标。[①] 可以说,开放经济条件下我国经济的发展本身就意味着虚拟经济的发展,我国经济在国际上的竞争力本身就意味着虚拟经济在国际上的竞争力。因此,对我国而言,还是应该适度发展虚拟经济,因为不发展虚拟经济,就意味着丧失了国际经济竞争力,在全球化进程中必然会遭遇更多的经济问题。而现实是,自从 1997 年的亚洲金融危机爆发以后,我国虚拟经济才逐步发展起来,并且远远晚于美国、英国等虚拟经济较为发达的国家。尽管我国股票市场、期货市场、债券市场等在内的虚拟经济发展速度较快,但是目前与发达国家虚拟经济之间仍存在着一定差距,这不仅导致了一系列潜在的经济运行风险,还使得我国国际经济竞争力变弱。

第二,我国虚拟经济容易受到外来威胁。所谓的我国虚拟经济安全意味着国家的虚拟经济运行不受威胁,没有危险,在虚拟经济发展进程中能够有效防范和化解与之相关的潜在风险,抵御外来冲击,以确保国家整体经济的安全运行和持续发展。与此同时,我国虚拟经济安全状况也反映了我国虚拟经济受威胁的程度,以及我国对虚拟经济监测、预警及评估的有效性,其既是虚拟经济风险预防的基础,也是有效应对虚拟经济风险的依据。而现实是,虚拟经济内在的不稳定性不可避免,并且将在经济全球化进程中越发明显。在此背景下,我国虚拟经济安全极易受到外来风险的威胁,从而引发一系列虚拟经济安全问题,例如,世界上爆发的历次金融危机,多与虚拟

---

① 孟建、刘志新:《基于资本循环视角的产融结合研究》,载《厦门大学学报(哲学社会科学版)》2010 年第 2 期,第 39 页。

经济存在着紧密联系,并且,它们大多是虚拟经济发展不适当所致,而这将成为开放经济条件下寻求虚拟经济安全的另一现实动因。

3. 开放经济条件下虚拟经济安全的实践要求

第一,政治层面。开放经济条件下的虚拟经济安全要求我国始终坚持对外开放,并且不断推进我国参与全球经济治理。十九届五中全会提出,要"积极参与全球经济治理体系改革"[①],所体现的是开放经济条件下虚拟经济安全的保障需要我国在主动融入经济全球化的同时,参与虚拟经济全球治理。这主要是由于人类社会以社会经济形态为骨骼,以社会政治形态和意识形态为血肉,它们相互联系、相互作用。虽然我国已经逐步走上了全面开放的道路,但是经济的开放和发展必然需要政治上的改革和开放予以配合。可以说,虚拟经济安全这一概念容易将企业间的竞争上升为政治层面的竞争。

第二,制度层面。历史经验表明,开放经济条件下的历次经济危机均与市场失灵、国家调控或规制不力直接相关[②],其中,不论是调控或规制,都离不开一定的经济体制和相应的机制。因此,推动各类经济体制的进一步法律化,有助于为具体机制的有效运行提供合法化框架。有学者进一步指出,各类经济体制的法律化,不仅可能体现在相关国家的"经济宪法"中,还会存在于经济法领域,并构成经济法的重要内容,从而使"体制法"成为影响经济法制度结构的重要因素,以及具体的调控制度和规制制度的运行基础。[③] 由此不难发现,开放经济条件下的虚拟经济安全必然与相关的体制改革紧密联系,其中包括金融体制改革、竞争体制改革、税收体制改革等。据此,开放

①　《中共中央关于制定国民经济和社会发展第十四个五年规划和二〇三五年远景目标的建议》,2020年10月29日中国共产党第十九届中央委员会第五次全体会议通过。

②　相关探讨参见张守文:《金融危机的经济法解析》,载《法学论坛》2009年第3期;顾功耘主编《金融危机与经济法的最新发展》,北京大学出版社,2010。

③　张守文:《当代中国经济法理论的新视域》,中国人民大学出版社,2018,第45页。

经济条件下虚拟经济安全必然要求在具体的法律制度中,尤其是经济法律制度中,推进政府宏观调控权和市场规制权的有效配置,以及各级政府部门之间的协调运作,为各类机制的安全运行提供相应的法律框架,从而建立开放型经济体系。

第三,技术层面。经济全球化浪潮推动着全球虚拟经济形成统一、开放的大市场,并极大地促进了全球虚拟经济的发展,但是它对一些国家的虚拟经济安全带来了巨大的挑战,尤其是像我国这样的发展中国家的虚拟经济安全。因此,开放经济条件下虚拟经济安全在技术层面要求构建国内与国际协调的虚拟经济系统性风险的安全防范体系,这不仅有助于防御来自外部的各类风险和危机,还有助于提高我国虚拟经济在全球的竞争力,是开放经济条件下维护虚拟经济安全的重要砝码。在技术层面则必然需要立足于经济全球化这一基本事实,构建与虚拟经济风险相适应的预警机制和虚拟经济安全监测指标体系。以金融业为例,有学者曾选取了开放经济条件下影响金融安全的四大因素,即国际竞争力指数、出口对外依存度、资本对外依存度和外资股权控制率来构建评价指标体系,其通过采用数据并运用因子分析法,对我国金融业的安全度进行了测算,指出我国必须提升金融业的国际竞争力,加强对国际资本流动的管理,加强金融监管,并防范和化解金融风险,积极参与国际协调,改善国际金融环境。[1]

三、国家治理能力和虚拟经济安全

自 2013 年党的十八届三中全会明确地将"推进国家治理体系和治理能力现代化"作为深化政治体制改革的中心任务以来[2],与之相关的概念在学

---

[1] 曹秋菊、唐正:《开放经济下我国金融业安全度测算与对策研究》,载《求索》2013 年第 12 期,第 40-42 页。

[2] 《中共中央关于全面深化改革若干重大问题的决定》(2013 年 11 月 12 日中国共产党第十八届中央委员会第三次全体会议通过),载《人民日报》2013 年 11 月 16 日第 1 版。

术界引起了热议。其中,较"国家治理体系"这一概念而言,"国家治理能力"更加受关注,这主要是由于"国家治理体系是中国特色社会主义制度的集中表现形式,而国家治理能力则是运用国家制度管理社会各方面事务的能力,是制度执行力的集中体现。"①可以说,国家治理能力是制度得以有效执行的基础,而现代化指的是积极变化的过程。那么,可以说国家治理能力现代化就是通过国家制度体系的构建、完善和运作,使制度理性、多元共治、公平正义、协商民主等理念渗透到经济、政治、文化、社会、生态等领域,并引起整个社会思想观念、组织方式、行为方式等的深刻变化,进而实现由传统国家管理向现代国家治理转变的过程。② 而虚拟经济安全的保障既是检验一个国家治理体系和治理能力现代化的重要标志之一,也是当前我国宏观经济调控所面临的重要任务。因此,下文将探讨国家治理能力的一般理解和国家治理能力下虚拟经济安全的一般解读进而探讨国家治理能力下虚拟经济安全的实践逻辑。

（一）国家治理能力的一般理解

"治理"一词源自西方政治学、社会学领域。在 20 世纪 90 年代,"治理"一词被西方学者用于强调政府放权和向社会授权,实现多主体和多中心的治理,并且主张社会自我治理以及社会组织与政府的平等治理。③ 在国外治理理论中,治理具有动态性、复杂性和多样性。而治理能力则属于一个中心概念,它可以视为管理需要和管理能力之间的持续平衡过程,它是社会和政治、公和私、国家与社会之间的相互影响和相互依赖。④ 我国在借鉴国外治

① 罗智芸:《国家治理能力研究:文献综述与研究进路》,载《社会主义研究》2020 年第 5 期,第 156 页。

② 刘建伟:《国家治理能力现代化研究述评》,载《探索》2014 年第 5 期,第 30 页。

③ 欧阳康:《推进国家治理体系和治理能力现代化》,载《华中科技大学学报(社会科学版)》2015 年第 1 期,第 1 页。

④ 参见[美]詹·库伊曼:《治理和治理能力:利用复杂性、动态性和多样性》,载俞可平主编《治理与善治》,社会科学文献出版社,2000,第 227-231 页。

理理论的基础上对之进行了拓展,但又由于中西方文化的差异,我国在推进治理理论,尤其是推进国家治理体系和治理能力现代化过程中又与国外有所区别。国家治理体系和治理能力在中国特色社会主义制度背景下表现为我国制度建设和"制度执行能力"。因此,本部分将重点探讨以下几个方面的内容。

1. 国家治理能力及其现代化的内涵

第一,国家治理能力的内涵。"国家治理能力指国家(中央政府)将自己的意志、目标转化为现实的能力。国家治理能力包括四种:国家汲取能力、调控能力、合法化能力、强制能力,国家能力区别于国家利益。其中国家汲取财政能力是最主要的能力,也是实现其他国家能力的基础。"[①]关于国家治理能力的探讨,学界大致分为治理、治理主体和制度三个维度对国家治理能力展开了探讨,具体如下。

①治理的维度。该维度将"国家能力"和"治理"有机结合。国家能力和国家治理能力并不等同。[②] 就国家能力而言,福山曾认为其是"国家制定并实施政策和执法的能力,特别是干净的、透明的执法能力"[③]。孔飞力教授在研究中国现代国家形成时以政治参与、政治竞争、政治控制为主轴,将中

---

① 王韶光、胡鞍钢:《中国国家能力报告》,辽宁人民出版社,1993,第3页。

② 这主要是因为治理能力内含"治理"作为第三条道路的可能,是西方对市场和国家在社会资源配置中失效的另辟蹊径,是公民社会子系统高度发达的必然。而在中国特色社会主义制度语境下,治理能力首要指涉对象即国家,国家治理能力关照制度执行力,是国家依法制定配套政策、完善操作规则和提供公共服务与社会共赢的过程。这表明,中国特色社会主义制度是推进国家治理能力现代化的根本制度规范。另外,介入政治科学的视角,国家治理能力是统合政治结构、政治主体、政治实践和政治价值的中介环节。罗智芸:《国家治理能力研究:文献综述与研究进路》,载《社会主义研究》2020年第5期,第162页。

③ [美]弗朗西斯·福山:《国家构建:21世纪的国家治理与世界秩序》,黄胜强等译,中国社会科学出版社,2007,第7页。

国现代化国家形成及发展的建制议程归结为三组相互关联的问题或矛盾,①进而揭示了其对现代化国家构建的见解以及国家能力的内涵。就国家治理能力而言,其源于治理理论,更多地强调工具理性,与管理和统治有着明显区别,是提高制度执行有效性的重要方式之一。因此,国家治理是基于公共利益而管理国家公共事务的集体行动,其目标任务具有规范性,即通过管理国家的公共事务,使得国家的所有成员都可以相互满足需要、互惠互利、共同受益并最终获得幸福的生活。② 换言之,国家治理能力重在强调治理方式和手段的科学、规范和有效。

　　②治理主体的维度。目前,关于国家治理主体的专门研究并不多,但是几乎所有探讨国家治理概念的文献均对此问题有所论及,大致可分为三种观点:第一种观点对治理主体进行了抽象界定,如有学者认为,"国家治理是国家政权的所有者、管理者和利益相关者等多元行动者在一个国家的范围内对社会公共事务的合作管理,其目的是增进公共利益,维护公共秩序。"③又如,有学者认为,国家治理能力是运用国家制度管理社会各方面事务的能力,涵盖行使公共权力,履行国家职能、制定公共政策、提供公共产品、分配社会资源、应对突发事件、维护社会稳定、建设和谐社会、促进社会发展、处理国际关系等各个方面的能力。④ 第二种观点是对治理主体的具体描述,如一部分学者指出,在"四个全面"战略布局下推进国家治理体系与治理能力现代化,是一场国家、社会、公民从着眼于对立对抗到侧重于交互联动再到

① 这三组矛盾分别是:第一,政治参与的扩展与国家权力及其合法性的加强之间的矛盾;第二,政治竞争的展开与公共利益的维护和加强之间的矛盾;第三,国家的财政汲取能力同地方社会财政需求之间的矛盾。[美]孔飞力:《中国现代国家的起源》,陈兼、陈之宏译,三联书店,2013,第11页。

② 参见古洪能:《论基于国家治理体系的国家治理能力观》,载《理论与改革》2020年第5期,第143-155页。

③ 何增科:《理解国家治理及其现代化》,载《马克思主义与现实》2014年第1期,第11页。

④ 参见许耀桐、刘祺:《当代中国国家治理体系分析》,载《理论探索》2014年第1期。

致力于合作共赏善治的思想变迁；是一次政府、市场、社会主体性的国家实验。① 另一部分学者认为，国家治理能力是政治权力和公民权利主体运用国家制度体系，进行国家治理和参与治理的能力②；还有学者认为，国家治理能力是指各个治理主体，特别是政府在治理活动中所显示出的活动质量。③ 从该维度看，国家、政府和政党是国家治理能力的重要主体。

③国家治理的制度维度。如有学者认为，国家治理能力实质就是国家制度的执行能力④；推进国家治理能力现代化应该不断适应社会主义现代化建设的需要，增强依法治国理政的本领，把各方面制度优势转化为管理国家的能力和水平。⑤ 还有学者认为，国家治理能力是一个国家制度创新与战略管理、政策制定与执行、社会治理与秩序维护等各方面能力的整体体现，包括改革发展稳定、内政外交国防、治党治国治军等方面，也是使这些方面能够相互协调、共同发展的能力。⑥ 换言之，国家治理能力从国家治理的制度维度来看应该彰显制度执行力和制度绩效的统一。

第二，国家治理能力现代化的内涵。与治理相似，有关现代化这一概念的理解在学术界也存在着较大的差异。自其于 18 世纪产生以来，已经发展成为一个丰富的理论体系。一般认为，国家治理现代化包括国家治理体系现代化和国家治理能力现代化，治理体系现代化和治理能力现代化的关系

---

① 江必新、王红霞：《国家治理现代化与制度构建》，中国法制出版社，2016，第 3 页。

② 参见王浦劬：《全面准确深入把握全面深化改革的总目标》，载《中国高校社会科学》2014 年第 1 期，第 4-18 页。

③ 参见李景鹏：《关于推进国家治理体系和治理能力现代化——"四个现代化"之后的第五个"现代化"》，载《天津社会科学》2014 年第 2 期，第 57-62 页。

④ 参见庞金友：《"中国之治"向何处去——党的十九届四中全会后国家治理的走向与趋势》，载《人民论坛·学术前沿》2019 年第 23 期，第 70-74 页。

⑤ 参见郑言、李猛：《推进国家治理体系与国家治理能力现代化》，载《吉林大学社会科学学报》2014 年第 2 期，第 5-12 页。

⑥ 参见李抒望：《正确认识和把握国家治理现代化》，载《社会纵横》2014 年第 1 期。

是结构与功能的关系。① 从本质来看，国家治理现代化是国家治理体系和国家治理能力为适应社会发展需要而不断演进的过程，其主要体现在制度的现代化。下文将重点探讨国家治理能力现代化的内涵，具体如下。

①国家治理能力现代化的含义。国家治理能力现代化就是通过国家制度体系的构建、完善和运作，使制度理性、多元共治、公平正义、协商民主等理念渗透到经济、政治、文化、社会、生态等领域并引起整个社会思想观念、组织方式、行为方式等的深刻变化，进而实现由传统国家管理向现代国家治理转变的过程；②是应对治理困境或者治理危机，在调适治理方式、完善治理体系、提高治理水平的过程中，顺应时代要求、社会进步和人民愿望而提出的战略思想。③ 也有学者从治理路径的视角指出，国家治理能力现代化是把治理体系的体制和机制转化为一种能力，发挥治理体系功能，提高公共治理能力。④

②国家治理能力现代化的特征。这主要是由于能力建设涉及多方面因素，有学者曾指出，能力建设涉及经济体制的创新，即建立多方面需求、社会流动、多方面能力体系和丰富社会交往关系；制度创新，即确立以人的能力为本的制度体系，确保能力得到充分发挥；组织创新，即建立能力型组织，注重人力资本投资；管理创新，即走向能本管理，发现、使用和开发人的能力。⑤但学界大致认为，国家治理能力现代化具有以下两大特征。

一是制度现代化的特征。其中，丁志刚认为，推动国家治理能力的现代

---

① 参见高小平：《国家治理体系与治理能力现代化的实现路径》，载《中国行政管理》2014，第 9 页；胡宁生：《国家治理现代化：政府、市场和社会新型协同互动》，载《南京社会科学》2014 年第 1 期，第 80-90 页。

② 刘建伟：《国家治理能力现代化研究述评》，载《探索》2014 年第 5 期，第 30 页。

③ 刘建卫：《国家治理能力现代化研究述评》，载《上海行政学院学报》2015 年第 1 期，第 98 页。

④ 参见高小平：《国家治理体系与治理能力现代化的实现路径》，载《中国行政管理》2014 年第 1 期，第 9 页。

⑤ 参见韩庆祥、雷鸣：《能力建设与当代中国发展》，载《中国社会科学》2005 年第 1 期，第 22-33 页。

化主要是推动国家治理体制机制的现代化、国家治理法律法规现代化以及国家治理方式科学化、民主化、程序化。① 辛向阳认为,推进国家治理能力现代化就是要形成系统完备、科学规范、运行有效的制度体系,使各方面的制度更加成熟更加定型。②

二是现代化的特征。其中,张长东指出,国家治理能力现代化包括四个特征,即能力强大;国家、市场、社会共治且相互赋权;能力的多元化及各种能力间的协调发展而非相互冲突;制度化和法治化等。③ 他认为,强调国家能力重在"把国家找回来",但并不是"把社会踢出去",国家治理能力的现代化注重的是国家与社会关系的互动和依赖,注重的是"治理式互赖",即国家治理能力并没有削弱或威胁国家的力量,相反是通过国家主导下的国家与社会各方面的相互依存、共同合作来增强国家能力。④

2. 国家治理能力的构成要素

有关国家治理能力的构成要素,学界大致分为系统说和要素说两大类,具体如下。

第一,系统说。魏治勋认为,国家治理能力包括制度形成能力、制度实施能力、制度调适能力、制度学习能力、制度创新能力。⑤ 蔡文成认为,国家治理能力是一个体系,宏观层面由执政能力、改革能力、创新能力与发展能力构成,中观层面由决策能力、领导能力、组织能力、规划能力构成,微观层

---

① 参见丁志刚:《论国家治理能力及其现代化》,载《上海行政学院学报》2015 年第 3 期,第 60-67 页。

② 参见辛向阳:《推进国家治理体系和治理能力现代化的三个基本问题》,载《理论探讨》2014 年第 2 期,第 27-31 页。

③ 参见张长东:《国家治理能力现代化研究——基于国家能力理论视角》,载《法学评论》2014 年第 3 期,第 25-33 页。

④ 李新廷、陈平:《国家治理能力:一种思想史维度的考察》,载《福建行政学院学报》2014 年第 5 期,第 4 页。

⑤ 魏治勋:《"善治"视野中的国家治理能力及其现代化》,载《法学论坛》2014 年第 2 期,第 40 页。

面由执行能力、沟通能力、协调能力、督导能力构成。① 古洪能指出,国家治理能力其实是国家治理体系的能力,是在国家治理过程中的功能表现,包括动议、决策和执行三种能力。②

第二,要素说。有学者指出,国家治理能力是指国家治理体系充分发挥作用的能力,其中最重要的当属有效的认证能力,所有社会群体都被视为国家治理体系的当然对象,其中包括身份认证、福利认证等。③ 徐湘林认为,国家治理能力是一个结构性的动态均衡调试过程,其由核心价值体系、权威决策体系、行政执行体系、经济发展体系、社会保证体系和政治互动机制两大部分有机组合而成。④ 还有学者认为,"政治动员能力、社会整合能力和资源汲取能力是国家治理能力的构成要素"⑤。

3. 国家治理能力现代化的实现路径

如前所述,要推进国家治理能力的现代化必然涉及诸多层面的变革,如改革的目标、内容、范围等,是一场深刻的变革运动。可以说,目前学者们在探讨"推进国家治理体系和治理能力现代化"这一议题时,主要围绕治理结构、治理方式和治理主体三大类而展开。

从治理结构维度来看,有学者从政治结构层面指出,坚持和完善党的领导制度,有利于优化国家治理结构、提升国家治理能力、协调国家治理关系,这是适应历史发展、坚持理论创新及顺应改革实践的必然选择;并且,从治

---

① 蔡文成:《多民族国家的国家认同:危机与重构——以国家治理为视角》,载《理论探索》2015 年第 5 期,第 74 页。

② 参见古洪能:《论基于国家治理体系的国家治理能力观》,载《理论与改革》2020 年第 5 期,第 143-155 页。

③ 欧阳康:《推进国家治理体系和治理能力现代化》,载《华中科技大学学报(社会科学版)》2015 年第 1 期,第 4 页。

④ 参见徐湘林:《"国家治理"的理论内涵》,载《人民论坛》2014 年第 10 期,第 31 页。

⑤ 陈金龙、魏银立:《论我国制度优势的多维功能》,载《马克思主义理论学科研究》2020 年第 1 期,第 73 页。

理主体、治理关系、治理模式三个维度入手,突出党的核心地位,优化党政职能结构,健全运行体制机制,是加快制度优势向治理效能转化、引领国家治理现代化稳步前行的现实路径。① 也有学者从全球治理层面指出,国家的全球治理能力主要表现为国家为有效解决全球性问题而主动提供全球公共产品的素质和技能,其中包括硬能力、软能力和巧能力三大方面。② 还有学者通过对比治理实然和治理应然两个层面,强调国家治理能力现代化的直接动力就是实践过程中出现治理能力需求同治理能力供给低匹配困境时,它们将会推动国家在制度建设与制度执行、全面深化改革、综合发展与协调发展等方面的治理能力变革。③ 据此,从治理结构层面来看,要实现国家治理能力的现代化必须从国家治理的顶层设计、组织结构设计等方面的改革着手。

从治理方式维度来看,有学者从制度层面指出,提升国家治理能力,其核心就是提升制度执行力。而提升制度执行力作为一项系统性、整体性的工程,既需要关注治理之制,也要关注治理之道。具体而言,应该以优化制度设计作为提升制度执行力的基础保障,以规范制度运行作为提升制度执行力的关键节点,以激发制度创新动力作为提升制度执行力的重要支撑,将人们的具体行为规范到制度的轨道上来,使社会按照制度的要求和程序来运行,防止制度执行中的偏差或不被执行。④也有学者认为,未来15年,是我国迈向基本现代化的关键时期,我国应着眼于未来15年基本实现国家治理

① 参见李晴、刘海军:《党的领导制度引领国家治理现代化的路径分析》,载《长白学刊》2021年第1期,第8-15页。

② 参见吴志成、王慧婷:《全球治理能力建设的中国实践》,载《世界经济与政治》2019年第7期,第4-23、154-155页。

③ 参见马华、马池春:《乡村振兴战略与国家治理能力现代化的耦合机理》,载《江苏行政学院学报》2018年第6期,第63-70页。

④ 参见秦国民、陈红杰:《国家治理能力现代化视阈下提升制度执行力的着力点》,载《中国行政管理》2017年第8期,第57-61页。

体系和治理能力现代化的总体目标,重点完善对迈向高收入经济体与发达经济体至关重要的制度,完善跻身创新型国家前列的创新创造制度体系,完善基本公共服务均等化制度和统筹城乡的民生保障制度,完善法治化高标准市场经济制度体系,完善应急管理制度与社会治理制度,完善民主集中制,健全民意吸纳制度。①还有学者指出,国家治理能力是,在国家治理过程中治理主体对国家制度的执行能力。推进国家治理能力现代化就是要在中国特色社会主义制度框架下,提升国家的制度执行能力。具体来说,就是要加强系统治理、依法治理、综合治理、源头治理,把国家制度优势更好地转化为国家治理效能。② 还有学者从全局出发,强调要实现国家治理能力的现代化,应该加强党的领导,转变党治国理政的方式;注重国家治理的法制化和制度化,明确各治理主体的责任;发挥党和政府的引导功能,培育各治理主体按制度办事、依法办事的意识与能力;推动全面性目标的国家治理,提高国家治理的实际效果。③此外,还有学者分别从治理理念、科技等方面展开了探讨,此处不再列举。④

从治理主体层面来看,国家治理能力的现代化主要体现在治理主体的能力和素质两大方面的提升上。例如,提升国家、政党、政府的治理能力,提

---

① 参见李军鹏:《面向 2035 年的国家治理体系和治理能力现代化远景战略》,载《中国行政管理》2020 年第 11 期,第 47-51、150 页。

② 丁志刚、于泽慧:《论国家制度化治理与国家治理现代化》,载《新疆师范大学学报(哲学社会科学版)》2021 年第 1 期,第 94 页。

③ 参见郑言、李猛:《推进国家治理体系与国家治理能力现代化》,载《吉林大学社会科学学报》2014 年第 2 期,第 5-12、171 页。

④ 参见宣晓伟:《国家治理体系和治理能力现代化的制度安排:从社会分工理论观瞻》,载《改革》2014 年第 4 期,第 151-159 页;熊光清:《大数据技术的运用与政府治理能力的提升》,载《当代世界与社会主义》2019 年第 2 期,第 173-179 页;郭建锦、郭建平:《大数据背景下的国家治理能力建设研究》,载《中国行政管理》2015 年第 6 期,第 73-76 页。

升领导的个人素质,重视社会组织的治理能力等。①

(二)国家治理能力下虚拟经济安全的一般解读

如前文所述,国家治理能力体现了国家制度的执行能力,而国家治理能力现代化则体现了制度现代化的特点,其有助于资源的优化配置、利益的平衡与协调等,在世界百年未有之大变局背景下,可以为经济与社会的发展奠定基础。虚拟经济安全在推进国家治理能力现代化的过程中有着重要意义,而国家治理能力及其现代化也为理解虚拟经济安全提供了一个重要的视角。

身处世界百年未有之大变局中,我国虚拟经济安全面临着新的机遇和挑战、新的任务和目标,国家治理能力和虚拟经济安全的关系定位是什么? 或者说,国家治理能力和虚拟经济安全在目标层面、实质层面、时代特征层面及手段层面上有怎样的联系? 国家治理能力下虚拟经济安全的内在机理是什么? 这将是下文所要探讨的内容。

1. 目标层面

我国目前正在大力推进国家治理体系和治理能力的现代化,因此,从此意义来讲,"现代化"是国家治理能力的现实指向和发展目标。那么,我们可以根据前文所述的国家治理能力现代化内涵来明确国家治理能力目标所在,即主动回应国家治理困境和危机。这不仅为虚拟经济安全的内涵设定了一个大致方向,还有助于从新的视角考虑虚拟经济安全的影响因素和国家治理能力建设的相关问题,从而为国家治理能力现代化建设提供经济保

---

① 参见郑智航:《当代中国国家治理能力现代化的提升路径》,载《甘肃社会科学》2019 年第 3 期,第 36-44 页;刘玉东:《国家治理视野下党组织的发展路径和功能建设》,载《科学社会主义》2019 年第 4 期,第 80-85 页;俞可平:《国家治理体系的内涵本质》,载《理论导报》2014 年第 4 期,第 15-16 页;袁明旭:《国家治理能力现代化视阈下领导者节制德性涵养研究》,载《思想战线》2018 年第 1 期,第 119-128 页;王智、杨莹莹:《治理现代化进程中的新社会组织能力建设》,载《社会主义研究》2017 年第 5 期,第 137-144 页。

障。国家经济的安全和发展是不断深化改革和扩大开放的经济基础,在经济发展中不断构建和完善国家制度体系,消除影响经济安全和制约经济发展的制度因素,是确保经济安全的必然要求。基于传统安全观的理念和任务,虚拟经济安全指一个主权国家能够有效防范来自外部的经济风险、压力及干预等,确保国家经济制度安全、稳定,确保国家主权的独立自主和利益不受侵害,提升国际竞争、合作地位。但在国家治理能力现代化视角下,虚拟经济安全不仅侧重于国家经济主权的完整、独立自主的地位是否受到威胁,还重视一国的虚拟经济法律制度是否得以构建,并且是否得到了相应的认同和执行。据此,虚拟经济安全除了要关注来自外部的经济风险、威胁甚至危机外,还要关注国家虚拟经济法律制度的完备性和社会认同度,实现并保证国家治理能力所设定的现代化目标。这就要求虚拟经济安全必须为国家治理能力的发展奠定经济基础,在推进虚拟经济法律制度发展的基础上,确保虚拟经济自身运行的合法性,及时发现虚拟经济安全法律制度建设进程中对改革开放造成威胁和挑战的消极因素。值得强调是,国家治理能力现代化任务扩展到虚拟经济安全能力建设上实际是相互联系和相互影响的,虚拟经济安全能力建设在此意义上也就构成了国家治理能力现代化的重要内容。

2.实质层面

从实质层面来理解国家治理能力及其现代化可以为虚拟经济安全提供一定的参考标准和现代治理意义上的导向。国家治理能力现代化是现代国家基于"善治"这一理念而衍生出来的,其涉及一国内部多个领域、环节及层面,重点在于处理好政府、市场、社会等子系统的关系,这对于国家政权的长治久安具有重要意义。目前,学界对国家治理能力现代化实质的认知并不完全一致。有学者从人民参与治理的视角指出,"国家治理能力现代化实质是人民高效参与治理能力现代化,人民在法律允许范围内参与程度越深,表明国家投入治理的资源就越多。"①也有学者从制度的视角指出,"国家治理能力现代化实质是制度执行能力的现代化,是依靠国家治理体系形成的制度优势,是有效治理所呈现出来的治理水平和治理本领。"②还有学者从资源整合的视角指出,"国家治理能力现代化的实质,就是一个整合社会资源、协调社会利益、促进社会和谐发展的过程。"③还有学者从公共事务管理、社会危机管控的视角指出,"国家治理能力现代化的实质是把现有国家治理机制和制度体系功能转化为处理国家公共事务和驾驭、管控社会危机的治理能力。"④

对于国家治理能力而言,其能否发挥相应的预期功能并不完全取决于治理主体,还受制度建设的结构性效果的影响。这要求虚拟经济安全在体制构建上必须采取相应的措施,切实保障经济共同体内部的经济秩序,同时还要求虚拟经济安全必须根据政府、社会、市场发展的实际情况来发挥其功能,通过制度构建和完善来防范和化解各类风险,抵御各种威胁,在国家治理能力现代化进程中确保虚拟经济安全。基于此,判断虚拟经济安全的相关标准除了基于国家虚拟经济的独立自主和稳定有序外,还应注重虚拟经济体系运行和发展所依赖的治理结构、治理资源及治理主体间的联系能否提供安全有效的总体性治理框架。而在判断虚拟经济安全的机制建设和职能设置方面,应该充分认识到经济安全并不是单向度的,而是复合性的,在维护虚拟经济安全的过程中应该充分发挥政府、市场、社会三大主体的作用,使之共同参与虚拟经济安全相关机制的建设,并合理界定相关主体的

---

① 张波、李群群:《现代政治文化与国家治理能力提升的共生逻辑》,载《理论探讨》2020 年第 4 期,第 20 页。

② 冯留建:《"纪法贯通"的实践基础与当代价值》,载《人民论坛》2020 年第 4 期,第 97 页。

③ 罗依平、周江平:《协商决策模式构建与国家治理能力现代化研究》,载《理论探讨》2017 年第 5 期,第 157-162 页。

④ 李建:《国家治理现代化内涵阐释与现实考量》,载《重庆社会科学》2017 年第 1 期,第 24 页。

职能。

3.时代特征层面

国家治理现代化是中国特色社会主义制度开拓创新的产物,是当代中国最鲜明的时代特征。[①] 对此,有学者指出,国家治理现代化的时代特征蕴含了改革实践与体制转型的任务和取向。[②] 也有学者指出,国家治理现代化作为一种全新的治理模式,其不同于传统治理的显著特征主要体现在四个方面:治理现代化的整体效果和系统联动、开放性与稳定性的相互促进、制度性和法制性的相互协调、调节性和反馈性的相互结合。[③] 还有学者指出,在国家治理理论分析框架下,民主化与国家治理能力并不截然对立,相反,从根本上讲,要推进国家治理能力现代化,必须发扬法治精神、培育多元和宽容意识、鼓励公民参与;要促使国家治理能力在各个国家职能领域中更合法、更合理、更高效地运行;在增强整个国家治理体系的合法性基础的同时,提高国家治理体系中各种制度的理性化程度。[④] 在现代化背景下,中国经济体制正在发生着深刻的变革,社会结构在逐渐改变,利益格局在不断调整,社会矛盾也逐渐发生了深刻改变,这便要求虚拟经济安全更应该具有引导机制和稳定功能。换言之,现代化背景下,特别是从转型时期社会的安全和稳定出发维护虚拟经济安全,不仅需要认识到该任务的长期性、复杂性和困难性,还应运用现代治理手段来积极回应各类威胁和挑战。

4.手段层面

国家治理能力现代化的实现手段是多维度的。有学者指出,在国家治

---

① 参见赵中源、杨柳:《国家治理现代化的中国特色》,载《政治学研究》2016 年第 5 期,第 28-35 页。

② 参见马雪松:《国家治理现代化视域下政治安全的内在机理与实现途径》,载《探索》2015 年第 4 期,第 88 页。

③ 参见李建:《国家治理现代化内涵阐释与现实考量》,载《重庆社会科学》2017 年第 1 期,第 24-26 页。

④ 薛澜、张帆、武沐瑶:《国家治理体系与治理能力研究:回顾与前瞻》,载《公共管理学报》2015 年第 3 期,第 5 页。

理能力现代化方面,一方面要加强党对各领域、各方面工作的领导,另一方面要优先加快执政党自身的现代化建设。① 也有学者指出,为了实现国家治理能力的现代化,应该加强党的领导,转变党治国理政的方式;注重国家治理的法治化和制度化,明确各治理主体的责任;发挥党和政府的引导功能,培养各治理主体按制度办事、依法办事的意识与能力;推动全面性目标的国家治理,提高国家治理的实际效果。②有学者认为,依法治国主要是一个法学概念,国家治理主要是一个政治学、行政学或者社会学概念;两者虽然话语体系不同,内涵和外延略有区别,但本质和目标一致,主体和客体相近,方法和手段相似,是国家良法善治的殊途同归。③ 从国家治理能力建设的角度来看,"法治现代化"与"现代化的法治"任务具有同等重要的意义。"法治化"与"现代化"必须携手,才能促进社会主义现代化建设。④ 不难发现,该视角下虚拟经济安全的维护手段也是多维度的。从法治的维度来看,可以从以下几个方面出发加以理解。

第一,科学立法。"亚里士多德认为,立法的本质是分配正义,它通过规定权利和义务、权力与责任、调整社会关系、配置社会资源、分配社会利益、规范社会行为等内容,实现立法的分配正义。"⑤因此,通过民主、科学的虚拟经济安全立法来维护虚拟经济安全,是国家立法机关运用立法思维和立法方式来维护虚拟经济安全的重要途径。

第二,严格执法。法律的有效执行是提高国家治理能力的关键所在,其中必然包括严格执法。加快中国虚拟经济法律体系建设,在虚拟经济安全

---

① 参见虞崇胜:《坚持"三者有机统一":新时代国家治理现代化的黄金法则》,载《当代世界与社会主义》2018 年第 4 期,第 33-42 页。

② 郑言、李猛:《推进国家治理体系与国家治理能力现代化》,载《吉林大学社会科学学报》2014 年第 2 期,第 5-12、171 页。

③ 参见李林:《依法治国与推进国家治理现代化》,载《法学研究》2014 年第 5 期,第 5 页。

④ 参见莫纪宏:《国家治理体系和治理能力现代化与法治化》,载《法学杂志》2014 年第 4 期,第 26 页。

⑤ 李林:《依法治国与推进国家治理现代化》,载《法学研究》2014 年第 5 期,第 11 页。

的各大重要领域确立有效的法律制度,如证券、金融衍生品等领域,并加大相关制度的执法力度,这是维护虚拟经济安全的重要内容。

第三,公正司法。司法制度和司法能力是国家治理体系和国家治理能力的重要组成部分,也是维护社会公平正义的最后防线,司法是否公正、是否具有公信力是衡量国家治理体系和治理能力现代化的一个基本尺度。因此,此视角下虚拟经济安全必然要求深化司法体制改革,要求司法权力的分工、配合与制约。

第四,严格守法。亚里士多德曾提出"良法善治",他指出,法治包括两个方面的含义:一是已成立的法律获得普遍的服从;二是大家所服从的法律本身应该是制定得良好的法律。[①] 目前,诸多法理学教材对守法的理解有所区别,但是它们均包含了有关法律义务与法律权利。例如,有学者曾指出,守法既包括消极、被动的守法,即履行义务,也包括根据授权性法律规范积极、主动地行使自己的权利。从广义上看,守法是指法的实施;从狭义上看,守法是指公民、社会组织和国家机关以法律为自己的行为准则,依照法律行使权利、履行义务并承担相应责任的活动。[②] 也有学者指出,"守法是法的运行的最后一个重要环节。"[③]

目前,我国虚拟经济运行中存在的最大问题不仅是法律体系不健全,还包括市场主体对虚拟经济法的意识不强。因此,严格守法视角下虚拟经济安全的内涵必然包括开展虚拟经济法宣传教育,提高市场主体对法律的认可度,引导市场主体运用法律解决纠纷等方面的内容。

(三)国家治理能力下虚拟经济安全的实践逻辑

国家治理能力作为制度执行能力的集中体现,其现代化进程是国家治

---

① 亚里士多德:《政治学》,吴寿彭译,商务印书馆,2009,第202页。
② 参见沈宗灵:《法理学》,北京大学出版社,2014,第302页。
③ 郭道晖:《法理学精义》,湖南人民出版社,2005,第332页。

理过程中各类能力提升的重要体现,也是虚拟经济得以安全运行的重要保障。随着国家治理能力现代化进程的不断推进,我国虚拟经济安全的实践逻辑也随之改变。基于前文所探讨的国家治理能力下虚拟经济安全的一般解读,本部分将重点探讨国家治理能力下虚拟经济安全的外部条件、现实动因和内在要求。

1.国家治理能力下虚拟经济安全的前提条件

国家治理能力现代化进程的不断推进可以为虚拟经济安全提供重要保障。因此,可以说其是虚拟经济安全的前提条件,这可以从历史维度、理论维度和实践维度加以分析。

第一,历史维度。国家治理能力现代化进程的不断推进是基于历史经验的深刻总结。一个国家的治理能力具有自身的历史传统和文化底蕴,因此,要解决我国问题,必须立足我国实际情况。从历史来看,我国积累了丰富的治国经验,在制度建设方面,不论是春秋战国以来所形成的"郡县制",各族人民共同缔造的传统中华法系,还是当前我国大力构建的中国特色社会主义法治体系等均表明了制度在国家治理中的根本性和全局性作用。将马克思主义和中国虚拟经济实际运行情况相结合,不断构建和完善虚拟经济安全保障法律制度,并不断提升相关制度的执行能力,既是国家治理能力现代化得以推进的重要体现,也是国家治理能力下虚拟经济安全的前提条件。

第二,理论维度。经济基础和上层建筑是历史唯物主义的两个重要概念。马克思曾指出,"人们在自己生活的社会生产中发生一定的、必然的、不以他们的意志为转移的关系,即同他们的物质生产力的一定发展阶段相适合的生产关系。这些生产关系的总和构成社会的经济结构,即有法律的和政治的上层建筑竖立其上并有一定的社会意识形态与之相适应的现实基础。"①要实现国家的现代化,必须要有良好的经济基础,并且还要有与之配套的制度建设,其中,制度执行力是衡量一个国家治理能力现代化进程的重要标志。因此,要实现国家的现代化必须保证虚拟经济安全而稳定地发展,而这必然离不开国家治理能力现代化进程的不断推进。

第三,实践维度。国家治理能力下保障虚拟经济安全具有实践经验。我们应注意到的是,在世界正处于百年未有之大变局背景下,我国社会矛盾正在发生着深刻变化,我国虚拟经济安全的保障面临着前所未有的困难和挑战。基于此,我国国家治理能力亟待进一步提升,加快推进国家治理能力现代化进程。

2. 国家治理能力下虚拟经济安全的现实动因

第一,国家治理能力是虚拟经济国际竞争的新领域。进入新时代,我国进入了全面深化改革和扩大开放期,全球性经济问题、全球性经济治理问题面临着严峻的挑战,尤其是在疫情的冲击下,贸易保护主义、逆全球化趋势日益明显,各种不确定性大幅度增加,各类风险频发。世界各国之间的竞争,在此背景下逐步发展成了经济、军事、科技等硬实力的竞争和制度、文化等软实力的竞争。其中,从长远来看,国家间软实力竞争较之硬实力竞争的重要性日益凸显。过去一般认为软实力主要是文化与价值观,现在看来,最主要的还是国家制度竞争力和国家治理能力。② 而国家治理能力的竞争则显得更为重要,这主要是由于国家治理能力水平,必然在应对外部竞争、合作及挑战中不断显现,是一种综合体现。因此,国家治理能力下虚拟经济安全的维护,需要夯实硬实力,更需要提高软实力。进一步说,要培育新时代背景下我国虚拟经济国际合作竞争新优势,必然需要不断提高国家治理能

---

① 中共中央马克思恩格斯列宁斯大林著作编译局:《马克思恩格斯选集(第 2 卷)》,人民出版社,2012,第 2 页。

② 丁志刚、于泽慧:《论国家制度化治理与国家治理现代化》,载《新疆师范大学学报(哲学社会科学版)》2021 年第 1 期,第 92 页。

力的现代化水平。

第二,国家治理能力现代化是国家虚拟经济安全的长远考虑。国家治理能力现代化是建设现代化国家的长远考虑,而建设现代化国家必然离不开虚拟经济的安全运行,因此,可以说国家治理能力现代化是国家虚拟经济安全的长远考虑。从历史来看,中华人民共和国成立以前,自 19 世纪 60 年代开始的洋务运动,以及其后的戊戌变法,都是试图推动国家现代化的早期努力,但由于当时"重器物而非制度",或者制度保障缺失,致使上述努力均未能实现现代化目标。① 中华人民共和国成立以后,我国正式进入了现代化建设阶段,例如,1956 年,党的八大首次提出"四个现代化",1964 年,周恩来同志在第三次全国人民代表大会上提出的"四个现代化"等,它们均围绕农业、工业、国防和科技而展开,属于经济上的现代化。又如,改革开放以后,我国提出的"五位一体"和"国家治理体系和治理能力现代化",它们将现代化的含义由经济领域扩展到了制度领域,从而有助于我国发展为现代化强国。因此,可以说国家治理能力现代化是继工业、农业、科技、国防现代化之后的第五个现代化的重要内容,主要解决的是制度执行力层面的问题。其所包含的内涵十分广泛,涵盖了政治、经济、文化、社会等多个领域。对于一国的虚拟经济安全而言,如果不着力推进国家治理能力现代化,制度现代化必然难以实现,与虚拟经济安全相关的制度建设必然难以与时俱进,虚拟经济安全必然难以得到保证。

3.国家治理能力下虚拟经济安全的实践要求

世界各国的国家治理模式不尽相同,其所选择的模式由其自身特点而决定。就经济治理模式而言,必须与该国的经济情况相适应。中国特色社会主义是基于长期实践经验的深刻总结,因此,国家治理能力下虚拟经济安

---

① 张守文:《现代化经济体系建设的经济法补缺》,载《现代法学》2018 年第 6 期,第 58 页。

全必须坚持中国特色社会主义不动摇,积极稳妥地推进国家治理能力现代化进程。

第一,政治层面。首先,国家治理能力下虚拟经济安全要求不断提高党的执政能力,并全面增强党、人大、政府等多元主体的治理能力,为虚拟经济安全提供相应的执行保障。具体而言,首先,这要求基于马克思主义基本原理观察、分析和解决虚拟经济安全的各类问题;结合党的相关政策,掌握治国理政的基础功能;学习虚拟经济在经济、法律、政治、科技等学科中的相关知识,提高专业度。其次,要深化党的改革,为虚拟经济安全提供相应的组织保障。当前,党和国家机构设置同国家治理现代化的要求相比,还有诸多地方亟待改进。有学者指出,要深化党和国家机构改革,健全党的领导、政府行政、武装力量、群团工作等方面的制度体系,系统性地增强党的领导力、政府的执行力等,为实现国家治理现代化提供强有力的组织保障。[①] 而这也可以为虚拟经济安全提供相应的组织保障。

第二,制度层面。经济学家道格拉斯·C.诺斯指出,制度约束为各种行为活动提供了激励结构。[②] 虚拟经济法律制度建设是贯穿国家治理能力现代化过程并联结治理体系和治理能力共同发挥作用的关键因素,也是国家治理能力下虚拟经济安全在制度层面的实践要求。这一方面,需要不断提高虚拟经济制度化水平。党的十九届五中全会指出,我国应该坚持和完善中国特色社会主义制度。因此,提高虚拟经济制度水平,首先,必须坚持和完善中国特色社会主义制度的根本制度、基本制度及重要制度等;其次,应该构建科学而完备的虚拟经济制度体系,并不断发挥我国社会主义制度优势以指导虚拟经济的实际运行;最后,还应该立足我国虚拟经济发展的实际

---

① 温祖俊、王春玺:《论国家治理体系和治理能力现代化的核心要义:习近平关于国家治理现代化的重要论述探析》,载《江西社会科学》2020 年第 5 期,第 5 页。

② [美]道格拉斯·C.诺斯:《制度、制度变迁与经济绩效》,杭行译,格致出版社、上海三联书店、上海人民出版社,2016,第 131 页。

情况,不断构建和完善我国虚拟经济制度。另一方面,需要不断提升虚拟经济制度化能力。这要求以现代国家治理为途径调动并吸收经济、政治、文化、社会等领域中的资源,促进虚拟经济法律制度和虚拟经济运行中的相关机制的完善和相互适应,并将之作为虚拟经济安全保障的动力,促进不同治理主体在资源、合作及能力等领域中更好地履行维护虚拟经济安全的职能。

第三,技术层面。有学者指出,国家治理能力现代化是这些主体的能力构成要素和实现利益效能的现代化,而完善和发展科学适用的国家治理能力评估体系,则是衡量治理能力现代化程度和效能的途径。[1]也有学者指出,国家治理能力的衡量指标主要包括制度的产出、实施和创新能力;对社会的调适和规范能力;应对外部竞争和挑战的能力。[2] 因此,从技术层面来看,国家治理能力下虚拟经济安全必然要求完善与之相应的指标。

---

[1] 王浦劬:《全面准确深入把握全面深化改革的总目标》,载《中国高校社会科学》2014 年第 1 期,第 4-18、157 页。

[2] 王志强、梁钦:《中国社会主义制度的国家治理能力优势——基于与西方资本主义制度的比较》,载《社会主义研究》2020 年第 6 期,第 1-7 页。

第二章　有限发展法学理论下虚拟经济安全的内涵分析

　　虚拟经济是市场经济高度发展的产物,经济的虚拟化是经济社会高度发展的必然结果。[1] 从历次经济波动看,虽然它们的形成原因和表现形式均不一样,但是都与虚拟经济有着密切联系。随着社会对虚拟经济的关注度提高,学者们开始从理论和实证两个层面深入地研究虚拟经济。[2] 中共十六大报告首次明确提出要"正确处理好虚拟经济和实体经济的关系"。随后,中央会议多次强调,必须把我国经济发展的着力点放在实体经济上。由此不难发现,有关虚拟经济安全和发展的话题越来越受关注和重视。那么虚拟经济安全的内涵是在何种依据下生成的? 它在虚拟经济法中的顺序和地位如何? 又由哪些要素构成? 这些都是本章所要讨论的问题。

---

[1]　刘骏民:《从虚拟资本到虚拟经济》,山东人民出版社,1998,第310页。

[2]　学者们围绕虚拟经济和实体经济之间的关系从理论和实证两个层面对虚拟经济的含义展开了探讨。参见李晓西、杨琳:《虚拟经济、泡沫经济与实体经济》,载《财贸经济》2000年第6期,第5-11页;成思危:《要重视研究虚拟经济》,载《中国经贸导刊》2003年第2期,第5-7页;叶祥松、晏宗新:《当代虚拟经济与实体经济的互动——基于国际产业转移的视角》,载《中国社会科学》2012年第9期,第63-81页、第207页;苏治、方彤、尹力博:《中国虚拟经济与实体经济的关联性——基于规模和周期视角的实证研究》,载《中国社会科学》2017年第8期,第87-109页、第205-206页。

一、虚拟经济安全内涵构造的逻辑依据：虚拟经济有限发展法学理论

安全通常指一种状态,它有三种含义:一是没有危险;二是不受威胁;三是不出事故。在英语里,安全即 security,一方面指安全的状态,即免于危险,没有恐惧;另一方面还有维护安全的含义,指安全措施与安全机构。① 经济安全是一切安全的基础。关于经济发展,要坚持新的发展理念,即坚持以创新、协调、绿色、开放、共享,来推动我国经济发展。那么在虚拟经济领域中,虚拟经济安全应该以何种发展理念为依据展开? 本书认为,虚拟经济有限发展法学理论是虚拟经济安全内涵构造的逻辑依据,贯穿虚拟经济发展的始终。

(一) 虚拟经济安全的经济学和法学表达

概念产生于人类的认识过程之中,是人类将事物上升为理性认知,是把事物的共同本质抽象出来加以概括和总结的一种表达。概念由内涵和外延组成,会随着主客观世界的发展而变化。明确虚拟经济安全的概念是认识虚拟经济安全内涵的基础和前提。虚拟经济自产生以来就对人们的经济生活产生了较大的影响,同时也对经济学、法学、社会学等学科产生了现实意义。虚拟经济安全的概念在不同学科视角下具有不同的理解和表达。鉴于虚拟经济概念本身源于经济学,结合本书的研究重点在虚拟经济法中的安全价值,本部分将从经济学和法学视角出发分析虚拟经济安全概念的表达。

1. 虚拟经济安全的经济学表达

虚拟经济概念本身源于经济学,经济学界较早开启对虚拟经济的探讨,

---

① 罗泽胜:《民法和经济法的经济安全价值之比较》,载《渝西学院学报(社会科学版)》2004 年第 4 期,第 23 页。

学者们从不同的视角出发展开对虚拟经济的探讨。从虚拟资本视角出发,成思危先生将虚拟经济定义为"与虚拟资本以金融系统为主要依托的循环运动有关的经济活动,简单地说就是直接以钱生钱的活动。"[1]刘骏民先生从马克思理论出发将整个经济系统视为价值系统,他认为虚拟经济是以资本化定价行为为基础的价格系统,其运行的基本特征是具有内在的波动性。[2]从货币信用视角出发,莫仲宁等人认为虚拟经济以货币为中心,增值是其产生的最初原因;[3]马登科则以"货币信用—虚拟经济—实体经济"为视角分析了由美元主导的全球货币信用体系和浮动汇率制度所引发的流动性过剩是实体经济波动的根本原因。[4]从生产力视角出发,何问陶等认为虚拟经济是社会生产力提高的"包容器",是精神消费品资本化定价的结果;[5]周维富认为只有当实体经济比较充分发展后,虚拟经济才得以产生并逐步发展起来。[6]此外,金融界部分学者反对将虚拟经济简化为金融,虽然两者有交集,但是不能完全画等号。如商品期货属于虚拟经济的范畴,但不属于金融经济的范畴。而金融经济中有些部分,如金融服务业,则不属于虚拟经济的范畴。[7]

通过对上述观点的梳理不难发现,尽管不同视角下虚拟经济的含义均有所差异,但从虚拟经济理论出发来看,该理论把整个经济系统划分为实体

---

[1]　成思危:《虚拟经济与金融危机》,载《管理科学学报》1999 年第 1 期,第 1 页。

[2]　参见刘骏民:《虚拟经济的理论框架及其命题》,载《南开学报(哲学社会科学版)》2003 年第 2 期,第 35 页。

[3]　参见莫仲宁、张惠:《实体经济与虚拟经济合理量比研究》,载《改革与战略》2014 年第 12 期,第 31 页。

[4]　参见陈明华:《基于金融因素的国际油价波动分析:理论与实证》,载《宏观经济研究》2013 年第 10 期,第 19 页。

[5]　参见何问陶、王成进:《股市波动对货币供求的影响研究——理论和中国的经验证据》,载《经济学家》2009 年第 2 期,第 88 页。

[6]　参见周维富:《我国实体经济发展的结构性困境及转型升级对策》,载《经济纵横》2018 年第 3 期,第 53 页。

[7]　杜厚文、伞锋:《虚拟经济与实体经济关系中的几个问题》,载《世界经济》2003 年第 7 期,第 75 页。

经济和虚拟经济两个子系统,虚拟经济发展的过程就是其不断摆脱实体经济的束缚而取得独立性的过程,虚拟经济对整个经济系统的影响越来越强,而实体经济对整个经济系统的影响越来越弱。① 不论是世界其他国家还是我国,经济发展均呈现出"脱实向虚"趋势。因此,经济学界对虚拟经济安全的理解和研究均围绕着其与实体经济安全之间的关系而展开。由于虚拟经济安全概念过于抽象,经济学界关于虚拟经济安全概念的单独研究较少,学者们多数将虚拟经济安全和其他因素结合起来加以探讨,因此我们可以从经济学界对虚拟经济安全的研究中总结出虚拟经济安全概念的经济学表达。关于经济学界对虚拟经济安全的研究如下。

　　学者们多数认为虚拟经济和实体经济相互作用,它们之间的风险可以相互传递,并且历次金融危机、经济危机等经济动荡均与虚拟经济相关。例如,成思危先生认为虚拟经济和实体经济之间的风险具有传递性,"实体经济的风险会传递到虚拟经济中,虚拟经济的风险也会传递到实体经济中"。② 杜厚文认为虚拟经济的过度繁荣会产生系统性风险,进而影响实体经济的稳定。③ 洪银兴指出过去的经济危机主要指实体经济危机,表现为生产过剩危机;而20世纪90年代以来,在资本主义世界发生的危机主要表现为金融危机。④ 并且现代金融危机产生于虚拟经济。刘骏民先生指出美国次贷危机的深刻教训也警示我们一定要把握实体经济与虚拟经济之间的合理比例,不能使虚拟经济脱离实体经济过度膨胀。⑤ 张云和刘骏民指出虚拟经济过度发展蕴含的风险,强调虚拟经济的发展必须以实体经济为基础,必须恰

---

①　王千:《虚拟经济与实体经济的非对称性影响》,载《开放导报》2007年第4期,第50页。

②　成思危:《虚拟经济的基本理论及研究方法》,载《管理评论》2009年第1期,第11页。

③　参见杜厚文、伞锋:《虚拟经济与实体经济关系中的几个问题》,载《世界经济》2003年第7期,第74-79页。

④　洪银兴:《虚拟经济及其引发金融危机的政治经济学分析》,载《经济学家》2009年第11期,第5页。

⑤　刘骏民、张国庆:《虚拟经济介稳性与全球金融危机》,载《江西社会科学》2009年第7期,第84页。

当地维系虚拟经济与实体经济的关系。[1] 虚拟经济主要通过虚拟资本的定价机制、金融系统社会化风险的扩大以及国际性投机三个方面催生金融危机。[2] 戴赜等人从微观企业的视角出发阐述了企业金融化是经济"脱实向虚"的微观表现形式,这本质上是经济不平衡、发展不充分的问题。协调虚拟经济和实体经济的关系,发挥金融对实体经济润滑剂的作用将有助于经济的可持续发展。[3] 刘晓欣和张艺鹏指出,既要认识到虚拟经济规模扩张是市场经济发展的必然趋势,其规模过小会对市场经济发展起阻碍作用,又要在尊重市场经济客观规律的前提下,增强经济系统内部稳定性,防止系统性风险的积累。[4] 实体经济和虚拟经济的发展呈现一种良性互动关系,前者是后者存在和发展的基础,后者也对前者的运行产生积极的影响,为前者的发展提供了条件和动力,但后者的过度发展会导致风险,引发金融危机,阻碍实体经济发展。[5] 俞俏萍指出我国虚拟经济和实体经济之间的不均衡状态日益凸显,过度膨胀的虚拟经济抑制了实体经济的健康发展,只有实现两者的平衡发展才能获得理想的经济增速。[6] 李晓西、杨琳指出虚拟经济的发展必须与实体经济发展相适应,虚拟经济的超前发展,并不能带动实体经济的超速发展,相反会引发泡沫经济,进而引致金融危机,对实体经济发展造成巨大破坏。[7] 黄萌认为虚拟经济的发展会带来负面影响,甚至相当强烈。一方面,虚拟经济的膨胀会增加实体经济运行的不确定性和风险,易创造出双

[1]　张云、刘骏民:《从次贷危机透视虚拟经济命题的研究》,载《东岳论丛》2009 年第 1 期,第 35 页。

[2]　许红梅、杨继国:《虚拟经济与金融危机》,载《生产力研究》2010 年第 12 期,第 12 页。

[3]　戴赜、彭俞超、马思超:《从微观视角理解经济"脱实向虚"——企业金融化相关研究述评》,载《外国经济与管理》2018 年第 11 期,第 41 页。

[4]　刘晓欣、张艺鹏:《中国经济"脱实向虚"倾向的理论与实证研究——基于虚拟经济与实体经济产业关联的视角》,载《上海经济研究》2019 年第 2 期,第 44 页。

[5]　刘晓欣、宋立义、梁志杰:《实体经济、虚拟经济及关系研究述评》,载《现代财经(天津财经大学学报)》2016 年第 7 期,第 14 页。

[6]　参见俞俏萍:《经济均衡发展视野的"脱实向虚"治理》,载《改革》2017 年第 4 期,第 70-79 页。

[7]　李晓西、杨琳:《虚拟经济、泡沫经济与实体经济》,载《财贸经济》2000 年第 6 期,第 7 页。

重价格体系;另一方面,可能对资源配置产生误导,影响国家经济安全。[1]

从以上分析不难发现,虚拟经济运行过程中涉及的因素较多,影响虚拟经济安全的因素也较为复杂,但多数与虚拟经济的发展相关。因此,经济学视角下虚拟经济安全可以理解为虚拟经济运行过程中与实体经济之间的协调。也就是说,虚拟经济运行应该围绕服务于实体经济,既要促进实体经济的发展,又要保证自身的发展。

2. 虚拟经济安全的法学表达

"安全源于人性,保障于法律。"[2]虚拟经济概念的提出为经济学研究开辟了全新的领域,同时也直接或间接地对法学产生了影响。[3] 实际上,法学作为一门以构建制度为主要内容的学科,诸多法律制度都旨在保护权利免受侵扰。而发展问题涉及人类活动的所有领域,具有广泛的综合性,几乎所有的科学部门的产生与发展都根源并服务于人和社会的发展。[4] 法律作为社会关系的调节器,其涉及社会生活的各方面,任何发展政策的实行当然都离不开法律的积极参与,而且也只有法律被纳入其中,才是或者可能是一种有序化的、较少社会震荡的良性发展,才最有可能顺利达成发展的目标。[5] 将之扩展到经济发展中,我们不难发现与经济相关的法律制度旨在保护经济安全,促进经济发展。本书的研究目的在于虚拟经济安全的法律塑造,因此明确虚拟经济安全概念的法学表达是首先要解决的问题。

自古罗马法学家乌尔比安把法律分为公法与私法开始,同一法律体系内的不同法律部门就具有不同的价值追求。但是安全价值始终是各法律部

---

[1] 参见黄萌:《哲学视阈下虚拟经济发展的安全性与风险性研究》,载《理论与改革》2015 第 1 期,第 40 页。

[2] 单飞跃、刘思萱:《经济法安全理念的解析》,载《现代法学》2003 年第 1 期,第 55 页。

[3] 胡光志教授对虚拟经济概念对法学理念和经济法学的影响作了详细的分析。参见胡光志:《虚拟经济及其法律制度研究》,北京大学出版社,2007,第 43-46 页。

[4] 姚建宗:《法律与发展研究导论》,吉林大学出版社,1998,第 6 页。

[5] 同上,第 8 页。

门共同追求的目标,是联系、沟通和整合不同法律部门的桥梁和纽带,[1]并且安全价值可以通过不同的制度或调整方法来实现。[2] 在众多的安全价值中,经济安全是一切安全的基础,是社会得以生存和发展的前提。不同类别的法律部门对经济安全保障的侧重点并不一致。例如,宪法是中国的根本法,它通过规定基本经济制度和基本经济秩序来保障整体和个体经济安全,为其他部门法实现经济安全价值明确了基本方向;刑法通过对破坏社会主义经济制度、经济秩序以及侵犯财产的犯罪行为的惩处来保障经济安全;诉讼法通过对经济安全救济程序的规定来保障经济安全;行政法通过对经济管理主体的职能、行为的规范以及对经济违法行为制裁的规定来维护经济安全。而在各部门法中,最能直接、有效地保障经济安全的,当属民法和经济法,二者在维护和保障经济安全方面处于核心地位。[3] 因此,本部分将重点阐述虚拟经济安全概念的民法和经济法表达。

第一,虚拟经济安全的民法表达。民法在市场经济中具有保障经济安全和促进经济发展的作用,而虚拟经济是市场经济的重要内容。明确民法在保障虚拟经济安全和促进虚拟经济发展两方面的作用有利于理解民法视角下虚拟经济安全的内涵。

①民法对虚拟经济安全的保障。在市场经济中,交易安全或经济安全无疑占据着重要地位,保障交易安全是民法的重要任务。民法对交易安全或经济安全的保障更多体现在微观个体层面。民法在"私有财产神圣不可侵犯"理念的指导下,既排除他人对自己财产利益的威胁,也排除公权力对私人财产利益的"横征暴敛"。由于民法所调整的财产关系包括静态和动态

---

① 冯彦君:《论职业安全权的法益拓展与保障之强化》,载《学习与探索》2011 年第 1 期,第 107 页。

② 吴汉东:《人工智能时代的制度安排与法律规制》,载《法律科学(西北政法大学学报)》2017 年第 5 期,第 134 页。

③ 罗泽胜:《民法和经济法的经济安全价值之比较》,载《渝西学院学报(社会科学版)》2004 年第 4 期,第 24 页。

的财产关系,因此私人主体的经济安全也包括静态安全和动态安全。所谓静态安全是指法律对主体期待基于现有财产关系所享有的财产利益得到保护的满足,又称为"享有的安全"。[1] 动态安全也被称为"交易安全",指民法对主体期待取得新财产利益的财产变动行为(即民事行为)得到保护需要的满足。[2] 例如,产权制度不仅允许每个人拥有自己的财产利益,而且充分保障这种拥有的安全;合同制度不仅允许市场主体自由交易,而且保障他们交易的安全,并为之提供相应的救济途径。因此,民法对虚拟经济安全的保障表现为平等民事主体之间的虚拟经济相关产品的交易安全,包括静态安全和动态安全两方面。也就是说,民法保障虚拟经济市场中各主体所享有的财产利益,维护相关交易的安全。

②民法对虚拟经济发展的促进。民法对虚拟经济发展的促进包括为虚拟经济的产生和运行提供制度基础与保障交易自由两方面。其一,民法为虚拟经济的产生和运行提供了制度基础。民法中的产权制度、合同制度等都是虚拟经济赖以生存的法律环境。[3] 如合同制度中的意思自治原则使各种与虚拟经济相关的凭证或金融工具等成为交易客体,使之可以用来交易。民法还通过一系列的制度预设,如人格平等、所有权神授、契约自由、过错责任等基本原则的确立,为市场经济的发展铺平了道路。[4] 其二,民法通过保障交易自由促进虚拟经济发展。民法通过抽象人格的方法赋予所有主体平等的身份、地位和个性,确立了每一个自然人独立而又无差异的人格,从而使得平等、自由的人性理想变为了一种可于社会中反复践行的法律规范并

---

① 王荣珍:《不动产预告登记制度研究》,武汉大学民商法系 2013 年博士论文,第 32 页。

② 同上。

③ 参见胡光志:《中国预防与遏制金融危机对策研究:以虚拟经济安全法律制度建设为视角》,重庆大学出版社,2012,第 175 页。

④ 胡光志、张美玲:《法律与社会的互动:经济法的民生价值及其展开》,载《西南民族大学学报(人文社科版)》2016 年第 1 期,第 107 页。

转化为社会现实。① 正如有学者所说,民法将每一个主体视为权利人,"此'权利'就是自利的权利,在私权保护上实现平等。此一方面使'经济人'为维护自己权利提供了合法的依据,同时也是对社会其他个体的一种防范,排斥他人的私心之扩张及于自己的利益,主体实现自己权利时也不能妨碍他人的权利实现"。② 基于此,虚拟经济交易主体在民法中获得了极大的自由,虚拟经济呈现出蓬勃发展的局面:不论是从交易自由,还是从交易效率上看,虚拟经济都得到了极大的促进,它们不断地推动虚拟经济的发展。

综合来看,民法通过赋予交易主体平等地位,通过意思自治、契约自由和责任制度来保障虚拟经济安全,促进虚拟经济发展。与个体经济利益相关的行为都受民法调整,虚拟经济也不例外。由于民法的安全观立足于个体交易安全,实质是一种个体安全权,目的在于保护个体交易行为的安全,故民法视角下的虚拟经济安全无不体现着民法对私人经济利益的保护。值得注意的是,民法视角下的虚拟经济安全由于违背了虚拟经济的运行规律,难以实现真正的"安全"。这主要是由于,①传统民商法对动态交易的保护仍然以利己主义为理论核心,以等价观念与善意行为为表现形式,对于一些合法的外部性行为、市场衍生的反市场行为力不能及,日益显其动态交易安全理念的局限性③;②由于金融过热会刺激投机性交易,提高投资者和投机者到金融市场进行"投机"交易以获得高收益的动机和热情。而民法中的意思自治、契约自由为他们进行虚拟经济交易提供了机会和条件。随着虚拟经济交易数量的增加,虚拟经济不仅会脱离实体经济而独立运行,还会从生产、流通和消费等环节排斥实体经济,并且逐渐占据整个金融系统,加剧"脱实向虚"状况。此时不仅实体经济安全会受到影响,虚拟经济安全也同样会

---

① 胡光志:《人性经济法论》,法律出版社,2010,第80页。

② 王立争:《人性假设与民法基本原则重建——兼论公平原则的重新定位》,载《法学论坛》2009年第4期,第97页。

③ 单飞跃、刘思萱:《经济法安全理念的解析》,载《现代法学》2003年第1期,第57页。

受到影响,而民法最初所要保护的私人经济利益也难以得到保障。

第二,虚拟经济安全的经济法表达。经济法作为国家干预经济的基本法律形式,保障经济安全是经济法的价值目标,保障虚拟经济安全必然包含其中。与民法所保障的私人经济安全不同,经济法侧重于保障国家经济安全,包括积极和消极两方面。"在积极意义上,表现为保障国民经济稳定、健康、可持续发展的协调状态;在消极意义上,表现为抑制经济系统中不协调因素,控制经济风险和社会风险,防止经济疲软、过热和动荡以及通货膨胀、经济危机等消极经济状态。"①因此,经济法对经济安全的保障概括为两个字:"防"和"治"。"'防',就是防范经济危险、危机,并力争使危险和危机消融、化解于萌芽状态;'治',则是指一旦未能防住而出现了(较大的)危险或危机,则要及时采取有力并有效措施加以治理,尽快渡过危机,恢复国民经济的正常运行。"②在虚拟经济领域中,经济法对虚拟经济安全的保障则表现为防范和治理虚拟经济风险或危机。现实中,经济法中与虚拟经济相关的制度都具有保障整体经济安全的作用。如在证券、期货、金融衍生品交易监管法律制度中,保障国家经济安全是其价值目标。

值得注意的是,尽管许多学者认为经济法对经济安全的保障主要体现在整体经济安全层面,但经济法同样保障个体经济安全,当整体经济安全得以实现,个体经济安全必然包含其中。在虚拟经济领域也是如此,经济法不仅保障整体经济安全,也保障个体经济安全。这主要是因为虚拟经济不仅同整体经济利益相联系,也与个体经济利益有着直接联系。③ 例如,证券、期货、金融衍生品交易中必然与个体经济安全相关,只是经济法在保障个体经济安全的同时,侧重对国家整体经济安全的保障。在"公有财产神圣不可侵

---

① 何文龙:《经济法的安全论》,载《法商研究》1998 年第 3 期,第 17 页。

② 戴凤岐:《经济安全与经济法》,载《法学杂志》2004 年第 1 期,第 14 页。

③ 刘少军:《"虚拟经济法"的理论思考》,载《中国政法大学学报》2009 年第 6 期,第 78 页。

犯"和"社会权利本位"理念的指导下,经济法对虚拟经济中个体经济安全的保障主要出于防范因个体经济安全得不到保障而危及整体经济安全而作出的考量。如股票的非法交易可能会对股市产生较大的波动,对金融安全产生负面影响,进而影响整体经济安全。

既然经济法是用来解决现代市场经济运行过程中所产生的经济问题的现代法,①经济发展问题自然也包含其中。它除了保障经济安全外,还促进经济发展。这主要是因为,①经济法究其本能,就是一种促进经济发展的法,是保障人们经济发展权益的法。②"经济法所要解决的基本矛盾和基本问题,莫不事关发展。而发展的不平衡、不协调和不可持续,被公认为最需关注的发展问题";③②"不发展就是最大的不安全"。④ 当前我国经济安全最大的隐患仍然是经济增长速度和质量问题,即经济过热现象引发的问题,⑤它们均与虚拟经济的发展密切相关,在实践中主要表现为"脱实向虚"以及由此所引发的一系列问题。由此看来,经济法对虚拟经济发展的促进并非没有限度,经济法是基于保障整体经济安全的前提而对虚拟经济进行促进。

综合来说,经济法拥有不断革新的发展理念以适应社会的发展和进步。经济法始终关注社会经济的整体发展和整体安全,反映了其对社会发展的适应性和社会需求的回应性。⑥ 因此,经济法对虚拟经济安全的保障和对虚拟经济发展的促进也主要集中于整体层面,核心在于预防和抵御虚拟经济

① 张守文:《"发展法学"与法学的发展——兼论经济法理论中的发展观》,载《法学杂志》2005 年第 3 期,第 5 页。
② 陈乃新、季任天:《论实现新发展理念的经济法改革——以加强劳动力权的保护为视角》,载《湘潭大学学报(哲学社会科学版)》2017 年第 6 期,第 56 页。
③ 张守文:《经济法学的发展理论初探》,载《财经法学》2016 年第 4 期,第 18 页。
④ 单飞跃、刘思萱:《经济法安全理念的解析》,载《现代法学》2003 年第 1 期,第 60 页。
⑤ 戴凤岐:《经济安全与经济法》,载《法学杂志》2004 年第 1 期,第 15 页。
⑥ 关于经济法发展理论的探讨参见张守文:《"发展法学"与法学的发展——兼论经济法理论中的发展观》,载《法学杂志》2005 年第 3 期,第 2-6 页;张守文:《经济发展权的经济法思考》,载《现代法学》2012 年第 2 期,第 3-9 页。

所引发的危机或危险,关键在于把握虚拟经济发展的限度。

(二)有限发展法学理论下虚拟经济安全的内涵界定

通过前文的分析我们不难发现,虚拟经济安全在不同学科视角下有不同的理解。即便在法学视角下,不同部门法下虚拟经济安全的内涵也各有侧重。经济法作为以维护整体经济利益为目标的部门法,对虚拟经济安全保障的重要性不言而喻;并且结合前文对经济法视角下虚拟经济安全内涵的阐述,不难发现,从经济法视角探究虚拟经济安全的内涵似乎是可行的。实体经济观念下的经济法体系虽然可以在一定程度上反映虚拟经济安全的内涵,但该观念下与虚拟经济相关的法律层级在经济法结构中较低,难以反映虚拟经济安全的重要性;并且该观念下的法律划分不符合本书对虚拟经济内涵的理解,①必然容易导致对虚拟经济安全内涵把握的偏差。那么,虚拟经济安全的内涵应该如何界定呢?这关系到经济法体系的划分观念或标准和对虚拟经济发展规律的把握,其中,经济法体系的划分观念或标准是研究虚拟经济安全内涵的逻辑起点,虚拟经济发展理论是虚拟经济安全内涵的逻辑依据。笔者在讨论虚拟经济安全的内涵界定之前将对这两者简要说明,以更好地界定虚拟经济安全的内涵。

关于虚拟经济安全的逻辑起点——虚拟经济观念下的经济法体系。既然实体经济观念下虚拟经济安全的内涵界定难以实现,那么虚拟经济观念下能否实现呢?胡光志教授在其著作中指出,虚拟经济是与实体经济相对应的一种经济形态,不同的经济形态需要不同的法律加以规制。②"虚拟经济法是反映虚拟经济运行规律,调整虚拟经济关系的法律规范体系……首

---

① 因为实体经济观念下虚拟经济法被纳入了金融法的体系之中,而金融却不能替代虚拟经济本身,虚拟经济作为一种经济形态,在实践中涉及众多经济领域。参见胡光志:《虚拟经济及其法律制度研究》,北京大学出版社,2007,第224页。

② 胡光志:《虚拟经济及其法律制度研究》,北京大学出版社,2007,第225页。

先,虚拟经济立法是虚拟经济在法律上的反映……其次,虚拟经济立法是关于虚拟经济的法律规范……再次,虚拟经济立法是虚拟经济法律规范的体系……最后,虚拟经济立法也是虚拟经济法律化的过程。"①他进一步指出,从经济法角度看,虚拟经济法与实体经济法是经济法的两大基本构成部分,是经济法的核心内容之一。而经济法的首要功能就是要促进实体经济与虚拟经济共同发展的同时,克服两者的弊端,协调两者的发展比例,保障两者的良性互动。② 因此,从虚拟经济法视角出发理解虚拟经济安全的内涵,不仅可以反映虚拟经济的运行规律,也可以彰显虚拟经济安全在经济法中的重要地位,这有利于正确把握虚拟经济安全的内涵。

关于虚拟经济安全的逻辑依据——虚拟经济有限发展法学理论。"理论的东西本质上包含于实践的东西之中"。③ 发展理论是应实践的呼唤而产生的,它必定要对发展实践有解释和指导,只有回到实践中,发展理论才能保持生机与活力;也只有在实践中,发展研究才能找到自己的源头活水,从而获得知识的养分,以丰富发展理论。④ 要界定虚拟经济安全的内涵,必须立足于虚拟经济的发展实践,因为安全和发展自古以来就密不可分。

本书认为,虚拟经济有限发展是虚拟经济安全的实践需要,而虚拟经济有限发展法学理论是虚拟经济安全内涵的逻辑依据。我们可以从虚拟经济的发展历程和虚拟经济的特质出发加以分析。经济虚拟化是人类经济发展的总趋势,经济虚拟化现象早已有之,只是在相当长的历史时期经济虚拟化的程度较低,没有被称为虚拟经济。大体上说,人类经济的发展经历了三次重大的虚拟,第一次虚拟是货币的出现,第二次虚拟是货币借贷的产生,第

① 胡光志:《虚拟经济及其法律制度研究》,北京大学出版社,2007,第207-209页。
② 胡光志:《虚拟经济及其法律制度研究》,北京大学出版社,2007,第226页。
③ [德]黑格尔:《法哲学原理》,范扬、张企泰译,商务印书馆,2017,第15页。
④ 姚建宗:《法律与发展研究导论》,吉林大学出版社,1998,第8页。

三次虚拟是直接导致目前所谓虚拟经济权利的证券化和证券的自由流通化。[1] 从虚拟经济的发展历程看,在虚拟经济发展的早期,只能进行有限发展的原因是实体经济不发达,实体经济虚拟化的进程制约了虚拟经济的发展;在中期,只能实行虚拟经济有限发展的原因是市场环境、制度因素等要求虚拟经济只能进行有限发展;在目前,只能实行虚拟经济有限发展的原因是虚拟经济无限发展会制约实体经济的发展,进而会引发一系列经济问题。因此,不论是从虚拟经济的发展历程看,还是从虚拟经济自有的高风险性、高成本性、复杂性以及对实体经济的依附性等特质看,都要求虚拟经济只能进行有限发展,要实现虚拟经济安全也必须坚持虚拟经济有限发展。因此,将有限发展法学理论作为虚拟经济安全内涵的逻辑依据有理有据。那么,该理论下虚拟经济安全的内涵究竟应该如何界定? 笔者认为,这涉及的因素较为广泛,其中安全的种类不乏为其中一种。鉴于目前学界关于安全种类的研究已有较多文献,此处不再赘述。本部分结合虚拟经济的特点,将虚拟经济安全分为宏观、中观和微观三类,并以有限发展法学理论为逻辑依据对之展开探讨。

1. 有限发展法学理论下宏观虚拟经济安全的内涵界定

宏观经济安全即国民经济整体安全,它包含了微观经济安全。[2] 经济法下的宏观经济安全,是在宏观经济风险盛行的后工业时期,将传统的由个体、市场来承担风险继而转化为由国家作为主体来承担风险,将风险的自我防范变成了风险的国家防范,其实质上就是由国家来承担并采取的一种防范风险、危机的意识、能力与措施。其基本内涵包括维护国内经济整体安全与保护国家在国际交往中的经济主权两部分。[3] 也有学者认为,"宏观经济

---

[1] 胡光志:《虚拟经济的国家干预》,载《需要国家干预:经济法视域的解读》,法律出版社,2005,第215-217 页。

[2] 何文龙:《经济法的安全论》,载《法商研究》1998 年第 3 期,第 17 页。

[3] 单飞跃、刘思萱:《经济法安全理念的解析》,载《现代法学》2003 年第 1 期,第 58 页。

安全即市场整体安全,是指一个国家或地区经济全局的安全,如总供给与总需求的协调、实体经济与虚拟经济发展比例、各经济部门的协作与互动、经济风险与危机的预防与化解等方面的安全。"①以金融业为例,一国金融的整体安全通常包含积极和消极两方面。积极意义上的金融安全,表现为保障金融制度的稳定、金融体系的健康、可持续发展的协调状态;消极意义上的金融安全,表现为抑制金融系统中的不协调因素与力量,控制和防范金融风险,防止金融动荡、金融危机的消极状态 。② 不难发现,学者们对宏观经济安全的理解都集中于经济安全的整体性上。将之扩展到虚拟经济领域,宏观虚拟经济安全可以理解为市场整体安全,主要围绕虚拟经济和实体经济安全的协调性展开,它们共同构成一国的整体经济安全。如果将之置于经济全球化背景下,那么宏观经济安全的基本内涵包括维护国内虚拟经济安全与保护国际交往中的虚拟经济安全两方面。

　　既然已经清楚了宏观虚拟经济安全的内涵,那么有限发展法学理论下宏观经济安全的内涵应该如何界定呢? 笔者认为,可以从积极和消极两个层面来把握。在积极意义上表现为促进虚拟经济的发展,以虚拟经济的发展带动实体经济的发展,形成虚拟经济和实体经济良性互动的格局,推动整体经济的进步,进而实现整体经济安全。在经济全球化不断加深的背景下,宏观虚拟经济安全要求我国经济能够在保障自身经济安全的同时抓住经济发展的机遇,以发展促安全,以安全保发展。在消极意义上表现为抑制虚拟经济发展中的不协调因素,既要注意把握由虚拟经济过度发展而对实体经济产生的排挤,又要注意把握由虚拟经济发展不足而对实体经济产生的阻碍,防止虚拟经济和实体经济在发展过程中陷入不断往复的恶性循环。并且,还要求我国能够不断提高自身的风险应对能力、风险承受能力和风险化

① 　胡光志:《虚拟经济法的价值初探》,载《社会科学》2007 年第 8 期,第 111 页。
② 　张忠军:《论金融法的安全观》,载《中国法学》2003 年第 4 期,第 109 页。

解能力,能够有效应对贸易摩擦、经济泡沫、金融危机、经济危机等全球性的经济风险,不受外部环境干扰。进言之,有限发展法学理论下宏观虚拟经济安全在积极意义上表现为促进整体经济的发展,紧跟世界经济发展的节奏;在消极意义上表现为通过防范、抑制和化解经济风险来保障整体经济不受外部环境干扰,进而实现整体经济安全。

2. 有限发展法学理论下中观虚拟经济安全的内涵界定

一般认为,中观经济安全指一类市场的安全,如一般商品市场的安全、房地产市场的安全、技术市场的安全等。[1] 以金融业为例,中观金融安全指某一特定区域内的局部金融安全。[2] 也有学者认为,中观金融安全指金融市场的安全运行状况。[3] 将之扩展到虚拟经济领域,中观虚拟经济安全则指虚拟经济市场的运行安全。根据经济学界的研究,虚拟经济是与实体经济相对的一组概念,以金融证券市场为核心的经济形态,其运行的外化形式是股票市场、债券市场、外汇市场、期货市场及其他金融衍生工具市场。[4] 因此,虚拟经济市场安全可以被视为由证券市场安全、期货市场安全和金融衍生品市场安全等组成的安全系统,是一个有机的整体。

有限发展法学理论下,中观虚拟经济安全的内涵可以界定为虚拟经济市场发展的有限性。如果将虚拟经济市场视为一个大系统,证券、期货、金融衍生品等市场则可以视为子系统,那么有限发展法学理论下虚拟经济安全强调各子系统在运行过程中应该在既定的发展边界内运行,既要避免因为逾越边界而抑制其他子系统的发展,又要避免因为发展不足而导致整个虚拟经济市场失衡。如果将整个市场视为一个系统,那么虚拟经济理论下

---

① 胡光志:《虚拟经济法的价值初探》,载《社会科学》2007 年第 8 期,第 110-111 页。

② 张忠军:《论金融法的安全观》,载《中国法学》2003 年第 4 期,第 109 页。

③ 参见何德旭、娄峰:《中国金融安全指数的构建及实证分析》,载《金融评论》2012 年第 5 期,第 7 页。

④ 胡光志:《中国虚拟经济制度供给模式之转变》,载《西南民族大学学报(人文社科版)》2006 年第 9 期,第 68 页。

虚拟经济市场和实体经济市场则是其子系统,有限发展法学理论下虚拟经济安全强调虚拟经济市场作为一个子系统,在运行过程中应该在其既定的发展边界中运行,既要避免因为过度发展虚拟经济市场而对实体经济市场产生抑制,又要重视以发展虚拟经济市场来促进实体经济市场,最终实现两者的有机协调和统一。

3. 有限发展法学理论下微观虚拟经济安全的内涵界定

微观经济安全是指,具体的社会关系的稳定与持续,集中体现在市场主体的权利安全和交易安全两个方面。[①] 有学者将微观经济安全纳入秩序之中,认为其属于民商法的价值范畴。民商法关注并实现的个体交易安全功能的承担和实现尚且需由经济法创造一个优良的大环境予以保障,而整体的交易安全和国民经济运行的安全只能靠经济法来维持。[②] "经济法所建立的市场规制法律机制,通过对市场准入控制、竞争秩序维护、消费者权益保护等,适度限制了市场机制的弥散作用,修正和弥补了民商法的负面效应和不足,降低了私权主体依靠自身力量进行自我保护的高昂成本,从国家视角建立一种成本较低的监控和保护机制,维护了市场的基本秩序和交易安全。"[③] 由此观之,微观虚拟经济安全在民商法和经济法视角下有不同的理解,其中,民商法以保护个体交易安全为目的,而经济法旨在谋求整体意义上的交易安全,当整体交易安全得到了保护,个体交易安全自然也包含其中。再以金融业为例,有学者认为,微观金融安全指金融机构的安全运行状况。[④] 也有学者指出,微观金融安全是指单个金融机构的金融安全,以及投资者、存款人、投保人等的客户权益安全。[⑤] 从虚拟经济法的视角来看,微观

[①]　胡光志:《虚拟经济法的价值初探》,载《社会科学》2007 年第 8 期,第 110 页。

[②]　史际春、李青山:《论经济法的理念》,载《华东政法学院学报》2003 年第 2 期,第 47 页。

[③]　单飞跃:《经济法的法价值范畴研究》,载《现代法学》2000 年第 1 期,第 28 页。

[④]　何德旭、娄峰:《中国金融安全指数的构建及实证分析》,载《金融评论》2012 年第 5 期,第 7 页。

[⑤]　张忠军:《论金融法的安全观》,载《中国法学》2003 年第 4 期,第 109 页。

虚拟经济安全的实现主要靠虚拟经济法为虚拟经济交易提供充足的制度依赖,保障虚拟经济市场中的交易安全,进而实现对市场中各交易主体权利的保护。如在虚拟经济主体规范方面设立准入审核制度。因为虚拟经济主体不仅仅是虚拟产品的经营者,还包括相关中介人,如公司的外部审计师,跟踪公司股票的证券分析师以及信用评级机构和相关监管机构等。对经营、销售虚拟产品的经济主体和相关中介人在资产、信用、能力等方面进行市场准入审查,防止劣质企业、禁止交易者等进入市场,是降低虚拟经济交易潜在风险,保障虚拟经济交易安全的有效手段。① 通过上述分析我们不难发现,微观虚拟经济安全可以从个体和整体两个层面加以分析,它们分别体现了民商法和经济法视角下的不同理解。笔者认为,不论从个体还是整体层面进行把握,微观虚拟经济安全的实质在于虚拟经济交易安全,通常可以通过权利保障、交易行为规范和市场监管来实现。②

那么,有限发展法学理论下微观虚拟经济安全的内涵应该如何界定呢?笔者认为,尽管不同视角下微观虚拟经济安全的理解和解释有所差异,但它们均立足于虚拟经济交易安全,故有限发展法学理论下微观虚拟经济安全的内涵应围绕保障交易安全而展开。"虚拟经济中的行为基础是对资产的投资或投机。"③虚拟经济市场是机会和竞争的合成,它为众多的生产者、经营者、消费者提供着广泛的资源与机会,为了获得对自己最大的利益和最有利的机会,投机是市场的原动力,④要实现虚拟经济安全必须保障虚拟经济市场中投资者和投机者的合法权利。具体体现为:①打击违法犯罪行为,限

---

① 张莉莉:《后危机时代虚拟经济与经济法的适应性问题分析》,载《现代经济探讨》2011 年第 1 期,第 51 页。

② 胡光志:《虚拟经济法的价值初探》,载《社会科学》2007 年第 8 期,第 111 页。

③ 刘骏民:《虚拟经济的研究及其理论意义》,载《东南学术》2004 年第 1 期,第 49 页。

④ 单飞跃:《经济法的法价值范畴研究》,载《现代法学》2000 年第 1 期,第 28 页。

制非合理投机者行为,因为非合理投机①是对市场的一种破坏,对经济安全的一种损害,②过多的投机行为会破坏虚拟经济市场中的平衡,如当非合理投机行为增加到一定数量后,容易对其他投资者或合理投机者产生误导;②注重虚拟经济交易中弱势方的需求,平衡虚拟经济交易中强势方的利益,这要求重视中小型投资者的利益维护,清楚他们交易中的实际需求,同时为强势方规定合理的义务,如强制性信息披露、交易报告等。

在虚拟经济市场运行过程中,由于虚拟经济的局限性"极大地增加了经济和社会运行的风险"③,为实现资源的优化配置,国家运用公权力对虚拟经济市场加以干预。在既往的经济法体系中,虚拟经济法被纳入宏观调控法中。国家对虚拟经济进行宏观调控是从整体上保障虚拟经济安全的一种形式,当国家的宏观调控行为偏离了安全的轨道,不仅容易扭曲虚拟经济市场的发展方向,还容易导致整个经济系统紊乱。因此,要实现虚拟经济安全还必须对公权力加以适度的限制,在微观层面则体现为对权力机关权力运行的适度限制。换言之,有限发展法学理论下微观虚拟经济安全表现为对虚拟经济市场中合法权利的适度保护和适当限制。

(三) 有限发展法学理论下虚拟经济安全本质属性的认知

通过前文的分析我们不难发现,不论从不同学科视角,还是从同一学科不同分类的视角,虚拟经济有限发展均蕴含在虚拟经济安全的内涵之中。虚拟经济有限发展法学理论是虚拟经济安全内涵构造的逻辑依据。那么,如何把握该理论下虚拟经济安全的本质属性呢? 本书认为,应该首先明确

---

① "非合理投机的情形包括对法律的规避、蔑视与违法;以不正当手段谋求不恰当利益或制造对竞争对手或相对人的不利条件;对整体秩序构成妨碍与危害。"单飞跃:《经济法的法价值范畴研究》,载《现代法学》2000 年第 1 期,第 28 页。

② 单飞跃:《经济法的法价值范畴研究》,载《现代法学》2000 年第 1 期,第 28 页。

③ 胡光志:《虚拟经济的国家干预》,载《需要国家干预:经济法视域的解读》,法律出版社,2005,第 218 页。

虚拟经济的本质,然后再分析有限发展法学理论下虚拟经济安全的本质。

目前,学界关于虚拟经济本质的研究较为丰富,主要集中于经济学界和金融学界。经济学界以成思危先生、刘骏民先生等为代表,认为虚拟经济的本质就是价值和财富。① 金融学界学者们对虚拟经济本质的看法分为两种:第一种认为虚拟经济就是金融;第二种认为虚拟经济和金融并不一致。② 此外,就虚拟经济和泡沫经济的关系来看,两者并不能等同。③ 泡沫经济是虚拟经济增长速度超过实体经济增长速度所形成的整个经济虚假繁荣的现象,④在泡沫经济中金融证券、地产价格飞涨,投机交易变得极其活跃。⑤

胡光志教授在其著作中指出,虚拟经济的本质是一种客观存在的、独立运行的、以"虚拟化"为特征的全新的经济形态。⑥ 本书对此予以认同,并将从该观点出发分析虚拟经济安全的本质属性。具体言之,首先,虚拟经济安全是一种客观存在的经济状态,有限发展法学理论贯穿虚拟经济安全的始终。其次,虚拟经济安全是一种综合的经济状态,它始终与实体经济安全紧密联系,要实现虚拟经济安全必须保证虚拟经济服务于实体经济。因为虚拟经济植根于实体经济,它们之间相互影响和相互作用。最后,虚拟经济安全是一种发展的经济状态,不同时代背景下虚拟经济安全有不同的侧重,以虚拟经济有限发展促进社会经济发展始终是中心。

---

① 参见成思危:《虚拟经济探微》,载《南开学报》2003 年第 2 期,第 24 页;刘骏民:《虚拟经济的研究及其理论意义》,载《东南学术》2004 年第 1 期,第 46 页。

② 参见王国刚:《关于虚拟经济的几个问题》,载《东南学术》2004 年第 1 期,第 53 页;许红梅、杨继国:《虚拟经济与金融危机》,载《生产力研究》2010 年第 12 期,第 12 页。

③ 刘骏民:《虚拟经济的理论框架及其命题》,载《南开学报(哲学社会科学版)》2003 年第 2 期,第 35 页。

④ 李晓西、杨琳:《虚拟经济、泡沫经济与实体经济》,载《财贸经济》2000 年第 6 期,第 5 页。

⑤ 参见蒋昌力:《对我国虚拟经济与实体经济发展脱节的反思——基于日美泡沫经济破灭的启示》,载《金融与经济》2014 年第 7 期,第 44 页。

⑥ 参见胡光志:《虚拟经济及其法律制度研究》,北京大学出版社,2007,第 19-23 页。

二、虚拟经济安全在虚拟经济法中的价值序位

(一)探讨虚拟经济安全在虚拟经济法中价值序位的意义

马克思曾说,"价值这个普遍的概念是从人们对待满足他们需要的外界物的关系中产生的。"[①]法律的价值从哲学的角度来考察指它对社会的效用,[②]也就是说法律的价值产生于它对社会需要的满足之中。从作用的角度来考察指"法的价值是以法与人的关系作为基础的,法对于人所具有的意义,是法对于人的需要的满足,是人关于法的绝对超越指向。"自由、公平、效率、秩序等都属于法律的基本价值,反映了法律的作用与目标。同时,也反映了人们对法律的看法,认为理性的法律应该是什么。[③] 而价值序位则指价值的顺序和位置,反映了不同价值在同一部法律中的重要程度。由于不同的部门法对法律价值的解释不同,有不同的侧重和取舍。[④] 故法的价值序位与法的属性相关。值得注意的是,法的价值序位并非一成不变。与之相反,在社会发展的不同阶段和特定时期,总有一种价值处于某一法律部门相对优先地位。[⑤] 因此,同一价值在不同的法律部门中顺序和地位并不完全一致,同一价值在同一法律部门的不同时期其顺序和地位也可能存在差异。从该视角看,不同法律部门中的价值序位反映了它们对社会需求满足的侧重;同时,也反映了社会不同领域的实际需求。法律价值序位的变化反映了社会需求的变化,也反映了法律的发展。

---

① 中共中央马克思恩格斯列宁斯大林著作编译局:《马克思恩格斯选集(第19卷)》,人民出版社,1963,第406页。

② 单飞跃:《经济法的法价值范畴研究》,载《现代法学》2000年第1期,第24页。

③ 周安平:《法律价值何以是与何以不是》,载《深圳大学学报(人文社会科学版)》2020年第3期,第92页。

④ 江帆:《经济法的价值理念和基本原则》,载《现代法学》2005年第5期,第119页。

⑤ 徐孟洲:《经济法的理念和价值范畴探讨》,载《社会科学》2011年第1期,第100页。

"虚拟经济法的价值,要解决的是虚拟经济法发挥作用的思想根源和最终目的。"①胡光志教授曾根据经济法学界讨论的经济法价值的一般范畴,结合虚拟经济法的特点将虚拟经济法的价值概括为保障虚拟经济秩序、虚拟经济效率和虚拟经济安全三个方面,他认为前两者是虚拟经济法的基本价值,而后者则是虚拟经济法的核心价值。② 本书对此予以赞同。本部分之所以要探讨虚拟经济安全在虚拟经济法中的价值序位,是因为虚拟经济法不仅仅是制度结构的体现,而且也反映了社会经济发展的需要,还包含了社会对虚拟经济发展的期望。因此,在虚拟经济法的价值研究中加入对虚拟经济安全在虚拟经济法中价值序位的探讨,是对虚拟经济法价值研究的进一步深化,有助于加深我们对虚拟经济法价值的理解,为虚拟经济法的发展提供了方向。具体而言,主要是基于以下几方面的考虑。

①这是虚拟经济法安全价值理论研究的必然延伸。在法的价值研究中,明确法律部门价值的顺序和位置是对法的价值一般性研究的拓展和深化。在虚拟经济法的价值研究中,明确虚拟经济安全在虚拟经济法中的顺序和位置,有利于明确虚拟经济法的首要目标和主要任务。

②这是虚拟经济法体系中各法律部门协调运作的内在要求。虽然虚拟经济这一概念已经广为人知,但是世界上并无与之相关的统一立法。根据系统论可知,"任何一个系统欲发挥其最大功效,不仅要求系统自身性能优良而且还需要各子系统之间的配合与协调应当是完美无缺和统一有序的。"③如果把虚拟经济法视为一个大系统,那么其中的各法律部门便是其子系统,它们在运行过程中相互配合以实现虚拟经济法的目标。明确虚拟经济安全在虚拟经济法中的序位,有利于各子系统在运行过程中的协调,不至

① 胡光志:《虚拟经济及其法律制度研究》,北京大学出版社,2007,第231页。
② 参见胡光志:《虚拟经济法的价值初探》,载《社会科学》2007年第8期,第107页。
③ 鲁篱、苏明:《经济法价值新论》,载《西南民族学院学报(哲学社会科学版)》2001年第3期,第157-158页。

于因为价值冲突而引发一系列问题。

③这是我国虚拟经济法执法和司法的实践需要。当前,不论世界还是中国,虚拟经济已经日益成为一个自我循环、自我膨胀的体系。虚拟资本积累速度远超国内生产总值,利率、汇率等价格机制与经济基本面脱节,反过来又影响实体经济的消费和投资,全球经济向着西方主流经济学理论难以解释的方向发展。① 其复杂性和多变性决定了法律制度难以与之一一对应,当与之相关的风险变为现实而又缺乏相应的制度予以规范和调整时,必然需要依靠执法者或司法者的法律意识加以弥补。"在恶法之下,公平正义将经受最残酷的考验。执法人员的良知不发挥作用,他们不过是恶法的帮凶,不过是邪恶法律之下的魔鬼。如果他们的良知发挥作用,就必然导致形式意义上的法治遭受破坏,有违执法人员工作性质的本质。法的价值通过影响执法人员而影响执法效果。"② 而对虚拟经济法中价值序位的理解和认知是他们法律意识培育过程中的关键环节,并且明确虚拟经济法的价值序位可以为执法和司法提供依归,此外,当虚拟经济法中的外汇法、证券法、期货法、金融衍生品法等发生冲突,而一般的法律冲突原理难以适用时,虚拟经济法的价值序位则可以为执法者或司法者正确理解和选择适用何种法律工具提供一定的思路。

从务实的角度出发,明确虚拟经济安全在虚拟经济法中的价值序位,必须遵循三项原则:①反映立法者的立法目标。有学者指出,"法的目的价值构成了法律制度所追求的社会目的,反映着法律创制和实施的宗旨,它是关于社会关系的理想状态是什么的权威蓝图。"③②反映虚拟经济法所调整的社会关系特点。不同的社会关系具有不同的法律价值,社会关系不同亦决

---

① 苏治、方彤、尹力博:《中国虚拟经济与实体经济的关联性——基于规模和周期视角的实证研究》,载《中国社会科学》2017 年第 8 期,第 89 页。

② 卓泽渊:《法的价值论》,法律出版社,2018,第 64 页。

③ 张文显:《法理学》,高等教育出版社,2003,第 264 页。

定了相应的经济法价值之殊异。① ③符合虚拟经济的实践需要。

本书认为,虚拟经济安全是虚拟经济法的首要价值和核心价值,它贯穿虚拟经济法的始终。不论是虚拟经济法律制度初步产生之时,虚拟经济法律制度日渐成熟之后,还是虚拟经济法律制度今后的发展,虚拟经济安全始终是虚拟经济法的首要且核心价值。因为从虚拟经济发展过程中的社会需求来看,虚拟经济安全始终是社会经济发展的需求所在。

(二)虚拟经济安全是虚拟经济法的首要价值

之所以说虚拟经济安全是虚拟经济法的首要价值,主要理由在于虚拟经济安全是虚拟经济秩序稳定和效率提升的前提,是虚拟经济法追求的首要目标。

1. 虚拟经济安全是虚拟经济秩序稳定与效率提升的前提

第一,从虚拟经济安全和虚拟经济秩序与效率的关系来看,虚拟经济安全是虚拟经济秩序稳定与效率提升的前提。首先,从安全、秩序和效率的词义考察。安全指平安、没有危险的社会状态。秩序指有条理、有组织的社会状态。按照美国法理学家博登海默的解释,秩序意指在自然进程和社会进程中都存在着一致性、连续性和确定性。无序意味着存在断裂(或非连续性)和无规则性的现象。② 而效率源于经济学,指投入与产出即成本与收益之间的比较,实质在于实现社会资源的有效配置和利用。效率可分为个体效率和整体效率、局部效率和全局效率、短期效率和长期效率。③ 而效益指利益和效果,它通常与效率相联系,它包括了效率。在经济领域中秩序和效

---

① 鲁篱、苏明:《经济法价值新论》,载《西南民族学院学报(哲学社会科学版)》2001年第3期,第158页。

② [美]E·博登海默:《法理学:法律哲学与法律方法》,邓正来译,中国政法大学出版社,2004,第227-228页。

③ 吕忠梅、陈虹:《论经济法的工具性价值与目的性价值》,载《法商研究(中南政法学院学报)》2000年第6期,第63页。

率始终与持续性紧密联系,安全是秩序稳定和效率提升得以持续存在和发展的前提。在虚拟经济领域中也是如此,没有虚拟经济安全,虚拟稳定的经济秩序与高效率难以存在。

　　第二,从秩序和效率在虚拟经济法中的体现考察。就秩序而言,有学者认为经济法中的秩序是"权力和权利交融的系统化秩序"[①]。其在经济法中表现为整个社会经济的有序发展,经济法一方面通过对垄断、限制竞争和不正当竞争等市场障碍的排除,实现市场竞争的有序,保障各市场主体的合法权利,另一方面,又通过充分发挥经济杠杆的调节作用,从国民经济整体出发来引导市场主体作出能够促进社会发展的选择,使市场经济的盲目性得以避免。[②] 也有学者指出经济法的社会经济秩序价值体现为,一是运用经济法主体制度对经济主体和经济管理主体资格加以规制,二是运用市场规制法维护生产和交换的生产经营秩序,三是运用市场竞争法维护自由与公平竞争秩序,四是运用宏观调控法维护宏观经济秩序。[③] 但总体而言,经济法中的秩序是相对于混乱或失序来讲的,其产生于其中。虚拟经济法的秩序价值也如此,其产生于虚拟经济发展到一定阶段出现的混乱或失序中。由此看来,虚拟经济法的秩序价值表现为:其一,为虚拟经济市场中的交易主体提供统一的行为模式;其二,发现并惩罚虚拟经济市场中的违法犯罪行为;其三,及时有效解决虚拟经济交易纠纷。[④]

　　就效率而言,庞德指出在以往五十年中,法学思想方面发生了一种转向于强调经济的变化,把重点放在需要上而不放在意志上,把自由的自我主张认作只是许多人需要、要求或愿望中的一种,以及把寻求最大限度地满足需

---

① 李金泽、丁作提:《经济法定位理念的批判与超越》,载《法商研究(中南政法学院学报)》1996 年第 5 期,第 69 页。

② 贾海燕:《经济法的价值分析》,载《法学论坛》2002 年第 6 期,第 74-76 页。

③ 参见徐孟洲:《经济法的理念和价值范畴探讨》,载《社会科学》2011 年第 1 期,第 101-102 页。

④ 参见胡光志:《虚拟经济法的价值初探》,载《社会科学》2007 年第 8 期,第 108 页。

要作为重点,而不是寻求最大限度的意志自由①。有学者认为,整体效益是市场经济条件下经济法的主导价值,效益无疑是经济法的主导价值,是经济法价值的基石。② 民法的私法性质决定了民法追求的是微观、个体的效率,而经济法的社会性决定了它将致力于社会整体效率。当然,也有学者认为,经济法追求的效率体现在经济体制中,经济法追求的是经济体制效率。③ 效率价值在经济法中表现为,传统的市场主体规制法通过对市场主体组织结构、设立条件、市场准入和准出等保障市场主体的质量和安全,提高市场运行效率;市场秩序法通过反垄断法、反不正当竞争法提高市场效率;而宏观调控法则是运用宏观调控手段,对市场配置资源方面的不足予以弥补,从而与微观资源配置机制共同发挥作用,以实现市场的效率。④ 但总体而言,效率强调资源的优化配置,并非单独依靠市场或政府。虚拟经济法中的效率也是如此。证券法作为虚拟经济法的核心组成部分,效率是证券法的生命。效率价值在证券法中体现在:①在证券发行阶段,证券监管法通过规定证券发行制度来调整证券发行行为,降低社会经济成本,如我国新证券法开始全面推行的证券发行注册制度,精简了公开发行公司债券的条件,精简了申请公开发行公司债券应报送的文件数量等,⑤体现了我国证券法对效率的重视;在证券交易阶段,证券监管法通过规制证券交易所,在给各上市公司提供优质的上市服务时,也严格规范交易市场各类交易主体的交易行为,以此降低证券交易费用,进而提高证券市场的整体效率,如新证券法强化了证券发行的信息披露要求,强调对证券发行申请文件应当披露投资者作出价值

---

① [美]罗斯科·庞德:《通过法律的社会控制》,沈宗灵译,商务印书馆,2017,第74页。

② 参见欧阳明程:《整体效益:市场经济条件下经济法的主导价值取向》,载《法商研究(中南政法学院学报)》1997年第1期,第32页。

③ 参见吕忠梅、陈虹:《论经济法的工具性价值与目的性价值》,载《法商研究(中南政法学院学报)》2000年第6期,第63页。

④ 胡光志:《虚拟经济法的价值初探》,载《社会科学》2007年第8期,第109页。

⑤ 参见《证券法》第9条、第15条、第16条。

判断和投资决策所必需的信息①。②通过制定禁止性规范来防止操纵市场、内幕交易、虚假陈述和欺诈客户等行为发生,从而减少各类证券主体可能发生的损害或损失来提高整体交易效率,其中新证券法扩大了内幕信息的范围。③通过证券监管法律责任制度追究各类证券违法行为,从而补救或弥补违规违法行为所造成的损害,由此降低违法行为所造成的损害,进而降低证券市场运行中的负效率,以此来提高证券市场的整体运行效率。② 例如,我国新证券法加大了对保荐人、证券公司等违法行为的处罚力度,③提高了违规交易行为的违法成本等。

就安全而言,"安全是法律持续性的制度安排与价值追求。"④不论是农业时代还是工业时代抑或后工业时代,安全均是法律制度的基本目标和任务。"在法律价值目标体系中,安全是其他法律价值的前提。"⑤在经济法中,经济安全价值表现为:①市场规制法律机制通过对市场准入控制、竞争秩序维护、消费者权益保护,适度限制了市场机制的弥散作用,修正和弥补了民商法的负面效应及其不足,降低了私权主体依靠自身力量进行自我保护的高昂成本,从国家视角建立一种成本较低的监控与保护机制,维护了市场的基本秩序与交易安全;②宏观调控法律机制通过对经济增长、经济调节、经济管制的法律补给作用,合理配置与市场适当的国家经济资源,维护了国家经济主权,保持了国家经济与社会发展的基本公平秩序,营造了符合国家经济整体安全的宏观环境。⑥ 在目前的经济法体系中,虚拟经济法被纳入了宏

---

① 参见《证券法》第 19 条。

② 李东方:《证券监管法的理论基础》,载《政法论坛》2019 年第 3 期,第 86 页。

③ 参见《证券法》第 182 条、第 183 条、第 184 条。

④ 单飞跃、刘思萱:《经济法安全理念的解析》,载《现代法学》2003 年第 1 期,第 55 页。

⑤ 吕忠梅、陈虹:《论经济法的工具性价值与目的性价值》,载《法商研究(中南政法学院学报)》2000 年第 6 期,第 62 页。

⑥ 单飞跃:《经济法的法价值范畴研究》,载《现代法学》2000 年第 1 期,第 28 页。

观调控法的金融法领域中,①宏观调控安全是宏观调控法的又一个价值取向,它要求宏观调控不仅要建立在科学决策的基础上,还要有相关的安全保障措施和制度,如纠偏制度、抗辩制度、损害赔偿制度等。既要做到防止实施过程中偏差的出现,又要做到能够对偏差进行及时补救,并且对于错误的宏观调控措施,要及时进行纠正或废除等。②

2. 虚拟经济安全是虚拟经济法的首要目标

从虚拟经济法的价值目标来看,虚拟经济安全是虚拟经济法所追求的首要价值目标。这主要是由于"秩序与效率虽然也是虚拟经济法的基本价值,但它们还不足以解释虚拟经济法的根本动因。"③虚拟经济的产生和发展伴随着一系列不安全因素,如由虚拟资本不稳定性所引发的经济波动、由市场主体投机行为所引发的交易风险以及由违法行为所致的其他安全问题等。虚拟经济法正是在这些不安全因素中产生和发展的,其从最初的非正规规则发展到正规规则,均是为了保障虚拟经济安全。以我国证券法的发展为例,早在1998年证券法就被我国全国人大常委会通过,此后被先后修订了五次,它们均是为适应证券业的发展而制定,目的在于保障证券交易安全,促进证券业的发展。在2019年的修订中新增专章对信息披露的相关内容作了规定。其中,第78条第2款规定,"信息披露义务人披露的信息,应当真实、准确、完整,简明清晰,通俗易懂,不得有虚假记载、误导性陈述或者重大遗漏。"第83条第1款规定,"信息披露义务人披露的信息应当同时向所有投资者披露,不得提前向任何单位和个人泄露。但是,法律、行政法规另有规定的除外。"它们均体现了我国证券法拟通过规范证券市场中的信息披露行为,保证证券市场中被披露信息的有效性,进而保障证券交易安全。

---

① 参见胡光志:《虚拟经济及其法律制度研究》,北京大学出版社,2007,第224页。

② 李昌麒、胡光志:《宏观调控法若干基本范畴的法理分析》,载《中国法学》2002年第2期,第10页。

③ 胡光志:《虚拟经济法的价值初探》,载《社会科学》2007年第8期,第111页。

3.虚拟经济安全是虚拟经济发展的实践需要

从虚拟经济的发展规律看,虚拟经济安全是其发展的实践需要。主要原因如下。

第一,从虚拟经济的发展历程看,虚拟经济安全是虚拟经济发展的基础条件。我国著名经济学家和管理学家成思危先生曾将虚拟经济的产生和发展概括为五个阶段,包括闲置货币的资本化、生息资本的社会化、有价证券的市场化、金融市场的国际化和国际金融的集成化。① 从这五个阶段不难看出,人类社会中的虚拟经济产生并扩大于实体经济运行的夹缝之中,如果虚拟经济安全得不到保证,其必然不会存续至今并成为"当代市场经济的最高表现形式"。当前中国经济进入了新常态发展阶段,必须重新考虑虚拟经济安全在虚拟经济法中的顺序。在虚拟经济快速发展而实体经济日渐下行的情况下,虚拟经济安全除了容易受到虚拟经济相关因素的影响外,也将受到实体经济相关因素的影响,因此保障虚拟经济安全无疑是虚拟经济法的首要价值。

第二,从历次经济动荡的原因看,安全是其发展的实践需要。学者们均表示历次金融危机的爆发都与虚拟经济发展过度相关。例如,杨琳通过分析泰国、越南和美国等国家发生金融危机前后股票成交量、房地产市场、信贷等数据,指出历次金融危机均与金融的扩张相关,应该把握虚拟经济发展的规模和程度。② 鉴于前文已经对此有论及,此处不再赘述。

(三)虚拟经济安全是虚拟经济法的核心价值

如果说探究虚拟经济安全在虚拟经济法中的顺序让我们清楚,与效率、秩序相比,虚拟经济法首先保障安全;那么,探究虚拟经济安全在虚拟经济

---

① 参见成思危:《虚拟经济微探》,载《管理评论》2005 年第 1 期,第 4-5 页。

② 参见杨琳:《从几次金融危机看虚拟经济和实体经济关系》,载《中国金融》2009 年第 5 期,第 57-59 页。

法中的位置则让我们明白,虚拟经济法的内容以保障虚拟经济安全为中心而展开,安全与效率和秩序相比是虚拟经济法的核心价值。

1. 虚拟经济安全是虚拟经济秩序稳定和效率提升的保障

第一,从虚拟经济安全和虚拟经济秩序与效率的关系看,虚拟经济安全是虚拟经济秩序稳定与效率提升的保障。从前文对安全、秩序和效率的含义考察,秩序和效率是安全的重要组成部分。哈耶克曾指出每个个人的存在和活动,若要获致一安全且自由的领域,须确立某种看不见的界线(the invisible border line),然而此一界线的确立又须依凭某种规则,这种规则便是法律。① 从该视角不难发现,安全价值是法的基础价值。而之所以说虚拟经济安全是虚拟经济秩序稳定和效率提升的保障,是因为在我国市场经济社会的经济生活领域中,"社会公共利益主要表现为经济运行的安全和效率。它同时具有全局性、整体性、长远性和根本性的特点。安全是经济活动或者整个市场运行的最基本保障,一切经济利益只有在率先保证经济安全的前提下才有意义;效率则是经济运行自身规律的要求,一味地强调安全,而不顾及经济运行的效率,这种经济就会因为缺乏活力而无法发挥应有的功能,甚至还会出现消沉,而反过来危及经济运行的安全。"② 例如,效率为证券市场的运行和发展提供了较好的方向,也揭示人们对证券市场和证券交易的期待。但实践中效率和安全也往往容易出现冲突,如果安全得不到保障,那么效率也会因为违法行为而失去应有的意义。因此,只有保障安全才能实现效率的价值所在。

第二,从秩序和效率在虚拟经济法中的体现考察,它们均不足以反映虚拟经济法的核心功能,而虚拟经济安全则可以体现虚拟经济法的核心功能和主要任务。再以我国证券法为例,安全价值是证券法的核心价值,它根源

---

① [英]哈耶克:《自由秩序的原理》,邓正来译,三联书店,1997,第183页。

② 胡光志:《内幕交易及其法律控制研究》,法律出版社,2002,第55页。

于证券业的诸多风险。我国证券法从立法宗旨、价值取向、法律调整范围到具体的制度设计,都突出对证券安全的维护。① 如强化信息披露制度是为了保障投资安全,提升证券公司违法违规成本是为了保障交易安全。还有学者指出,证券监管法的安全价值,在于依法给各类证券主体设定各种证券行为规范,使其对自己合法行为与违法行为的法律后果均能够进行预判,使得人们的各种证券行为具有确定性、有效性和合理性,进而让各类证券主体能够预测自己和他人的行为指向和后果,促使证券市场形成一种较为稳定的秩序状态。②

2. 虚拟经济安全是虚拟经济法的核心内容

由于虚拟经济安全是国家经济安全的重心,而虚拟经济法是保障国家经济安全的重要工具,那么保障虚拟经济安全则是虚拟经济法的核心任务和内容。这主要是因为目前世界经济"脱实向虚"现象日益明显,虚拟经济安全和实体经济安全之间又相互作用和影响,因此在国家经济安全中虚拟经济安全逐渐扮演着越来越重要的角色。那么,从虚拟经济安全在国家经济安全中的地位出发考察,保障虚拟经济安全则必然是虚拟经济法的核心内容。在学界,研究者们从不同的角度出发将虚拟经济安全和国家经济安全联系起来,大致包括以下三个方面。

第一,关于虚拟经济的稳定性与国家经济安全。刘骏民等通过对比虚拟经济系统和实体经济系统的特点,论证了虚拟经济的基本运行规律,并且指出虚拟经济稳定是当代经济稳定与国家安全的核心领域的理论命题。③ 赖文燕指出,"随着发展中国家经济的不断开放和发达国家与金融机构全球化的不断推进,各国经济相互依存度不断提高,一国和地区的经济不稳定极

---

① 裴惠宁、成延洲:《〈证券法〉与证券投资安全》,载《兰州大学学报》2000 年第 3 期,第 85 页。
② 李东方:《证券监管法的理论基础》,载《政法论坛》2019 年第 3 期,第 86 页。
③ 参见刘骏民、王国忠:《虚拟经济稳定性、系统风险与经济安全》,载《南开经济研究》2004 年第 6 期,第 32-39 页。

易演变成全球性的金融和经济危机。"①杨运星指出,虚拟经济已经越来越成为国家经济竞争力的核心,其可以在一定程度上降低实体经济由于遭受外部经济冲击而造成的可能的不确定性。此外,虚拟经济对经济系统价值体系能够产生较大及频率较高的冲击,全球性的经济危机往往由虚拟经济引起,或主要来自该领域。因此,国家经济安全的核心在于虚拟经济的稳定和安全。② 许圣道等指出,要实现国家经济安全,必须将虚拟经济因素纳入考虑中,要重点防范虚拟经济系统的风险,其中包括消除和降低国内虚拟经济部门的风险、防范国际虚拟经济风险两个方面。③ 李宝伟指出,虚拟经济自身的波动性将会引起金融系统性风险,然后它们又会引起证券、房地产等虚拟资产市场总价格水平过度膨胀,再大幅度下降,以至于造成金融机构普遍性危机,甚至由此造成经济衰退。④

第二,关于虚拟经济与实体经济的协调性与国家经济安全。陈健和龚晓莺指出,虚拟经济和实体经济的协调发展对国民经济的发展至关重要,是现代化经济体系的主要推动力,是实现经济高质量发展的关键,是实现经济发展由速度规模型向质量效益型转变的重要力量。⑤ 马晓红指出,虚拟经济与实体经济相互影响、协调发展,对我国经济结构的调整、泡沫风险的防范、金融监管的加强、积极稳步推进经济体制的改革起着较大的作用,并且保证两者的协调发展是国家经济调控的关键所在,也是实现整体经济协调可持

---

① 赖文燕:《虚拟经济与实体经济发展中存在的问题及对策》,载《金融与经济》2009 年第 2 期,第 41 页。

② 参见杨运星:《论虚拟经济的稳定性、系统风险与经济安全》,载《商业时代》2013 年第 24 期,第 10 页。

③ 参见许圣道、王千:《虚拟经济全球化与国家经济安全研究》,载《中国工业经济》2009 年第 1 期,第 65 页。

④ 参见李宝伟:《经济虚拟化下金融稳定与虚拟经济管理——基于次贷危机的启示》,载《亚太经济》2009 年第 1 期,第 9 页。

⑤ 参见陈健、龚晓莺:《新时代实体经济与虚拟经济协调发展研究》,载《经济问题探索》2018 年第 3 期,第 181 页。

续发展的必胜之策。[1]

第三,也有学者从金融危机产生的原因出发,将虚拟经济的发展和国家经济安全联系起来。刘晓欣指出,虚拟经济活动自开始以来就具有国际性,价值化积累的非对称性容易积累风险,容易引发金融危机,而当代金融风险的联动性将会对国家安全产生影响。[2] 杨琳从几次金融危机出发,分析了虚拟经济和实体经济之间的关系,指出虚拟经济的过度发展会引发金融危机乃至经济危机。[3] 邱蓉等通过实证分析发现,任何一个国家,如果不顾及本国经济发展实际情况,放任虚拟经济的发展,对其不加限制,当其进入一个阈值,将可能触发金融危机。[4] 刘洋分析了虚拟经济对实体经济产生影响的传导机制及其与金融危机的爆发之间的关系,并且他通过对我国虚拟经济与实体经济发展的实证分析,指出目前金融危机频繁出现,在很大程度上是源自虚拟经济和实体经济的背离性对虚拟经济稳定性的影响,进而在宏观层面上对金融危机产生影响。[5] 李俊慧指出,虚拟经济和实体经济发生脱节也可能是金融危机产生的原因。[6]

从具体制度考察来看,我国虚拟经济中的相关制度均围绕保障虚拟经济安全而展开。主要理由如下:第一,我国虚拟经济法多围绕虚拟经济安全保障而制定。如,证券业的多次整治均围绕安全而展开,既保障投资者和投

---

[1] 参见马晓红:《金融危机后虚拟经济与实体经济耦合发展的必然性及对策》,载《商业时代》2014 年第 12 期,第 43 页。

[2] 参见刘晓欣:《虚拟经济与价值化积累——从虚拟经济角度认识当代资本积累》,载《当代财经》2005 年第 12 期,第 65 页。

[3] 参见杨琳:《从几次金融危机看虚拟经济与实体经济关系》,载《中国金融》2009 年第 5 期,第 57-59 页。

[4] 邱蓉、梁永坚:《虚拟经济与实体经济比率研究——基于金融危机的视角》,载《经济问题探索》2020 年第 1 期,第 163 页。

[5] 参见刘洋:《虚拟经济与实体经济背离对现代金融危机的影响研究》,载《经济问题》2015 年第 1 期,第 23-26、88 页

[6] 参见李俊慧:《泡沫的经济分析》,载《学术研究》2018 年第 2 期,第 99-101 页。

机者的权利,也保证证券市场的发展。"从1993年2月16日上证指数达到1558点以后的急速下行到1996年3月以后的股市大起大落再到1999年的'519'行情走软,从2007年10月以后的股灾到2015年7月的股灾,从2016年初的'熔断机制'冲击到2018年年底的股权质押融资风险,我国股市多次陷入险象环生的境地。"①2020年以来,我国股市仍然存在波动。而证券法正是在此背景下产生和发展的,在历次危机中证券法均起着重要的作用,维护证券市场安全是证券法制度的核心任务。第二,新修订的证券法进一步强化了信息披露制度。证券市场中被披露的风险信息是投资者或投机者进行决策的重要依据,如果信息披露不真实或不充分,将可能会导致投资者作出错误的决策,进而导致其遭受损失。而我国证券法通过强化信息披露制度,可以减小市场主体作出错误决策的概率,在一定程度上保障了交易安全和投资者的权益。如新证券法规定的强化信息披露内容,即"发行人报选的证券发行申请文件,应当充分披露投资者作出价值判断和投资决策所必需的信息,内容应当真实、准确、完整,简明清晰,通俗易懂,不得有虚假记载、误导性陈述或者重大遗漏。"第三,证券法通过提高违法违规成本,降低市场主体作出违法违规行为的概率,进而保障交易安全。以新证券法中的行政罚金为例,其上限被大幅度提高。这表明我国证券法为适应证券市场的发展,保障证券市场交易安全,已经通过提高违法违规成本来降低因威慑不足或执行困难而产生的问题。

3. 虚拟经济安全是虚拟经济发展的关键要素

虚拟经济法产生于虚拟经济发展的需要之中,而安全是保障虚拟经济发展的关键要素。其主要理由如下。

第一,不发展就是不安全,促进虚拟经济发展是虚拟经济法的重要任

---

① 王国刚、郑联盛:《中国证券业70年:历程、成就和经验》,载《学术研究》2019年9月,第97页。

务。这主要是因为：①从经济全球化的角度来看，虚拟经济安全是动态的，而非静态的。在虚拟经济理论下，虚拟经济和实体经济共同构成整个经济系统，它们之间彼此联系、相互影响。随着经济全球化进程不断加深，"落后就要挨打"已经成为不争的事实。虚拟经济的不发展或较慢发展将影响一国经济对世界经济发展和变化的适应程度、对世界经济风险的化解和防范能力。2008 年美国爆发的次贷危机就是典型例子，其迅速蔓延至欧盟、日本等主要经济体，将全球经济拖入下行通道。②从国家的角度来看，虚拟经济安全是一个国家经济安全的动力和实力保障。成思危先生曾指出，"如果将实体经济系统看成经济系统中的硬件，则可认为虚拟经济系统是经济系统中的软件。"[1]实体经济难以完全脱离虚拟经济而独立运行。以金融业为例，目前金融业已经成为了经济的核心，而股票、期货等都与虚拟经济有着密不可分的联系。如果虚拟经济的发展出现问题，实体经济必然会受到影响，这将制约一国在开放经济条件下应对复杂风险的能力，如贸易摩擦、金融投机等跨国经济风险的应对能力。由此看来，促进虚拟经济发展，不仅可以保障本国虚拟经济安全，还可以抵御外部环境的干扰，是适应世界经济发展的必然趋势，是维护本国经济安全的实践要求。

　　第二，过度发展也会导致不安全，而平衡虚拟经济发展是虚拟经济法的精髓所在。过度发展也会引发一系列不安全问题，主要原因如下：①从全球经济的角度出发，虚拟经济具有较强的波动性、高风险性、复杂性和周期性等特点，其极容易引发经济泡沫、金融危机、经济危机等问题，而这些问题均与虚拟经济过度膨胀相关。一旦某一个国家出现这些经济问题后，其必然会对其他国家的经济安全产生影响。平衡虚拟经济发展，要求平衡本国虚拟经济发展与世界其他国家虚拟经济的发展。既要发挥本国虚拟经济的优势，又要汲取发达国家虚拟经济的经验和教训。要立足我国虚拟经济发展

---

① 　成思危：《虚拟经济探微》，载《南开学报（哲学社会科学版）》2003 年第 2 期，第 28 页。

的客观规律,不能照搬照抄。不论是 2008 年全球金融危机引发的经济动荡,还是 2020 年新冠疫情所引发的经济动荡,在虚拟经济领域中都表现得异常明显,我国经济得以快速复苏的重要原因在于国家对经济干预得较为适度和及时,以及相关法律制度规定得较为恰当,其中包括了虚拟经济法律制度。②从国家内部经济的角度出发,平衡虚拟经济发展重点在于平衡虚拟经济和实体经济的发展。历史已经证明,虚拟经济过度膨胀,必然会波及整个经济系统,甚至还会引发其他与经济相关的问题。因为经济安全是国家安全的基础,如果经济安全受到影响,国家安全的物质基础就受到破坏,政治安全、文化安全等都有可能受到影响。

三、有限发展法学理论下虚拟经济安全的要素提炼

本章前两部分已经讨论了有限发展法学理论下虚拟经济安全的内涵以及它在虚拟经济法中的价值序位,那么,有限发展法学理论下虚拟经济安全又有哪些要素呢? 这一问题涉及的要素多、范围广。立足于虚拟经济安全和虚拟经济有限发展法学理论两大支柱,本书将有限发展法学理论下虚拟经济安全的要素提炼为虚拟经济结构的协调性、虚拟经济政府监管的有效性、虚拟经济市场机制运行的规范性和虚拟经济外部环境的适应性四个方面。

(一) 虚拟经济结构的协调性

1. 虚拟经济结构协调性的含义

"经济结构指国民经济的组成和构造,即在社会再生产过程中,国民经济各个部门、各类产业、各种所有制成分、各类经济组织、各个地区以及各个方面的构成和比例关系。经济结构的合理安排是一国国民经济健康发展的

标志,经济结构的失衡最终均表现为利益分配的不平衡。"①经济结构可以从多种角度进行划分,②但按需求和供给进行划分一直都存在,如重农学派、马克思的《资本论》、斯拉法的新剑桥学派等。③ 主流经济学对经济结构的理解和分类集中于需求层面,总需求被分为消费、投资出口、政府开支,供给方面只是从一般均衡角度构建经济增长模型及据此判断经济兴衰。④ 虚拟经济学派对经济结构的理解和分类集中于供给层面,该视角下经济系统被划分为实体经济和虚拟经济两部分,其意义在于,"一是为金融活动和各种其他高风险活动纳入其基本经济模型奠定了基础,只有基本经济模型中包括了金融投机等活动,才可能建立包括金融危机在内的经济理论框架;二是用虚拟经济的理念和性质分析经济基本结构,可以从一国经济的内部结构探求贸易失衡原因,而不是从外部来寻求贸易失衡的逻辑关系,避免发达国家将中外贸易失衡恶意归罪于中国。从供给方面完善虚拟经济与实体经济的经济结构理论是未来研究的重要方向之一。"⑤

当前,我国经济运行面临的突出矛盾和问题都根源于重大结构失衡,由于虚拟经济和实体经济相互影响和作用,我们可以从实体经济失衡推断出虚拟经济必然也存在问题。目前,我国实体经济"大而不强"问题日益突出,

---

① 陈婉玲:《经济法权力干预思维的反思——以政府角色定位为视角》,载《法学》2013 年第 3 期,第 40 页。

② 陈婉玲教授认为,经济结构是由多要素、多层次构成的复合体。从国民经济各部分的构造看,包括产业结构、分配结构、交换结构、消费结构、价格结构、技术结构、外包出口结构等;从各部分所涵盖的范围看,分为城乡结构、部门结构、区域结构、企业组织结构等;从客体的不同角度还可分为产品结构、就业结构、投资结构、能源结构等。参见陈婉玲:《经济结构调整对传统法律主体理论的超越——以经济法区域经济调节为视角》,载《法学》2014 年第 10 期,第 77 页。

③ 刘晓欣、宋立义、梁志杰:《实体经济、虚拟经济及关系研究述评》,载《现代财经(天津财经大学学报)》2016 年第 7 期,第 14 页。

④ 刘晓欣、宋立义、梁志杰:《实体经济、虚拟经济及关系研究述评》,载《现代财经(天津财经大学学报)》2016 年第 7 期,第 14 页。

⑤ 刘晓欣、宋立义、梁志杰:《实体经济、虚拟经济及关系研究述评》,载《现代财经(天津财经大学学报)》2016 年第 7 期,第 14 页。

实体经济与虚拟经济结构性失衡愈发严峻。有学者指出,虚拟经济发展到一定水平前,它能够促进实体经济的快速增长,对产业结构影响较小;随着虚拟经济的不断发展,它在促进金融业部门和服务业部门增长的同时,对制造业部门的促进作用越来越小,甚至产生了副作用,而对实体产业结构调整的作用增强;当虚拟经济超前发展时,它对服务业部门和金融业部门的促进作用小于对制造业部门的副作用,它将抑制实体经济发展,导致产业空心化和服务化。① 有学者通过实证分析发现,我国经济实虚结构失衡态势严峻,并且存在着显著的空间差异,且区域差异是总体差异的主要来源。② 由此观之,所谓虚拟经济失衡根源于虚拟经济和实体经济结构性失衡。虚拟经济结构的协调性,从经济系统出发,主要指虚拟经济和实体经济结构的协调性。

近年来,我国多次强调要把经济发展的着力点放在实体经济上,实体经济是国家经济发展的关键。我国在经济迈向高质量发展的背景下,支持实体经济的力度在不断增加,在2019年前7个月,用于实体经济的人民币贷款增加10.8万亿元,同比多增7798亿元。③ 在当前"脱实向虚"日益凸显的情况下,我们应该充分利用虚拟经济的优势促进实体经济的发展。如要求虚拟经济为实体经济提供信用与融资,在促进实体经济增长的同时,促进产业结构转型和升级。再如,我国金融发展不平衡不充分问题,实质是虚拟经济和实体经济结构失衡问题。而金融供给侧结构性改革正是以金融体系结构调整优化为重点,以为实体经济提供更高质量、更有效率的金融服务为目

---

① 胡晓:《虚拟经济发展对实体经济的影响:增长抑或结构调整》,载《财经科学》2015年第2期,58页。
② 参见王谦、董艳玲:《中国实体经济发展的地区差异及分布动态演进》,载《数量经济技术经济研究》2018年第5期,第77-94页。
③ 参见中华人民共和国中央人民政府网站,访问日期:2021年6月21日。

标,在推动经济高质量发展的过程中防范和化解金融风险。① 换言之,虚拟经济结构的协调性旨在探索如何有效利用虚拟经济支持实体经济,同时把其发展限制在与后者相协调的范围内,避免出现虚拟经济"自我发展、自我循环、自我膨胀"的不良现象。②

2. 虚拟经济结构的协调性对虚拟经济安全的重要性

之所以说虚拟经济结构的协调性是有限发展法学理论下虚拟经济安全的构成要素,主要是因为虚拟经济安全问题和有限发展问题究其根本就是虚拟经济结构性问题。有限发展法学理论下,要实现虚拟经济安全就必须保证虚拟经济结构的协调性。也就是说,只有当虚拟经济和实体经济之间的结构协调了,虚拟经济才有可能实现有限发展,虚拟经济的安全才有可能长久地得到保障。因此,虚拟经济结构的协调性是有限发展法学理论下虚拟经济安全构成要素的首要要素,也是最根本的要素。

具体言之:第一,虚拟经济安全问题究其根本就是虚拟经济结构性问题。"经济结构失衡是经济失衡的根源,经济失衡的不断恶化,将会使经济系统走向无序,严重干扰社会经济的正常运行,导致风险快速积累,诱发经济或社会危机。"③由虚拟经济导致的经济动荡,不论是金融危机、经济泡沫还是经济危机都表现为虚拟经济过度发展,究其根源主要在虚拟经济结构的失衡。并且一旦出现虚拟经济结构的失衡,就难以通过虚拟经济自身或市场进行矫正。第二,虚拟经济有限发展究其根本就是虚拟经济结构的协调性。如果只注重虚拟经济而忽视实体经济,就会出现虚拟经济过度膨胀,严重时会引发经济泡沫;如果只大力发展实体经济,而不注重对虚拟经济的

---

① 赵瑞政、王文汇、王朝阳:《金融供给侧的结构性问题及改革建议——基于金融结构视角的比较分析》,载《经济学动态》2020 年第 4 期,第 16 页。

② 刘志彪:《实体经济与虚拟经济互动关系的再思考》,载《学习与探索》2015 年第 9 期,第 82 页。

③ 陈婉玲:《经济结构调整对传统法律主体理论的超越——以经济法区域经济调节为视角》,载《法学》2014 年第 10 期,第 77 页。

促进,不注重培育市场的正确导向,也会出现严重的产能过剩即实体经济泡沫,进而导致经济危机。要实现虚拟经济有限发展,协调虚拟经济和实体经济结构是首要问题。

3. 虚拟经济结构协调性的要求

虚拟经济结构的协调性是检验国家在经济领域中治理体系和治理能力现代化的重要标志之一,也是当下国家宏观调控的重要任务。虚拟经济结构的协调性要求对虚拟经济实行改革,为实体经济的发展新增活力。其具体包括:"一方面,要引导企业在实体经济领域加快技术创新和优化供给结构,努力淘汰落后产能,或者通过国内潜在市场培育消化过剩产能,或者通过深度加入经济全球化输出过剩资本;另一方面,也要在虚拟经济领域增加优质资产的供给,满足广大居民在收入提升之后不断增长的投资理财需要,从而解决由资产短缺所带来的资产泡沫问题。这两个任务其实是紧密结合在一起的,即宏观经济政策可以通过资本市场的发展,引导生产能力和供给结构的优化调整,从而化解实体经济领域的过剩产能。反过来,对虚拟经济发展中的问题,如资产价格过高等,也可以通过实体经济的发展来平抑和调节,如通过鼓励技术创新和产业创新,可以为资本市场提供更多的资产配置的选择机会。"[①]

(二)虚拟经济政府监管的有效性

虚拟经济作为一种新的经济形态,具有实体经济的一些特征,同时也拥有自己的特点。虚拟经济运行过程中交易客体的独特性、运行过程的波动性以及其他因素均决定了虚拟经济比实体经济更容易引发经济问题。而政府是人类社会中最权威的组织形式和统治主体,保障安全是政府的天然职责。

---

① 刘志彪:《实体经济与虚拟经济互动关系的再思考》,载《学习与探索》2015 年第 9 期,第88页。

1. 虚拟经济政府监管的含义

"监管"一词源于英文。在英文中,监管即 regulation,其除了译为监管外,还可以译为管制、监管和规制,监管最基本的含义是调节和控制。当前国内学者对监管、管制和规制的理解有所区别,他们从不同角度使用这三个词语。① 监管一词在经济学、法学、政治学等领域均被使用和研究,但含义有所差异:经济学集中于对某些产业的价格决定、市场进入等方面的控制;法学主要集中涉及对经济活动进行监管的规则体系及其执行、监管权力的正当性及对其的控制等;政治学则将监管界定为,针对私人行为的控制以达到公共目的的公共行政决策。②

本部分不研究一般意义上的监管,而是研究虚拟经济领域的政府监管,因而首先要明确政府监管的含义。不同学者对政府监管的含义有不同的理解。日本经济学家金泽良雄先生认为,监管是指"在以市场机制为基础的经济体制条件下,以矫正、改善市场机制内在问题(广义的市场失灵)为目的,政府干预和干涉经济主体活动(特别是企业活动)的行为"③。我国余晖教授认为,政府监管是政府通过法律的授权,监督和限制市场主体某些活动的行政行为。④ 而学者王俊豪则认为,政府管制指政府行政机关依据各种规则或制度对经济主体所采取的一系列监督和管制行为。⑤ 英国曼彻斯特大学法学教授安东尼·奥格斯强调工业化社会存在两类经济组织体系间的紧张关系:第一类为市场体系,私人、私经济组织可以自由地追求各自的经济目标,只受到一些基本的限制;第二类是社群体系,国家寻求指导或鼓励那些

① 参见宋慧宇:《行政监管权研究》,吉林大学法学理论系 2010 年博士论文,第 21 页。

② 同上,第 21-24 页。

③ [日]植草益:《微观规制经济学》,朱绍文等译,中国发展出版社,1992,第 19 页。

④ 余晖:《中国的政府管制制度》,载《改革》1998 年第 3 期,第 93 页。

⑤ 参见王俊豪:《政府管制经济学导论:基本理论及其在政府管制实践中的应用》,商务印书馆,2001,第 2 页。

如果没有国家干预就不会发生的经济活动。"规制"这个概念就是用来指称支撑社群体系的法律。① 也有学者指出,管制是由政府机构制定并执行的直接干预市场配置机制或间接改变企业和消费者的供需决策的一般规则或特殊行为。② 不难发现,法学界对监管理论的研究主要集中于对经济活动进行监管的规则体系及其执行、监管权力的正当性及其控制等内容,对经济活动进行监管的规则体系属于经济法范畴,而执行、监管权力及其控制则应归于行政法的体系范围。③ 也就是说,政府监管的实质就是政府对市场经济的介入,即政府对市场经济的干预。

既然已经清楚了监管和政府监管的含义,那么虚拟经济政府监管有什么含义和特征呢? 本书认为,虚拟经济政府监管的实质就是政府对虚拟经济市场的介入,对市场主体权利的保护和义务履行的督促。值得注意的是,此处的监管与管制、规制并不等同,主要体现于监管主体的范围上。④ 由于实践中政府对虚拟经济的监管可能出现低效或无效的情形,政府在监管虚拟经济的过程中既面临着来自虚拟经济市场内部的干扰,如虚拟经济市场的不稳定性和变化性,也面临着来自虚拟经济市场外部的干扰,如政治参与中政治人求"强"、求"群"、求"乐"的心理容易导致国家干预经济中的政府失灵。⑤ 因此,只有当虚拟经济政府监管有效时,虚拟经济安全才能得以保障。

---

① [英]安东尼·奥格斯:《规制:法律形势与经济学理论》,骆梅英译,中国人民大学出版社,2008,第1-2页。
② [美]丹尼尔·F.史普博:《管制与市场》,余晖等译,格致出版社,1999,第45页。
③ 陈婉玲:《法律监管抑或权力监管——经济法"市场监管法"定性分析》,载《现代法学》2014年第3期,第187页。
④ 参见宋慧宇:《行政监管权研究》,吉林大学法学理论系2010年博士论文,第24-26页。
⑤ 参见胡光志、靳文辉:《国家干预经济中政府失灵的人性解读及控制》,载《现代法学》2009年第3期,第61-68页。

2. 虚拟经济政府监管有效性对虚拟经济安全的重要性

之所以说虚拟经济政府监管的有效性是虚拟经济安全的构成要素,主要是因为虚拟经济市场运行的缺陷以及由其所引发的风险需要政府加以监管。因为虚拟经济市场与其他市场一样,是自由和开放的,虚拟经济中相关产品的交易同样建立在自由和平等的基础上,意思自治始终贯穿着整个交易过程。虚拟经济市场也和其他市场一样,在运行过程中存在着市场所具有的缺点和弊病。虚拟经济的高风险性、复杂性、不稳定性等特质甚至在某些方面将市场中的原有的缺点和弊病加重。市场失灵在虚拟经济中表现得更为突出,它除了对虚拟经济产生负面影响外,还会波及实体经济,导致市场交易的整体安全难以得到保障,并且单纯依靠虚拟经济市场本身难以解决。也就是说,要想保障虚拟经济安全,实现虚拟经济有限发展,需要政府对之加以监管。以证券业为例,政府对证券业的监管主要是为了实现公共利益的最大化,运用各种措施和手段对证券市场低效或无效的情形加以干预,维护虚拟经济市场秩序,提高虚拟经济交易效率,保障证券市场安全运行。进言之,如果想要虚拟经济服务于实体经济,使两者相互促进,就必须让政府介入虚拟经济运行过程中,防范和控制虚拟经济运行过程中的风险,克服虚拟经济市场运行过程中的困难。值得注意的是,监管者本身就是某个利益集团的产物,而不是所有社会公众的代表,利益集团为了逃避市场竞争和保护既得利益,会要求政府提供监管。[①]

3. 虚拟经济政府监管有效性的基本要求

正如斯蒂格利茨所讲,市场失灵为政府进行某种形式的干预提供了空

[①]　岳彩申、王俊:《监管理论的发展与证券监管制度完善的路径选择》,载《现代法学》2006 年第 2 期,第 119 页。

间,或者说,凡是市场可能失灵的地方,都是政府监管干预的地方。[1] 也就是说,政府干预的有效性关键在于政府干预的适度性。以证券业为例,有学者指出,证券监管的适度性就在于要正确界定证券监管法的任务和证券监管法的干预范围,即证券市场机制能够自行完成的任务,证券监管法就不去涉足;证券监管法干预无效,甚至干预会产生负成本的范围,证券监管法就不必去干预。[2] 因此,从政府职责的角度看,政府对虚拟经济的监管应该包括宏观调控的适度性和市场监管的适度性两方面。

第一,把握宏观调控的适度性。鉴于主流观点将虚拟经济法纳入了宏观调控法之中,宏观调控必然是国家干预虚拟经济市场的重要手段。要实现虚拟经济安全,必须把握宏观调控的适度性。"宏观调控,即宏观经济调控,是指国家(主要通过政府)为实现社会总需求与社会总供给之间的平衡,保证国民经济持续、稳定、协调增长,而对社会经济运行进行的调节与控制。广义理解,也把政府为弥补市场失灵采取的其他措施纳入宏观调控的范畴。宏观调控是市场经济体制的基本内容。"[3]政府的宏观调控行为是一种严格意义上的经济管理行为,是现代国家干预经济的基本形式,也是经济管理行为的最高形式。[4] 由于政府的宏观调控行为产生于市场的实际需要,它应当是与市场失灵直接相关的市场安全、市场效率与可持续发展相关。[5] 因此,适度的宏观调控必然是虚拟经济政府监管有效性的构成因素,包括以宏观调控为手段,保障实体经济的健康发展;科学界定与控制虚拟经济与实体经

---

[1] 李昌麒:《论市场经济、政府干预和经济法之间的内在联系》,载《经济法研究》2000 年第 1 期,第 69 页。

[2] 李东方:《政府监管的缺陷与证券监管的适度性分析》,载《现代法学》2002 年第 4 期,第 156 页。

[3] 徐孟洲:《论经济法与宏观调控》,载李昌麒主编《中国经济法治的反思与前瞻》,法律出版社,2001,第 42 页。

[4] 刘剑文、杨君佐:《关于宏观调控的经济法问题》,载《法制与社会发展》2000 年第 4 期,第 16 页。

[5] 胡光志、靳文辉:《金融危机背景下对宏观调控法治化的再思考》,载《西南民族大学学报(人文社会科学版)》2011 年第 3 期,第 100 页。

济的发展比例;建立新的平衡观,追求虚拟经济条件下的新平衡;建立风险
防范与控制的调控机制四个方面。①

　　第二,把握对虚拟经济市场监管的适度性。市场监管指国家运用行政
权力,通过一定的组织系统对市场的日常运行进行的监督与管理的行为。
市场监管的适度性重在强调国家对市场监督和管理手段的恰当、范围的合
适以及程度的适当。市场监管适度性之所以可以成为虚拟经济政府监管有
效性的组成之一,主要原因包括:①市场监管是政府的基本职能之一,它与
宏观调控共同构成政府干预市场的重要手段;②市场监管是政府确保市场
秩序的重要手段。虚拟经济市场既需要政府对其进行宏观调控,也需要进
行市场监管;③市场监管是政府适应市场发展的重要体现。因此,适度的市
场监管必然是政府监管有效性的构成因素,它包括科学的监管体制、监管模
式、监管机构、监管范围等内容。

(三)虚拟经济市场机制运行的规范性

1. 虚拟经济市场机制的含义

　　"机制"一词源于社会学,在社会学中被视为一种具体的运行方式,强调
在认可事物各个部分存在的前提下,协调各个部分之间的关系以更好地发
挥作用。此后"机制"一词被引入经济学的研究之中。经济学运用市场和计
划两种机制对资源进行配置,以实现资源配置的帕累托最优。市场机制产
生于计划机制的缺陷和失败之中,在资源有效利用问题上,市场机制遵循了
有限理性和经济人假定而进行制度设计,产生了比经典计划机制更高的资
源利用效率。② 不难发现,市场机制在经济学中指资源配置的方式,与经济
体制和制度相关。由于机制在运行过程中产生功能,因此,市场机制运行的

---

① 参见胡光志:《虚拟经济及其法律制度研究》,北京大学出版社,2007,第112-115页。
② 李昌麒、应飞虎:《论经济法的界限》,载李昌麒主编《中国经济法治的反思与前瞻》,法律出版社,
　　2001,第42页。

规范与否将决定市场机制对资源配置的有效程度。

所谓虚拟经济市场机制是指虚拟经济市场配置资源的方式。"虚拟经济市场是由外汇市场、证券市场、期货市场和金融衍生品市场等构成。其中,外汇市场是经济国际化的一种产物;证券市场既是虚拟经济市场的高级形式,又是虚拟经济市场的核心,它的出现标志着虚拟经济市场体系的形成;金融衍生品市场则是目前虚拟经济市场深化发展的一种表现形态。"[①]从该视角出发,虚拟经济市场机制可以被细分为外汇市场机制、证券市场机制、期货市场机制、金融衍生品市场机制等。而虚拟经济市场机制运行的规范性则指外汇市场、证券市场、期货市场、金融衍生品市场等在进行资源配置时应该遵守与之相关的制度规则,以实现资源配置的有效性。

2. 虚拟经济市场机制运行规范性对虚拟经济安全的重要性

之所以说虚拟经济市场机制运行的规范性是虚拟经济安全的构成要素之一,主要包括两个方面理由:一方面,虚拟经济市场机制运行的规范性是虚拟经济的实践需要。市场作为一种资源配置形式,经济人的私利是其高效的动力,是人性在现有生产力条件下的最集中体现;另一方面,促使市场高效率的原因也是导致市场低效率或无效率的原因。市场并非最优的资源配置形式,只是次优的资源配置形式。因为市场在运行中存在着一些不尽如人意之处。[②] 市场的效率缘于良好的制度结构,而制度结构之所以可以形成,源于对经济人的正确认识。亦即,市场机制动力的形成依赖于经济人的最大化自利行为,市场对资源的有效配置亦然。因此,如果没有制度的有效规制,有人往往会不择手段,如果他们不能实现收入的最大化,就会力图实

---

① 胡光志:《虚拟经济及其法律制度研究》,北京大学出版社,2007,第69页。

② 这主要表现在垄断的存在、市场的不普遍、信息在量上的不充分和在分布上的不均匀、外部性问题、市场运行存在成本、存在经济周期。参见李昌麒、应飞虎:《论经济法的界限》,载李昌麒主编《中国经济法治的反思与前瞻》,法律出版社,2001,第17页。

现成本最小化,"搭便车"、转嫁成本、侵权等现象便会不断产生。[1]

由于虚拟经济是一种新的经济形态,具有复杂性、高风险性、不稳定性等特征。它们决定了虚拟经济市场机制在运行过程中具有资金的高流动性、经营的高杠杆性和债权的高风险性等特点;而虚拟经济市场影响具有虚拟市场行为上的高一致性、高风险的传染性和经济的不稳定性等特点。[2] 它们导致虚拟经济在运行中容易自我异化,偏离既定的安全轨道,当与其他因素相互叠加时,虚拟经济市场失灵的破坏性就大大增加了。例如,证券市场的失灵归根结底就是证券信息的失灵。不实陈述、市场操纵、欺诈客户、内部交易等都是利用证券信息传播过程所固有的缺陷,而进行所谓的"坑蒙拐骗"。[3] 如前文所述,证券市场是虚拟经济市场的核心,一旦证券市场中的信息出现失灵,就有可能会对外汇、金融衍生品等领域产生影响,并且证券市场还容易受实体经济因素的干扰和影响。因此,不论在虚拟经济产生之时,还是在虚拟经济较为繁荣的今天,虚拟经济市场运行的规范性始终适应虚拟经济的实践需要。它不仅可以为市场主体提供一种心理上的交易安全感,有利于稳定市场主体交易的预期,激发市场主体交易的激情;还可以为市场主体提供一种交易保障机制,不仅包括对虚拟经济产品交易风险的预防,也包括对投机者或投资者因交易而遭受损害的补救,这是虚拟经济市场交易的安全阀;此外,还可以为市场主体营造良好的交易环境,增强交易双方的信心,提高交易效率,最终达到推动虚拟经济发展的目的。

虚拟经济市场机制运行的规范性是虚拟经济安全立法的应有之义。这主要是因为:①虚拟经济立法围绕保障虚拟经济安全展开;②虚拟经济市场机制运行的规范性有利于虚拟经济交易安全的实现。综合来说,虚拟经济

---

[1] 李昌麒、应飞虎:《论经济法的界限》,载李昌麒主编《中国经济法治的反思与前瞻》,法律出版社,2001,第18-19页。

[2] 刘少军:《"虚拟经济法"的理论思考》,载《中国政法大学学报》2009年第6期,第77-78页。

[3] 胡光志:《内幕交易及其法律控制》,法律出版社,2002,第3页。

自身的高风险性和市场自有的缺陷叠加后,大大增加了虚拟经济市场机制运行过程中资源配置的不公平和不均衡现象,进而增加了虚拟经济交易风险发生的概率。而规范的虚拟经济运行机制有利于实现资源配置过程的规范性,有利于保障交易安全。

3.虚拟经济市场机制运行规范性的基本要求

既然虚拟经济市场机制运行规范性对虚拟经济安全如此重要,那么它应该包含哪些基本要求或具备哪些基本条件呢? 在法制背景下,虚拟经济市场机制运行的规范性包括实体和程序两个方面的内容。在实体上,虚拟经济市场机制运行的规范性要求虚拟经济法律制度确认相关权利和义务、授予和制衡相关权力;在程序上,虚拟经济市场机制运行的规范性要求虚拟经济法律制度中设置合理的程序制度以促进资源的有效配置。从虚拟经济的发展历程看,虚拟经济市场机制运行的规范性要求有良好的虚拟经济法律环境以促使虚拟经济的产生,要求有健全的虚拟经济基本法律制度以实现虚拟经济的发展,具体如下。

第一,从虚拟经济产生和运行的基础条件看,虚拟经济市场机制运行的规范性应该具备良好的法律环境。虚拟经济产生和发展的法律环境包括这几类:产权法律制度、合同法律制度、货币与信用法律制度、现代企业制度。[1]我国虚拟经济发展情况和世界上其他发达国家的虚拟经济发展情况相比,二者处于不同的社会背景和经济体制之中。随着虚拟经济在我国发展进程的不断推进以及经济全球化进程的不断加深,作为资源配置基本方式的虚拟经济市场的功能并未引起重视,尤其是虚拟经济市场配置资源过程中产生的负面影响。而现代市场经济是一个与法治相融合的经济体系,这就要求市场机制运行过程中要有规范性,而良好的法律环境不仅是虚拟经济产

---

[1] 参见胡光志:《虚拟经济及其法律制度研究》,北京大学出版社,2007,第148-184 页。

生和发展中必不可少的基础,也是虚拟经济市场机制规范运行必不可少的基本条件。

第二,从虚拟经济运行和发展的过程看,虚拟经济市场机制运行的规范性应该具备健全的虚拟经济基本法律制度。"虚拟经济运行的基本法律制度是指以虚拟经济交易为中心而形成的有关虚拟经济交易的法律规范体系。"① 从虚拟经济市场分类的角度,虚拟经济基本法律制度包括证券法律制度、期货法律制度和金融衍生品法律制度;从市场构成的角度,虚拟经济基本法律制度包括虚拟经济主体法律制度、虚拟经济客体法律制度和虚拟经济交易法律制度。② 不论从哪种视角出发对其进行分析,均有利于从实体和程序两个层面规范虚拟经济市场机制的运行。值得注意的是,由于虚拟经济发展十分迅速,并且面对来自内部环境和外部环境的挑战,虚拟经济市场机制的规范运行对我国虚拟经济法律环境和基本法律制度的要求更高。

(四)虚拟经济外部环境的适应性

党的十八大报告曾作出关于"世界仍然很不安宁"的战略判断。③ 自2008年金融危机以来,世界经济发生了较大转变,经历了从美国金融危机到欧洲债务危机,再向新兴市场产能过剩危机演化。④ 全球经济陷入"低增长困境"、国际分工格局加快重构、全球贸易增速持续低于经济增速。⑤ 而

---

① 胡光志:《虚拟经济及其法律制度研究》,北京大学出版社,2007,第245页。
② 参见胡光志:《虚拟经济及其法律制度研究》,北京大学出版社,2007,第245页。
③ 党的十八大报告明确指出:"国际金融危机影响深远,世界经济增长不稳定不确定因素增多,全球发展不平衡加剧,霸权主义、强权政治和新干涉主义有所上升,局部动荡频繁发生,粮食安全、能源资源安全、网络安全等全球性问题更加突出。"胡锦涛:《坚定不移沿着中国特色社会主义道路前进 为全面建成小康社会而奋斗——在中国共产党第十八次全国代表大会上的报告》,人民出版社,2012,第46页。
④ 王一鸣:《中国经济新一轮动力转换与路径选择》,载《管理世界》2017年第2期,第3页。
⑤ 参见王一鸣:《中国经济新一轮动力转换与路径选择》,载《管理世界(月刊)》2017年第2期,第3-4页。

2020年新冠疫情席卷全球,对世界各国经济的影响超出预期,全球经济震荡更为剧烈。我国虽然已经较好地控制住了疫情,经济步入恢复阶段,但世界经济格局正在发生重大改变,我国经济仍然面临着严峻的外部环境考验。

1. 虚拟经济外部环境的一般理解

面对突如其来的疫情,世界各国经济陷入衰退,国际环境日趋复杂,金融市场脆弱性加剧。全球资本市场,包括我国市场出现了非常戏剧性的波动。以美国为典型代表,美国股市受疫情影响遭受了剧烈冲击,在短短十日之内熔断四次,此后又出现多次报复性反弹。我国自2018年年底,中央改革顶层设计将资本市场改革确立为五大要素市场改革的枢纽以后,资本市场被激活。而股市经过两年资本市场的基础制度改革后,也取得了较大的进步,即便在疫情冲击下也未发生剧烈震荡。从当前我国资本市场的情况来看,我国资本市场回暖与我国疫情控制较好、经济调控适度直接相关。但如果把我国资本市场置于全球背景下,在当前全球经济流动性较好,而全球经济又受剧烈冲击的情况下,我国虚拟经济面对的外部环境仍然异常严峻。在经济增速放缓的情况下,我国虚拟经济市场中的各种潜在风险可能在严峻的外部环境下凸显出来,挑战明显增多。因此,虚拟经济外部环境的适应性是防范风险的关键,也是虚拟经济安全的构成要素之一。

2. 虚拟经济外部环境适应性对虚拟经济安全的重要性

第一,虚拟经济外部环境的适应性是我国虚拟经济发展的内在需要。当前世界经济格局逐渐从以实体经济为主转变为以虚拟经济为主。我国虚拟经济作为在全球化进程中生成和不断扩大的产物,容易受外部环境因素的影响。历次国际性的金融震荡我国均采取了一系列措施予以应对,目的就是有效应对和适应复杂多变的外部环境,保障我国经济安全。例如,2008年国际金融危机时期全球经济下滑,经济发展进入增速放缓与经济结构不断调整的阶段。我国经济发展的外部环境发生了重大变化,我国采取一揽子计划措施来应对国际金融危机，提出"四万亿"投资策略，主要依靠投资来带动实体经济的增长。[①] 不难发现的是，只有适应复杂而多变的外部环境，才有利于虚拟经济市场有限发展趋势的形成，使我国虚拟经济在全球经济发展中赢得发展新局。

第二，虚拟经济外部环境的适应性是抵御外部冲击的必然要求。在金融全球化的背景下，跨国资本迅速流动，伴随着融资证券化成为世界金融发展的潮流，国际证券投资迅速膨胀，资本在国际的流动速度和膨胀规模都得到极大的增长。[②] 这表明，随着金融全球化进程的不断推进，国际资金流动已经逐渐从实体交易转变为虚拟交易。这在增加机遇的同时，也带来了危机或危险。从过去几十年所爆发的金融危机看，几乎一半是股市或金融动荡，另一半是更为严重的经济危机，它们的影响范围广，造成的损失大。如果对金融危机的形成机制进行分析，可以将金融系统视为内部环境，包括汇率制度、外债水平、外汇储备水平等因素。由于系统内部本身存在矛盾，当这些矛盾与外部环境中的某些因素相互叠加，就可能导致系统内部的矛盾在外部环境作用下被激化，使得金融系统中的虚拟经济运行受到阻碍，进而会影响实体经济的运行。并且，随着跨国资本流动速度的不断提高和规模的不断扩大，与虚拟经济相关的交易数量剧增，这加大了内部矛盾向外部传导的可能性，加之各国的监管模式存在差异，使得风险发生的概率大幅度提高。而现实情况是，我国虚拟经济的发展较其他发达国家而言比较落后，难以有效抵御不断增加和扩散的国际风险的强烈冲击。虚拟经济对外部环境的适应性具有灵活性、及时性和针对性，可以随着外部环境的变化而及时与之适应，可以增强我国虚拟经济抵御外部冲击的能力。

---

① 刘洁、陈宝峰、吴莉昀：《"脱实向虚"与"脱虚向实"：基于动态宏观经济效应的分析》，载《商业研究》2019 年第 4 期，第 39 页。

② 盛学军：《冲击与回应：全球化中的金融监管法律制度》，载《法学评论》2005 年第 3 期，第 74 页。

3.虚拟经济外部环境适应性的基本要求

关于虚拟经济外部环境适应性的要求较多,涉及面也比较广,但是监管始终是推动虚拟经济适应外部环境最有效的手段。它不仅包括虚拟经济政府监管的有效性,还包括虚拟经济监管法律制度的有效性。而虚拟经济监管法律制度实际就是虚拟经济政府监管的法制化,是政府监管体制、监管手段和监管程序的法律化。[①] 事实上,自我国虚拟经济产生以来,我国与虚拟经济相关的监管内容一直在不断改进和完善,例如,在监管体制、监管机构、监管方式和途径等方面,[②]它们均是为了适应经济发展的需要和外部环境的变化,并且已经取得了一定的成效。但是,有限发展法学理论下虚拟经济外部环境适应性的关键在于如何依据虚拟经济外部环境动态调节虚拟经济的发展方向和速度,如何把握虚拟经济发展的"限度"。具体而言,虚拟经济外部环境适应性的基本要求包括以下几个方面。

第一,虚拟经济外部环境的适应性要求我国认清外部环境形势,增强风险防范意识和机遇意识,确立开放和保护并重的监管理念。全球经济复苏依然面临众多不确定性,只有认清外部环境形势,提高风险防范意识和机遇意识,才能在复杂多变的国际环境中转被动为主动。

而之所以说要确立开放和保护并重的监管理念,理由在于:①我国自改革开放以来,虚拟经济从无到有迅速发展,已经不可避免地被卷入了经济全球化的浪潮中。而我国虚拟经济才起步不久,与发达国家的虚拟经济之间仍然存在差距。这给我国虚拟经济的发展造成了巨大的压力,我国虚拟经济既缺乏国际竞争力,也无法抵御国际资本的资源掠夺与风险冲击。尤其是加入 WTO 之后,随着金融开放格局的逐渐形成,开放性和流动性成了虚

---

① 胡光志:《虚拟经济及其法律制度研究》,北京大学出版社,2007,第 296 页。

② 例如:2017 年 11 月,国务院金融稳定与发展委员会的正式成立;2018 年 3 月,国务院机构改革方案将银监会和保监会的职责整合,组建中国银行保险监督管理委员会,作为国务院直属事业单位。

拟经济市场的基本特征。面对当前的国际经济形势,只有坚持改革开放,大力发展虚拟经济,才能迎接由外部环境复杂性和变化性所带来的一切挑战,才能使我国虚拟经济不至于淹没在世界虚拟经济发展的浪潮里。② 由于开放条件下我国虚拟经济面临的挑战更加复杂,保护我国虚拟经济在全球化进程中和开放同等重要。事实上,这在发达国家已经有丰富的经验。以美国为例,美国不仅是全球最大的经济体,还是市场对外开放程度最高的国家之一,美国为了在全球范围内获得竞争优势,一直强烈要求其他国家放弃对本国市场的保护,成为不遗余力长期推动经济全球化的最大推手。而实际上,美国一直在本国各领域中实施市场保护政策,如美国在证券业以准入限制给默认垄断提供保护,在保险业通过市场地方化形成保护,在银行业以外钞管制、准入限制和经营限制形成多重保护。① 美国这种开放式保护主义,一方面保持国内市场总体对外开放乃至扩大开放的大环境,另一方面又结合本国经济利益需要,以公益性、社会性、程序性等诉求为依据,以专项法规的定向约束和管理体系的特别设计为手段,以对国外竞争者设置制度化的市场障碍为目的,在市场开放的同时实现对特定领域的局部性保护。将之引用于金融领域,就形成了开放式金融保护主义。② 金融领域是虚拟经济运行的核心,我们可以将美国的这种"开放式金融保护主义"的经验,拓展到虚拟经济领域中,确立开放和保护并重的虚拟经济监管理念,以抓住开放格局中的机遇,迎接开放格局中的挑战。

　　第二,虚拟经济外部环境的适应性要求完善我国虚拟经济监管模式。虚拟经济监管模式涉及国家监管部门的确定、分工和协调,也涉及监管标准的统一,是监管市场应该解决的首要问题,也是监管法律制度生成和完善的

---

①　参见姜建清、赵江:《美国开放式金融保护主义政策分析——兼论开放式保护主义》,载《金融研究》2003 年第 5 期,第 14-23 页。

②　赵江:《美国开放式金融保护主义政策——兼论开放式保护主义》,载《国际经济评论》2002 年第 Z3 期,第 15 页。

前提。不同的监管模式拥有不同的监管特点,不同的监管模式下有不同特点的监管法律制度。因此,要适应外部环境,就必须结合我国虚拟经济发展规律和外部环境的特点对之加以完善。具体如下。

①立足我国虚拟经济运行实际情况。任何一种监管模式,都与一国经济发展过程、历史文化传承等脉络息息相关。这些数据可以说明这个问题:2008 年金融危机爆发时,美国 GDP 增长率为 0.4%,而我国当年 GDP 增长率则为 9.6%,是美国的 24 倍。但在金融危机爆发五年后的 2013 年,美国道琼斯指数连创新高,而我国上证指数则依旧"熊"冠全球。2013 年 6 月发生的"银行隔夜拆借利率暴涨事件",[①]更是对我国金融市场形成较大冲击,严重打击了广大金融市场参与者的信心。[②] 因此,在完善我国虚拟经济监管模式时,必须立足我国虚拟经济运行的客观事实。任何盲目阻碍或放任我国虚拟经济发展的监管模式,都难以保证我国虚拟经济适应外部环境,更难以保障我国虚拟经济安全。

②以完善我国金融监管模式促进虚拟经济监管模式的完善。我国目前尚无虚拟经济监管模式之说,学者们主要通过金融监管模式或证券监管模式、期货监管模式、金融衍生品监管模式来对虚拟经济监管模式加以探讨。鉴于证券、期货以及金融衍生品均属于金融领域,加之篇幅所限,本部分仅就我国金融监管模式之完善思路作出分析。一方面,从世界各国的发展情况观之,各国的金融监管模式在具体形式上呈现出多样化特征,主要表现为机构型监管模式、功能型监管模式、目标型监管模式以及统一监管模式与多

---

① 如 2013 年 6 月,上海银行间隔夜利率飞涨至 13.4440%,飙升 578.40 个基点,该事件引起了金融机构的恐慌,也对金融监管的监管策略提出了挑战。

② 韩洋:《危机以来国际金融监管制度的法律问题研究》,华东政法大学国际法学系 2014 年博士论文,第 107 页。

变监管模式。① 有学者通过对比金融自由化和全球化进程中美国、英国和日本的金融监管模式,指出统一监管模式下能够清晰地规定监管机构和被监管者的权力、责任及义务,监管标准也比较统一,而功能监管模式内部仍然存在重叠和缺位的可能性,也就难以足够清晰界定监管者的责任。另一方面,在类似美国如此庞大的金融体系和复杂的国家权力分配结构中,要在一两部放松管制的立法中改变既有的金融监管权力格局,甚至采行统一模式,无疑是非常困难的,而功能监管模式则在推行新的金融监管制度的同时,比较顺利地实现了与既有监管权力的协调。② 由此观之,选择何种监管模式,不在于监管模式的差异,而在于监管模式与一国的政治条件、经济条件和文化条件的匹配度。因此,选择何种监管模式,必须结合一国实际情况而作出选择。

纵观我国金融监管模式的变迁,可将之大致分为三个阶段:第一阶段是1993 年以前,“大一统”式的金融监管;第二阶段是从 1993 年至 2003 年,我国证监会、保监会和银监会分别成立,分业监管的分工格局逐步确立阶段;第三阶段是 2003 年以后,“一行三会”的分业监管体制的实践发展阶段。目前,我国监管模式主要存在监管协调功能不足、多元化经营监管不足、宏观审慎监管职能不健全等问题。③ 由于金融业务之间具有渗透性,不同的金融机构之间存在交叉经营的情况;外加金融全球化背景下越来越多的外资金融机构大多实行综合经营,对我国的监管模式存在一定的冲击,我们应该转变我国金融监管模式的思路。胡光志指出,我国虚拟经济监管被包括在了金融体制之中,因而我国金融监管的格局实际上也反映了虚拟经济监管体

---

① 参见田长海:《我国金融业经营模式演进中的监管分析——基于“角色人”假设分析》,西南财经大学金融学系 2014 年博士论文,第 91-103 页。

② 盛学军:《冲击与回应:全球化中的金融监管法律制度》,载《法学评论》2005 年第 3 期,第 78 页。

③ 参见田长海:《我国金融业经营模式演进中的监管分析——基于“角色人”假设分析》,西南财经大学金融学系 2014 年博士论文,第 121-123 页。

制的格局,但这实际上存在诸多弊端。结合目前世界各国的发展情况,金融监管体制和虚拟经济监管体制既有向统一监管演化的趋势,也有向功能监管发展的走向,前者以英国 2000 年《金融服务法》为代表(依照该法原金融监管服务局成了统一监管的"超级监管机构"),后者以 1999 年美国《金融服务现代法》为代表。我们应该参考这些变化趋势,结合我国国情,来考虑我国金融监管和虚拟经济监管体制的变革。① 本书对此观点予以赞同。

全球化背景下,我国虚拟经济要适应外部环境,需要转变我国监管模式的思路。具体言之,应该借鉴统一监管和功能监管的思路,弥补传统分业监管的漏洞;建立并不断完善监管机构之间的协调性,设定虚拟经济安全运行的轨道,如构建完善的风险预警机制和危机应对机制等,将虚拟经济安全放进"笼子"运行,以安全保发展,以发展促安全。以此来不断提高我国虚拟经济对外部环境中风险或危机的适应能力和承受能力,进而实现虚拟经济的安全运行和有序发展。

第三,虚拟经济外部环境的适应性要求优化我国虚拟经济市场环境,完善我国虚拟经济监管法律制度。鉴于前文已经在"虚拟经济政府监管的有效性"中对政府监管的必要性和有效性展开了讨论,其涵盖了监管者的职责以及监管的"度",加之"虚拟经济市场运行机制的规范性"中已经包括了虚拟经济监管法律制度中的一些内容,如虚拟经济主体的市场准入制度、虚拟经济客体的法律要求等,因此本部分仅结合当前形势就部分制度加以展开。简而言之,面对严峻的外部环境,要想优化虚拟经济市场环境,必须完善虚拟经济监管法律制度,保障投资者和投机者的合法权益,严厉打击违法犯罪行为,推动虚拟经济市场健康运行。例如,新证券法从进一步提高信息披露要求、规范中介机构职责履行、强化监管执法和风险防控、显著提升违法违规成本等方面对证券市场各项基础制度进行了完善,这标志着我国证券市

---

① 参见胡光志:《虚拟经济及其法律制度研究》,北京大学出版社,2007,第 305-309 页。

场的发展步入了新阶段，为优化证券市场环境打下了制度基础。再如，面对突发的疫情，证监会作出了《集中力量办好资本市场自己的事 更好服务疫情防控和经济社会发展全局》的报告，为我国证券业的监管和改革重点提供了思路。

第三章　虚拟经济安全保障的法权结构

　　当今时代,虚拟经济的发展呈现出日新月异的形态,被注入了太多的科技要素,如获得广泛发展的金融科技,便是其中一种重要的类型,其为虚拟经济的发展带来诸多的冲击——随着人工智能、大数据、云计算、区块链等技术在虚拟经济领域中的应用,由科技和金融相互交融和渗透形成了一种全新虚拟经济业态。比如,支付清算领域的网络和移动支付、数字货币和分布账本技术;融资领域的股权众筹、P2P 网络借贷;金融基础设施领域的智能合约、大数据、云计算和数字身份识别技术;投资管理领域的机器人投资顾问、电子交易;保险领域的联合保险和保险分解等内容,被认为是当下金融科技运行的核心构成。[①] 尽管有论者认为,金融科技并未从根本上改变虚拟经济的业务模式、法律关系和现有的虚拟经济运行管理体制,[②]但更多的研究表明,作为一个基于科技要素驱动的虚拟经济创新,金融科技对虚拟经济的影响是全方位的甚至是颠覆性的,虚拟经济交易主体、交易类型、交易方式和交易客体因科技要素的注入而被重新塑造,虚拟经济市场、虚拟经济产品、虚拟经济服务因科技因素或科技企业的进入而形成新的形态。金融科技不仅提高了虚拟经济服务的效率,拓展了虚拟经济服务的可得性,还加

[①]　朱太辉、陈璐:《Fintech 的潜在风险与监管应对研究》,载《金融监管研究》2016 年第 7 期,第 19 页。

[②]　李文红、蒋则沈:《金融科技(FinTech)发展与监管:一个监管者的视角》,载《金融监管研究》2017 年第 3 期,第 1 页。

快了虚拟经济创新的进化速度和迭代速度,促成了虚拟经济业务的精细化发展。对于整个人类而言,金融科技意味着一种新的虚拟经济形态,也意味着一种可能生活方式的形成。基于此,本文拟以金融科技为例证,对虚拟经济安全保障的法权结构进行论述。

科技改变着人类的生活方式,也影响着人类社会的政治进程和法律实践。尽管科技有着客观的结构和确定的原理,但科技本身并非总是中立的,"技术是一种双面现象:一方面,有一个操作者;另一方面,有一个对象。当操作者与对象都是人时,技术行为就是一种权力的实施。"[1]随着科技导致的虚拟经济新格局、新模式不断涌现,其可能引发的风险及其防范问题,也构成了一个学术界广泛研讨的议题。其中,作为虚拟经济的典型代表,学术界针对金融科技的法律监管问题进行了广泛的研讨,自金融科技产生以来它就成为学界重点关注的议题。金融科技一方面因其内含的技术要素提高了金融资本的配置效率,提升了虚拟经济的风险管理能力,降低了风险的集中度;但另一方面,由于其并没有改变虚拟经济本身具有的脆弱性和风险属性,在开放经济条件下,虚拟经济产品、虚拟经济主体和虚拟经济业务因技术因素更具有多样性和关联性,每一个关联点都有可能成为风险的传染通道,风险的传导性和感染性由此增大,触发系统性风险发生的节点更加多样和不确定,风险向众多虚拟经济参与者渗透扩散的速度大大加快。风险因相互交织而更加复杂,金融科技在技术、业务、网络和数据等方面都面临与传统虚拟经济显著不同的风险和安全挑战。基于此,学界较为一致的看法是,金融科技不仅使原本存在的虚拟经济风险更加隐蔽,而且还会因科技因素的注入而使得信息科技风险和操作风险等问题更为突出,潜在的系统性、周期性风险更加复杂。[2] 因此,必须创新监管理念和监管模式,采取新的监

---

① 　[美]安德鲁·芬伯格:《技术批判理论》,韩连庆、曹观法译,北京大学出版社,2005,第17页。
② 　朱太辉、陈璐:《Fintech 的潜在风险与监管应对研究》,载《金融监管研究》2016 年第 7 期,第 20 页。

管方案,以预防由金融科技引发的虚拟经济风险,保护金融消费者利益,维护虚拟经济的稳定。①

这些研究成果无疑是重要且深刻的,但当下研究可能存在的问题有:第一,虚拟经济风险的形成是一个多种因素综合的结果,虚拟经济消费者的消费行为,虚拟经济经营者的经营行为,②以及国家管理机关对虚拟经济风险的监管行为,均可能成为诱发或放任虚拟经济风险发生的因素,风险防范的理念设计和制度安排应将虚拟经济所有参与者及其行为纳入综合考虑范畴,仅从国家监管层面来实现虚拟经济风险的防范目标,缺少对金融消费者和虚拟经济经营者行动的关注,会导致虚拟经济风险规制研究的系统性和周延性不足。第二,当下对虚拟经济风险防范法律制度与传统法学范畴的连接问题常常被忽略。在笔者看来,这种连接是必要的,因为与传统法学概念和方法的连接,意味着虚拟经济风险防范的制度设计可以从其他制度中汲取学术营养,并建立与其他法律制度进行学术交流和学术对话的可能性,避免虚拟经济风险防范的研究停留在就事论事的学者自道。更为重要的是,对虚拟经济风险防范法律制度从法理学的层面进行考察,虚拟经济风险防范的制度内容才会确定化和体系化,具有普遍指导意义和统领作用的理论框架才能建立,虚拟经济风险防范制度的实施也会因与其他法律制度的

① 参见杨东:《监管科技:金融科技的监管挑战与维度建构》,载《中国社会科学》2018 年第 5 期;柴瑞娟:《监管沙箱的域外经验及其启示》,载《法学》2017 年第 8 期;杨松、张永亮:《金融科技监管的路径转换与中国选择》,载《法学》2017 年第 8 期;丁冬:《金融科技勃兴背景下金融监管法制的变革》,载《上海政法学院学报》2017 年第 4 期,等等。

② 就金融科技的经营主体而言,其在不同背景下可能存在差异,有时是指对现行金融业务的数字化或电子化,有时则指涉足金融领域、与现有金融机构形成合作或竞争关系的科技企业或电信运营商。有时是指非金融机构(主要是技术公司)通常是那些尝试绕过现存金融体系而直接接触用户的科技企业(参见沈伟:《金融科技的去中心化和中心化的金融监管:金融创新的规制逻辑及分析维度》,载《现代法学》2018 年第 3 期,第 71 页;李文红、蒋则沈:《金融科技(FinTech)发展与监管:一个监管者的视角》,载《金融监管研究》2017 年第 3 期,第 2 页),为行文方便,本文将其统称为"金融科技经营者"。

"可通约"而更为便利,富有效率。

那么,一个前提性的问题随之而来,我们该如何选取"传统法学基本范畴"并使之与虚拟经济监管法律制度形成连接? 在法理学界,"权利本位说"(有学者又称之为"权利义务说")作为主流学说影响深远,该学说认为,现代法学的基础范畴是权利,权利和义务是表征法的本体属性的核心范畴。[①]与之不同,另外一个颇具影响力的学说是法权中心主义理论,该理论认为,法律生活中更为普遍、更具全局意义的关系是"权利—权力"关系,法律权利和法律权力的统一关系可用"法权"概念来表述,"法权"是一个反映权利和权力统一体的法学范畴。[②] 以此为依据,我国学者将"法权"理论运用于部门法基本理论的研究当中,比如,对法权宪法论法理基础的论述,[③]"环境法法权结构"理论的提出,[④]以及法权理论在经济法、税法等领域中的运用,[⑤]等等。笔者认为,在虚拟经济风险防范中固然包含着权利和义务的内容,但"防范"所具有的外力介入状态和干预属性,决定了虚拟经济风险防范法律中的"权利—权力"关系具有更重要的主导意义。另外,如果在虚拟经济风险防范中将虚拟经济消费者、虚拟经济经营机构和国家虚拟经济监管部门的行动全部纳入予以整体考虑,"权利—权力"关系范畴无疑更具有周延性和解释力。因此,将法权关系运用于虚拟经济及其风险防范法律关系的构造当中,可能更契合逻辑,又符合实际。基于此,本部分,我们将以金融科技为例,在对虚拟经济运行中的法权结构进行分析的基础上,对虚拟经济风险

---

① 参见张文显:《法哲学基础范畴研究》,中国政法大学出版社,2001,第335页。

② 参见童之伟:《法权中心的猜想与证明》(《中国法学》2001年第6期),《以"法权"为中心系统解释法现象的构想》(《现代法学》2000年第2期),《法权中心主义之要点及其法学应用》(《东方法学》2011年第1期)等系列论文。

③ 参见秦前红:《评法权宪法论之法理基础》,载《法学研究》2002年第1期,第25-33页。

④ 史玉成:《环境法学核心范畴之重构:环境法的法权结构论》,载《中国法学》2016年第5期,第281-302页。

⑤ 蒋悟真:《现代经济法的法权结构论纲》,载《法学杂志》2008年第6期,第37-39页;王相坤、刘剑文:《论税权的理论根据——以法权为视角》2007年第2期,第60-66页。

的来源从"权利—权力"的角度进行解释,最后从法权理论出发,对虚拟经济风险防范措施的优化路径进行论证,以此来提升虚拟经济风险防范制度的理论解释力和制度适用性。

一、虚拟经济安全保障中的法权类型与形态

参照其他部门法研究者对法权结构的界定,[①]笔者将虚拟经济风险防范法律制度的法权结构界定为,虚拟经济风险防范中各种类型的权利和权力,按照一定的逻辑顺位建立起来的具有紧密逻辑关系、内在协调统一的体系化架构。其中,对虚拟经济防范法律制度运行的法权类型进行归纳,是分析虚拟经济安全保障中的法权结构的基础,对法权关系存在形态的分析,构成了虚拟经济风险防范法权结构分析的核心内容。

(一)虚拟经济风险防范中的法权类型

第一种法权类型是虚拟经济中的虚拟经济消费者的财产安全权。法学界对一般意义上的金融消费者权利已有异常丰富的研究,诸多学者从金融消费者的特殊性和金融交易的特殊性,以及金融法的价值目标等方面,强调对金融消费者权利进行专门保护的必要性。在制度构造层面,国务院办公厅于2015年发布了《关于加强金融消费者权益保护工作的指导意见》(以下简称《意见》),这是我国金融消费者权利存在的法教义学依据,该《意见》明确要求金融机构要充分尊重并保障金融消费者的财产安全权、知情权、自主选择权、公平交易权、受教育权、信息安全权等基本权利,金融消费者的财产安全权获得了国家制度层面的正式确认。在机构设立方面,中国人民银行金融消费权益保护局作为中国人民银行的内设机构,负责履行金融消费权益保护方面的职责。

---

① 史玉成:《环境法学核心范畴之重构:环境法的法权结构论》,载《中国法学》2016年第5期,第294页。

　　笔者认为,虚拟经济中各种科技要素的注入,尽管并没有改变虚拟经济消费者财产安全权的本质和种类,但其所引起的权利主体和权利客体的变化则是不争的事实。传统的银行、保险、信托、证券等金融业务因科技因素呈现出新的样态,含有科技要素的复合型虚拟经济产品层出不穷,使得虚拟经济消费者财产安全权的客体范围不断扩展。同时,虚拟经济在朝着普惠效应的方向发展,比如,金融科技的出现,使得传统虚拟经济的垄断性被打破,虚拟经济服务的可得性得以提升,市场规模扩大,服务对象范围迅速扩展。但新出现的金融接受主体常因规模小而在防范和对抗风险上能力不足,又因数量多而使得风险的传播速度更为迅速,风险的控制和处置更为困难,这使得虚拟经济消费者的财产安全权尤其需要特别强调。另外,众所周知,与"风险"相对的是"安全",在虚拟经济风险防范的背景和目标要求下,虚拟经济中消费者的知情权、自主选择权、公平交易权、受教育权、信息安全权均可以理解为虚拟经济消费者财产安全权实现条件和保障,财产安全权在虚拟经济消费者权利体系中无疑处于更突出的位置。因此,笔者将虚拟经济运行中的财产安全权作为虚拟经济运行及风险防范制度中一个重要的法权类型加以对待。

　　第二种法权类型是虚拟经济经营者的自由经营权。在经济领域,个体的经济自由、经济平等、经济民主和经济救济是经济正义价值的承担者,它们共同构成了个体经济权利的价值体系和权利体系。其中,经济自由权是个体经济权利的核心内容,从各国宪法规范体系来看,经济自由权主要由职业自由权、营业自由权、(经济上的)迁徙自由权和(经济上的)结社自由权等构成。[①] 作为一项重要的民事权利,自由经营权不仅决定着经营者在经营机会获得时的公平性,也决定着经营者经营领域、经营方式和经营事项选择的自主性。如果将经营者自由经营的权利置于虚拟经济发展的框架中分析

---

① 吴越:《经济宪法学导论——转型中国经济权利与权力之博弈》,法律出版社,2007,第 132 页。

即可发现,承担虚拟经济发展核心动力的虚拟经济创新,本质上是虚拟经济经营者自由经营权利行使的结果,虚拟经济创新要求有一个更具自主性和能动性的行为主体与之相适应。比如,金融科技,其本身是传统虚拟经济在吸纳科技元素基础上完成的一个新兴虚拟经济业态,其既是虚拟经济创新的方式,也是虚拟经济创新的结果。缺少了自由经营的权利,虚拟经济不仅缺少了生成的基础,更不具备进一步发展的可能性。因此,将虚拟经济经营者的自由经营权作为虚拟经济运行及其风险防范法律制度中的一种法权类型,合乎逻辑,契合事实。

第三种法权类型是国家的虚拟经济管理权。虚拟经济管理权产生及发展,取决于经济和金融发展状况的现实需求。在现代社会,随着社会成员财富的积累和风险来源的多元化,人们的虚拟经济服务需求更加强烈,虚拟经济商品和服务业从单纯的资金融通演化为形态多样的对资产和风险的跨时空组合配置,尤其是在经济虚拟化和虚拟经济全球化的今天,风险社会不可避免地遭遇了"金融国家",① 以防范系统性金融风险的国家虚拟经济管理权便成为必要,它不仅在宏观上和一国虚拟经济市场、虚拟经济创新直接相关,同时还涵盖着所有虚拟经济市场主体的命运、利益和关切。比如,就金融科技而言,尽管其被认为是当今时代最具价值的核心金融资产,但金融科技的运行机理使得其积聚虚拟经济风险、扭曲虚拟经济市场的可能性进一步增加。国家虚拟经济管理权的合理配置和规范行使,可为虚拟经济的发展提供必要的基础,弥补虚拟经济市场自发运行的不足,消解虚拟经济运行中的信息不对称和负外部性,为虚拟经济的准入、退出和运行制订相应的规则,对现实中虚拟经济创新可能诱发的风险作出及时识别并作出恰当的回应,这一切都构成了赋予政府虚拟经济管理权的客观必然性,因此,将之作为虚拟经济风险防范的一种独立法权类型具有充分的正当性。

---

① 管斌:《金融法的风险逻辑》,法律出版社,2015,第282-283页。

（二）虚拟经济风险防范中法权结构的形态

虚拟经济风险规制法权既涉及权利与权力的关系,也包含权力和权利的内容。笔者认为,虚拟经济运行中权利和权力的合理布局,既是各相关利益主体利益表达和利益实现的前提,同时也是协调和解决利益冲突的依据。权利和权力结构的规范化程度,事关虚拟经济运行中各市场参与主体的交往和互动的规范程度,也决定着虚拟经济运行各方利益实现的可能性和整体绩效提升的可能性。下文中,笔者将从虚拟经济风险规制法权结构的关系和形态两个方面,对其运行的应然形态进行简要分析。

首先,从虚拟经济风险规制中权利和权力的关系上讲,两者是既相适应又相冲突,既对立又统一的矛盾结构体。虚拟经济风险规制中所涉的权利和权力,均为构成虚拟经济法治运行的基本力量,虚拟经济运行中的权利需要权力引导和塑造,权力需要权利的监督和制约。按照社会契约论的思想,国家权力来源于人民的让渡,国家的虚拟经济管理权是国家权力的重要构成要素,国家的虚拟经济管理权亦来自人民的让渡。古典自由主义法治理论基于"国家—个人"二元对立的观念,为防止国家对个人权利的侵害,为国家的行为设定了严格的边界以实现排除国家干涉的个人自治。但是,现代社会运行又要求国家必须满足"个人通过自己努力无法完全满足的经济需求",[1]承担私人行动无法完成的公共事务,权利和权力的互动日渐成为一种常态,至少在有些领域,有效的权力是权利实现的决定性力量。

虚拟经济运行中所包含的权利和权力之间既存在相互冲突和"互侵"的风险,也存有相互统一和"互动"的空间。所谓"互侵",一方面指国家权力对个体权利的吞噬;另一方面指分散化的个体权利对国家权力的反对或武力反抗,以及个体权利对原属于公共权力领域的侵犯。而两者的"互动",一

---

① ［美］伯纳德·施瓦茨:《美国法律史》,王军等译,中国政法大学出版社,1990,第 275 页。

方面体现为权力对社会个体权利和团体权利的尊重与信任;另一方面指个体权利和团体权利对公共权力的监督与信从。① 从应然的角度讲,虚拟经济运行中权利和权力的"互动"而非"互侵"是值得追求的理想状态:无论虚拟经济消费者权利的行使,还是虚拟经济企业自由经营权的实现,都需要国家为其提供必要的基础设施和能力保障,而对系统性虚拟经济风险的防范,更为市场个体力所不逮,必须依赖国家的力量才能成就。同时,国家虚拟经济管理权的规范行使同样需要虚拟经济消费者和虚拟经济经营者的监督和制约,所谓"通过权利制约权力",其有效性和正当性已在法学界获得了充分的证明。实践中,通过权利和权力的均衡配置,既避免政府的虚拟经济监管权过于强大,挤压虚拟经济消费者和虚拟经济经营者的私权利,同时防范因虚拟经济管理权配置不足和不当,无法实现对虚拟经济有效管理等,既是虚拟经济风险规制中权利和权力关系构造的基本要求,也代表着现代虚拟经济法治发展的基本方向。

其次,从虚拟经济风险规制中权利和权力的存在形态上讲,虚拟经济消费者和虚拟经济经营者的权利形态具有稳定性,而政府的虚拟经济管理权则具有变动性。具体而言,虚拟经济中消费者的财产权在本质上是作为人的基本权利的财产权在虚拟经济领域的延伸,是基于人性而衍生出一种要求,具有"自然权利"的属性,是虚拟经济领域个体存在方式的法律表达,是人依其本性在虚拟经济领域追求生存和发展所需基本条件的制度呈现。如果我们以金融科技为例即可发现,金融科技的出现可能会改变虚拟经济消费者权利的范围,但其改变不了其作为"自然权利"的本质,具有不可剥夺性和不得转让性,既是法定的,又是道德的,因此具有超级稳定的特点。另外,虚拟经济经营者的自由经营权在存在形态上同样具有稳定性的特点,前文已论,虚拟经济经营者的自由经营权是虚拟经济经营者基于市场主体资格

---

① 蒋悟真:《现代经济法的法权结构论纲》,载《法学杂志》2008 年第 6 期,第 37 页。

独立从事经营行为的法律确认,是促成经济发展和财富增长的原动力。亚当·斯密早就论证了自由经营权对于个人和人类的关键意义:"自由经商的权利和婚姻自由等权利如果受到侵害,这显然就损害了人自由支配自己身体的权利,也就是人自己想做并且不会对他人造成损害的事情的权利。"①因此,虚拟经济经营者的自由经营权同样是财产权在具体领域的呈现,属于人的"基本权利"范畴,其稳定性自然毋庸置疑。

与虚拟经济运行中权利的稳定性不同,虚拟经济运行中的国家虚拟经济管理权具有变动性的特点。这种变动性是由规制对象的变动性所决定的,比如,金融科技是自金融业诞生以来最具革命性的技术创新,催生出种类多样的虚拟经济产品、虚拟经济平台和虚拟经济组织,同时虚拟经济业务的跨时空、跨行业和跨领域分布更加明显,虚拟经济风险的阶段性、不确定性、复杂性和变动性等特点尤其突出。实践中,无论是对各类虚拟经济产业的创新性监管,还是基于虚拟经济自发运行中不同类型弊端有针对性的克服,抑或是对虚拟经济风险的分类防范,以及根据不同产业、不同主体和不同区域对虚拟经济发展的差异化调整,都决定了国家的虚拟经济管理的职权范围、方式、手段和程度等应根据具体的情势而动态调整。严格确定地界定国家虚拟经济管理权的边界既不可能,也无必要,动态、适时调整才是国家虚拟经济管理权的应有形态。

二、法权视角下虚拟经济风险的生成机理:以"有限发展法学理论"为依据

风险研究的目的在于构建恰当的风险防控方法和策略,而对风险形成机理的分析,又是决定风险防控措施正当性的关键所在。在"法律的金融理

---

① ［美］帕特里夏·沃哈恩:《亚当·斯密及其留给现代资本主义的遗产》,夏镇平译,上海译文出版社,2006,第64页。

论"看来,金融是依据法律构建的,不能独立于法律之外,法律作为虚拟经济运行的基本规范,不仅决定着虚拟经济的现存形态,也决定着虚拟经济未来发展的方向及风险存在的可能性。和所有的风险一样,虚拟经济风险是一个可以从多个学科解释的事实,其发生也必然有法律上的原因。按照法权理论的思想,权利和权力是确定法律的范围和对象的依据,那么一个顺理成章的结论是,虚拟经济风险发生必然有着"权利"和"权力"上的缘由。

（一）虚拟经济消费者财产安全权行使不当与虚拟经济风险

在虚拟经济法领域,基于虚拟经济消费者和虚拟经济经营者之间信息不对称和地位悬殊的事实,强调对虚拟经济消费者利益的特殊保护,构成了现代虚拟经济法制的中心问题和任务,虚拟经济监管法律制度自然也不例外。虚拟经济消费者权利获得了天然的道德正当性,在"行使权利无可过咎"原理的支配下,虚拟经济消费者行为与虚拟经济风险之间的关联完全被忽略。但笔者认为,对虚拟经济消费者利益的保护固然构成了现代虚拟经济法治的核心任务,但"保护虚拟经济消费者利益"和"虚拟经济消费者行为是否会引发虚拟经济风险"是不同层面上的两个问题,它们之间并不存在逻辑上的关联性。换言之,即便虚拟经济消费者的行为不具备道德上的可非难性和法律上的可追责性,也不能由此推导出虚拟经济消费者的行为不是诱发虚拟经济风险的因素。虚拟经济风险预防的目标是实现金融（虚拟经济）经济安全,而金融安全的内涵大致可包括三个层次的内容:"一是宏观金融安全,即一国金融的整体安全;二是中观金融安全,即某一特定区域内的局部金融安全;三是微观金融安全,即单个金融机构的金融安全以及投资者、存款人、投保人等金融客户权益的安全。"[1]在笔者看来,虚拟经济风险的爆发是多方面因素的综合结果,参与其中的所有主体均有可能是风险发生

---

[1]　张忠军:《论金融法的安全观》,载《中国法学》2003 年第 4 期,第 109 页。

的推手,虚拟经济运行中虚拟经济消费者基于自己权利的行使所作出的行为,至少是微观虚拟经济风险发生的一个重要因素。

　　具体而言,虚拟经济消费者权利中的财产安全权所具有的利益品格毋庸置疑,虚拟经济消费者选择虚拟经济产品,既与其财富增长的目标期待有关,也与其对虚拟经济产品风险和收益的感知程度有关。虚拟经济的现代法治增加了虚拟经济产品和服务的供给主体和获取通道,拓展了传统虚拟经济的边界,实现了虚拟经济的跨时空配置,为消费者选择虚拟经济产品提供了便利,但这又在一定程度上为虚拟经济消费者的不谨慎行为提供了空间,消费者判断虚拟经济信息真实性和适用性的难度增加,又可能让非理性投资行为的发生概率因此而攀升。比如,作为虚拟经济产品代表之一的P2P,在我国,已经在某种程度上成为危险行业的标签,甚至是非法集资的代名词,这固然与 P2P 平台违法运行、政府监管不到位有关,但用户对投资项目了解不足、盲目投资何尝不是重要原因? 再比如,深圳中院曾受理过被告自称是"乾隆皇帝复活",需启动资金解冻"皇家资产",被骗 200 余万元的金融诈骗案例。还有,某网贷平台发布了"轻松理财、借款审核只需 10 分钟、收益高达 14% ～20% "等广告,财经作家吴晓波曾说,这种广告语的广告主可直接等同于"犯罪嫌疑人",但这不影响众多投资者对其趋之若鹜,据 2017年的数据,该平台注册用户突破了 1000 万,按照行业 1% 的转化率计算,有效用户可达 10 万人,交易金额超过 750 亿元。[①] 当然,虚拟经济产品类型中的确有以评估风险承受水平和风险偏好,为虚拟经济消费者提供个性化咨询服务的智能投顾,但其要以准确的数据和精准的数据分析能力为前提,它并没有遏制虚拟经济消费者盲目投资的事实。虚拟经济消费者的盲目自信和投机,对信息的盲目追随或选择性删减,以及为利益心存侥幸,甚至铤而走险的行为方式,都成了威胁虚拟经济安全的重要缘由。而这种事实反过

---

① 吴晓波:《电视剧里的 P2P 广告是怎么骗你的》,和讯网,访问日期:2019 年 4 月 30 日。

来又给虚拟经济经营者的非法行为提供了便利,现实中的客户资金挪用、"卷款"、"跑路"、非法集资、虚假融资等现象均与此有关,因虚拟经济消费者的非理性行为所引发的虚拟经济风险,事关微观虚拟经济安全,不容小觑。

"金融和不确定性是一对孪生兄弟,在金融中,几乎我们遇到的所有变量都具有一个共性,即未来价值的不确定性。"[1]虚拟经济的高风险性要求虚拟经济消费者对虚拟经济产品要有更高层次的了解、理解和把握,尤其是对各种虚拟经济创新产品的了解更为重要。"20 世纪 90 年代以来,消费者金融素养水平低下导致的错误的家庭金融决策被视为金融危机频繁爆发的重要原因之一。"[2]虚拟经济交易是合同行为,每一个虚拟经济系统的参与者,都可以看成是这一复杂调适系统中的"作用者",他们彼此之间平行地发生作用,进行博弈,以求改善自己。[3] 基于理性基础上的自我决策和自我负责是其最突出的品格,制度所确认的虚拟经济消费者的财产安全权利和国家、虚拟经济机构对虚拟经济消费者的财产安全保障义务,不可能完整代替消费者谨慎义务。虚拟经济消费者自愿参与行为就是其自愿承担风险的允诺,法律要求虚拟经济机构和国家的权益保护行为并不是放弃珍惜自己权益的理由。因此,要求虚拟经济消费者按照"理性人"的要求负责任行事,是防范虚拟经济风险不可忽视的内容。

(二)虚拟经济经营者的自由经营权过度扩张与虚拟经济风险

前文已论,虚拟经济经营者的自由经营权是实现虚拟经济创新的基础,虚拟经济的所有创新均来源于虚拟经济经营者的自由经营权。创新是虚拟

---

① [西]贾维尔·埃斯特拉达:《果壳里的金融学》,张桦译,浙江人民出版社,2009,第 258 页。

② 彭显琪、朱小梅:《消费者金融素养研究进展》,载《经济学动态》2018 年第 2 期,第 100 页。

③ 管斌:《金融法的风险逻辑》,法律出版社,2015,第 117 页。

经济发展的动力,"是维系一个有效且灵敏的资本市场的生命血液",①但虚拟经济创新又可能成为诱发虚拟经济风险的重要因素。由于传统虚拟经济的创新既表现为产品的创新,又表现为过程的创新,贯穿于虚拟经济运行的全过程,其所引发的风险要素来源于虚拟经济运行的网络、数据、技术、业务和系统性风险等多个方面。

首先是虚拟经济的网络技术风险。大幅度提升网络技术的运用范围是虚拟经济创新的一个重要表现,网络技术推动了虚拟经济基础设施和虚拟经济服务、虚拟经济产品的线上化和开放式发展,但其又可能成为虚拟经济运行的一个重要风险源。比如,网络技术和数字方案广泛使用造成的网络薄弱环节和管理漏洞增加,各种常规性的黑客攻击持续不断,云计算增加了网络威胁的新渠道,大规模、有组织的网络攻击时有发生。有网络安全评价服务机构曾对 2017 年金融行业的网络风险问题进行过专业评估,所得出的结论是,"从外部角度看,银行机构、第三方支付和小贷 P2P 公司面临的威胁相对更严重,互联网风险不容忽视;行业发现 374 个 CVE 安全漏洞,19% 的机构受到影响;36% 的机构遭受总计 87972 次 DDOS 拒绝服务攻击,其中第三方支付成了黑客或者竞争对手的主要目标。"②网络风险和技术漏洞会对整个虚拟经济市场产生巨大影响并具有演变成新风险源的可能性,如果某些技术被破译或者遭遇黑客攻击,那么,所有运用这些技术的虚拟经济体系都会陷入瘫痪。

其次是操作性风险和业务风险。"操作性风险通常与不适当的操作和内部控制程序、信息系统失灵和人工失误密切相关,该风险可能在内部控制和信息系统存在缺陷时导致不可预期的损失。"③实践中,有些虚拟经济机构为过度追求创新,单方面追求客户的使用体验,或者盲目使用新技术和新方

① 李鑫:《金融创新与风险:文献述评》,载《金融评论》2014 年第 4 期,第 113-114 页。
② 佚名:《金融行业 10 大领域网络安全报告》,安全牛,访问日期:2021 年 8 月 5 日。
③ 杨东:《监管科技:金融科技的监管挑战与维度建构》,载《中国社会科学》2018 年第 5 期,第 72 页。

案,过分简化操作程序和业务流程,造成技术选型错位。这些基于创新行为成为新的风险源在虚拟经济的客户备付金管理技术、反洗钱技术、防欺诈技术、网络安全技术、客户信息保密技术等方面均有体现。就业务风险而言,有经营者对金融科技产品过度包装,人为模糊业务的本质和属性,风险提示责任履行不到位,对一些缺乏检验和风险评估的产品,通过媒体夸大宣传,借用资本恶意炒作,导致虚拟经济消费者的错误认识或错误定价,造成虚拟经济产品风险与投资者风险承受能力的不匹配,由此造成资源浪费和安全事件频发,成为虚拟经济风险的又一重要来源。

最后是系统性风险。系统性风险是危及整个虚拟经济体系,影响整体虚拟经济稳定的风险,守住不发生系统性风险的底线是虚拟经济安全工作的核心任务。笔者认为,虚拟经济的过度创新和虚拟经济系统性风险的关联可简要归纳为以下方面:第一,现代虚拟经济强化了数据和业务的多机构连通和传递,增加了传统虚拟经济、新兴科技企业和虚拟经济市场基础设施运营企业的融合,增加虚拟经济行业的关联性,加剧了风险传播的可能性;第二,虚拟经济创新降低了虚拟经济的准入门槛,虚拟经济经营者数量的大幅上涨,强化了风险的影响面、波及面和外溢效应。第三,虚拟经济所具有的普惠属性增加了虚拟经济产品的可得性,降低了虚拟经济服务获得的门槛,虚拟经济消费者数量增加,虚拟经济消费行为的示范效应和趋同效应,容易引起虚拟经济市场的"羊群行为"和市场共振,虚拟经济市场的波动可能性加大,这些情势都使得系统性风险的发生空间由此扩大,概率得以提高。

(三)虚拟经济管理者监管权失灵与金融科技风险

虚拟经济自发运行的失败为国家虚拟经济监管权的介入提供了必要,但其能否达到防范虚拟经济风险的效果,还取决于国家虚拟经济监管权的规范、合理和高效程度。实践中,面对虚拟经济这个"复杂的世界",国家的虚拟经济监管常常失灵,成为放任虚拟经济风险发生和扩散的一个重要缘由。在学术界,有关国家经济监管权失灵的文献已是汗牛充栋,其形成机理、类型和后果自然也适用于虚拟经济监管权的失灵情形,对此无须笔者再赘述。在笔者看来,虚拟经济极具创新性的事实,决定了国家虚拟经济监管权中的监管缺位现象最为突出,毕竟,常规意义上的监管权需要法律设定,脱离现有的监管体系和监管框架是金融创新的惯常形态。"在某种意义上,金融创新可以看成是金融机构为了规避监管、躲避管制而产生的。"①另外,虚拟经济产品和服务类型的多样性,决定了监管主体之间的协调机制尤为重要,缺乏有效协调机制的监管组织,是诱发虚拟经济领域风险的又一主要原因。在此意义上,笔者认为,从国家虚拟经济监管权的角度来看,引发虚拟经济风险的监管失灵主要表现为监管知识不足导致的监管空白和监管组织协调不足导致的监管缺失两个方面。

第一,监管知识不足导致的监管空白。所有的政府监管都需要依托一定的知识,政府的经济规制行为必须依赖特定的知识来完成,规制知识决定着政府规制决策的生成,也会影响规制制度的过程性行动,规制者占有知识的多寡,关联着规制中的规制目标的确认和规制对象的选择,也决定着规制工具、规制手段和规制方式与规制目标的匹配程度。对于专业、多变和复杂的规制对象,政府规制更应根据具体情势作出适时调整,这对于规制者而言,无疑需要占有更为精确和充分的知识。② 前文已论,虚拟经济的当代发展,使得传统的虚拟经济产品和科技深度融合衍生出虚拟经济新产品、新服务、新组织和新业态,与之相伴的风险也具有新特点、新形态,这就决定了政府虚拟经济管理权的实施原理与运行方案都需要及时调整。比如,虚拟经

---

① 吴风云、赵静梅:《统一监管与多边监管的悖论:金融监管组织结构理论初探》,载《金融研究》2002 年第 9 期,第 81 页。

② 靳文辉:《公共规制的知识基础》,载《法学家》2014 年第 2 期,第 91 页。

济中的分布式账户,其去中心化的特征及其交易的场外运行与现有监管体制高度不匹配,监管空白由此生成;同时,分布式账户所运用的共享数据库、点对点传输和加密技术等所形成的技术组合方案,需要新的监管方案和监管手段与之对应。再比如,P2P 业务和第三方支付业务,其对金融信用环境和信用评估,以及平台的资金管理和项目审核提出了新要求,政府的虚拟经济监管权理应及时调整和修正,否则,监管缺位情形的发生便在所难免,这些都是监管知识不足导致监管空白的具体表现。

总之,现代虚拟经济因为其复杂性和技术性,客观上增加了虚拟经济监管者的知识盲点,监管权的理想运行要求监管者具备足够的"技巧"和"能力"——从最本源的意义上讲,权力本身就包含了"技巧"和"能力","'权力'一词,在英语中通常用作'能力''技巧',或'禀赋'的同义语,这种用语包含从事某种表演的能力,严格地讲是'技巧',对外部世界产生某种效果的能力,以及潜藏在一切人的表演中的物理和心理能量,即'行动权'。"①虚拟经济的创新性对监管者的回应能力提出了挑战,缺乏足够知识的监管难免会失败,并成为放任风险发生和蔓延的重要缘由。

第二,监管组织协调不足导致的监管缺失。虚拟经济具有多维开放性和多向互动性的特征,其波及面、传染性、扩展速度和外溢效应都高于实体经济。在我国,虚拟经济监管机构为"一行三会"时,虚拟经济大致根据监管职责和业务属性实行归口管理,随着我国金融监管机构改革将原有的"一行三会"改为"一委一行两会",其职能划分尚需进一步明确,分业监管的事实在短期内难以发生根本性改变。笔者认为,虚拟经济产品和服务的高度异质性决定了其与统合监管的非契合性,但缺乏有效协调机制的金融科技分业监管其弊端显而易见:"监管部门由于缺乏系统全面的了解,以及分业监管带来的沟通协调成本,基本上选择了观望的态度,对应否监管、采取何种

---

① [美]丹尼斯·朗:《权力论》,陆震纶、郑明哲译,中国社会科学出版社,2001,第1页。

方式和标准监管、监管尺度的拿捏等,均未置可否,而在许多伪互联网金融发展过程中逐步暴露出非法集资、甚至诈骗的社会问题时,才不得不仓促出台禁止性的通知或意见来加以应对。"①由此造成的结果是,要么对虚拟经济进行简单粗暴的禁止,压缩了虚拟经济的创新空间,要么放任虚拟经济领域中各种乱象的发生,成为诱发虚拟经济风险形成的一个重要因素。

三、法权理论下虚拟经济风险防范路径的优化框架

前文已论,虚拟经济风险的产生是一个与多个主体行动相关联的复杂事实。虚拟经济消费者权利行使的不谨慎和非理性行为,虚拟经济经营者基于盲目追求产品创新、运行效率和客户体验,增强虚拟经济机构冒险经营的动机,提升了整个虚拟经济体系的风险,而国家的虚拟经济监管权行使中监管知识的不充分、监管协调机制的不健全等监管失灵的情形,都是引发虚拟经济风险的重要缘由。以此为依据,笔者认为,提升虚拟经济消费者的金融素养,保证虚拟经济消费者权利规范行使,通过虚拟经济经营者虚拟经济创新监管的制度设计,实现虚拟经济与虚拟经济安全的平衡,同时,及时增补国家虚拟经济监管知识,合理构建虚拟经济监管主体的协调价值,是法权理论视角下虚拟经济风险防范不可缺少的路径。

(一)提升金融素养,促成虚拟经济消费者权的理性行使

所谓金融素养,是评价和衡量金融消费者对金融产品、金融概念以及金融风险的理解程度,以及在此基础上作出理性金融判断和决策,获得金融支持的知识基础、心理状态和行为能力的总称。金融消费者拥有较高的金融素养,能保证金融消费者以合理的成本获取金融产品和服务并融入现行金融渠道,与之相反,金融消费者金融素养的匮乏,会成为金融消费者理解金

---

① 丁冬:《金融科技勃兴背景下金融监管法制的变革》,载《上海政法学院学报(法治论丛)》2017 年第 4 期,第 27 页。

融产品和服务的障碍,影响金融产品及服务的推广和使用。近年来,世界各国均重视虚拟经济消费者金融素养的制度塑造,2003 年,美国依照《公平交易与信用核准法案》成立了金融素养和教育委员会,大力推行"促进美国金融成功:金融素养国家战略";英国金融服务管理局依据《2000 年金融与服务市场法》和《2010 年金融服务法》推行"英国金融能力:持续改变"和"金钱咨询服务"两项国家战略,旨在提升国民的金融素养。我国也于 2013 年由中国人民银行会同原银监会、证监会和原保监会共同制定了《中国金融教育国家战略》,将提升我国金融消费者的金融素养作为国家战略加以落实。

金融消费者金融素养提升的具体路径大致包括以下内容:从金融素养培育目标来讲,应围绕消费者的金融知识、金融能力和金融意识等方面,重点提升金融消费者的计算能力、信息分析能力、风险预测能力、认知能力。从金融素养培育的方式来讲,根据 OECD 于 2008 年创建的国际金融教育网络(INFE)的建议,我们认为应从以下几个方面来进行:政府及其利益相关者应公平、公正地促成金融消费者教育,制订有效可行的金融消费者教育计划;金融消费者教育计划应从学校教育开始实施,尽早进行;金融消费者教育应纳入公司治理体系,并通过相应的问责机制来落实;将金融消费者教育和商业资讯加以区别,制订从业人员的行为规范;根据客户的阅读和理解能力提供金融服务,降低金融教育的实施成本,增加其可接受性;金融消费者教育计划应侧重于生活规划,重点围绕基本的储蓄、债券、保险、养老金等方面;项目和执行战略应着眼于能力建设,对特殊群体应制订个性化方案;应该提倡建立国家宣传、特定网站、免费信息服务和金融消费者高风险(如欺诈)预警系统。[1]

在笔者看来,金融素养直接关联着虚拟经济中金融消费者权利行使的

---

[1] 王华庆:《开展金融知识普及活动,提升消费者金融素养》,载《金融时报》,2013 年 8 月 26 日,第 001 版。

理性化和谨慎程度,强化金融消费者的金融素养,不仅有利于形成消费者的虚拟经济能力和虚拟经济福利价值观念,提升虚拟经济消费者对虚拟经济的了解和把握程度,选择与自己承受能力相匹配的虚拟经济产品和虚拟经济服务,同时,也会压缩虚拟经济经营者非法运行的空间,加大其违规成本,防范现实中各种危及虚拟经济安全行为的发生,其对于防范虚拟经济的风险,无疑异常关键。

(二)实施试验型监管,平衡经营自由权行使中的创新与安全

当今时代,虚拟经济创新层出不穷,新的业务模式和超越传统边界业务范围难免会与现有的监管规则和框架相冲突,虚拟经济创新是金融发展的动力,在"有限发展法学"理论下,无论如何,我们都不能放弃对虚拟经济创新的期待,要求所有的虚拟经济创新行为都必须遵循传统的虚拟经济监管制度,无异于"削足适履",必然会扼杀虚拟经济的创新和发展。但放任所有的虚拟经济创新行为尤其是任其野蛮生长,其引发的弊端和风险已为现实所证明,比如,我国作为虚拟经济的典型代表,金融科技初创时期,基于"促进、鼓励"的监管理念,所引发的金融科技领域的种种乱象即是明证。因此,平衡虚拟经济发展与控制虚拟经济风险的矛盾是虚拟经济创新监管中永恒的难题。

由此,探求一种能平衡虚拟经济创新和虚拟经济风险管控的监管方式便刻不容缓。作为试验型监管的代表,英国政府率先倡导并实施"监管沙箱"制度,备受理论界和实践界推崇和关注。"沙箱系计算机用语,指用于计算机安全领域的一种虚拟技术,是在受限的安全环境中运行应用程序,并通过限制授予应用程序的代码访问权限,为一些来源不可信、具备破坏力或无法判定程序意图的程序提供试验环境,因为有预设的安全隔离措施,一般不

会构成对受保护的真实系统和数据的修改或安全影响。"①监管沙箱的实施流程大致如下：企业向金融监管部门提交测试申请，金融监管部门予以审核，如符合条件则接受申请，由申请企业和金融监管部门协作并确定一种测试方案，包括"选择沙箱"选项、测试参数、结果测量和保护措施等方面的事宜，随后是测试和监控，金融监管机构对测试过程进行全程监测以控制风险，企业根据业务开展情况向监管机构提交有关测试结果的报告，监管机构对报告进行评估。最后由监管审核收到的最终报告，如果最终报告通过审核，公司可决定是否在"沙箱"之外推广新产品或服务。②

任何科学知识都源于需要、始于问题，而且始终与"试错"相关。科学的独特功能，就在于"它是一种少有的有了错误可以系统地加以批判，并且还往往可以及时改正的人类活动"。③"监管沙箱"可为金融科技经营者基于自由经营权基础上的创新行为提供必要的条件和环境，既保证创新在可控的环境和条件下进行，又缩短了金融产品的上市时间，还能保证金融创新更好地获得融资支持，使得更多的创新产品能够到达市场。④ 因此，对于虚拟经济经营者而言，其可以为虚拟经济提供足够的条件和空间，同时又无须担心超越现有制度框架而遭遇惩罚，是保障其自由经营权的重要方法。对于虚拟经济消费者而言，"监管沙箱"以保障虚拟经济消费者权益为重要内容，比如，企业所承担的信息披露、告知和补偿义务，使用"监管沙箱"的公司需要虚拟经济监管机构证明其拥有足够的实力承担向消费者赔偿可能引发的损失，虚拟经济监管部门对此要予以严格审查。⑤ 对于虚拟经济市场而言，

---

① 柴瑞娟：《监管沙箱的域外经验及其启示》，载《法学》2017 年第 8 期，第 28 页。

② 边卫红、单文：《Fintech 发展与"监管沙箱"——基于主要国家的比较分析》，载《金融监管研究》2017 年第 7 期，第 90 页。

③ ［英］K. 波普尔：《猜想与反驳：科学知识的增长》，傅季重等译，上海译文出版社，1986，第 329 页。

④ 柴瑞娟：《监管沙箱的域外经验及其启示》，载《法学》2017 年第 8 期，第 29 页。

⑤ 边卫红、单文：《Fintech 发展与"监管沙箱"——基于主要国家的比较分析》，载《金融监管研究》2017 年第 7 期，第 90-91 页。

"监管沙箱"具有"试点"和"试验"的性质,即便失败,也可将错误成本缩小到特定的范围,至少不会引起系统性虚拟经济风险的发生。对于虚拟经济监管机构而言,其可以从"监管沙箱"试验中总结得失成败的经验,并根据试验结果及时调整监管措施和政策。总之,"监管沙箱"是实现虚拟经济创新和风险防范之间动态平衡的有效方法,是保证其自由经营权充分行使并能防止其过度扩张的有效路径。

（三）规范虚拟经济监管权,提升虚拟经济监管行为的有效性

虚拟经济监管权的规范运行绝非某一个或几个规范即可完成的任务,毕竟,国家虚拟经济监管行为绝非一种单个领域或单个方式"存在",对虚拟经济监管权涉及要素体系化、整体的把握,才是保证其规范运行的充分条件,监管理念、监管模式、监管方法等均为虚拟经济政府监管规范运行的重要因素。由于虚拟经济监管理念、监管方法的问题在学界已获得了异常充分的论述,本文仅以前文提到的国家虚拟经济管理权可能引发虚拟经济风险的"监管组织协调不足导致的监管失败"和"监管知识不足导致的监管空白"两种情形为依据,对规范国家虚拟经济监管权规范运行的路径进行扼要论述。

从监管主体的协调性角度讲,当今时代虚拟经济的科技因素与传统业务相互交错的事实,决定了对虚拟经济进行分业监管的不合理性:分业监管模式要求虚拟经济监管主体的行动应根据细分的虚拟经济市场、虚拟经济产品和虚拟经济业务来确定,不同的监管主体只根据具体的虚拟经济产品和虚拟经济业务进行监管。按照依法行政的要求,法律所确定的监管职责是监管主体实施监管行动的依据,对于监管职责之外的事项,监管主体因没有法律授权而"不可为",否则便涉嫌监管权的越位行使。由此,在分业监管条件下,监管主体对于自己职责之外的事项,缺乏关注的依据、动力和激励。信息共享机制和行动一致性机制难以形成。但是,与分业监管相对的统合

监管,也不完全契合虚拟经济的监管需要。这是因为,面对种类繁多的虚拟经济产品和服务,我们很难将所有的业务类型整合到"大一统"的虚拟经济监管机构中,而且,虚拟经济所涉及的领域、工具、手段和功能会不断革新,所涉及的行业和领域也会不断增加,除非有一个监管组织能够涵盖所有的虚拟经济可及产品和服务并能对所有的风险加以监管,否则,保证虚拟经济的安全运行必然是多个机构的责任。由此,虚拟经济监管主体的理想形态不是统合监管和分业监管的二者择一,构建分业监管基础上的协调机制,才是符合经验和事实的目标追求。实践中,可在监管组织多中心化构造的基础上,从文化要素、资源要素、责任要素和技术要素四个方面入手,通过联席会议、专项治理小组等机构的设立,建立虚拟经济监管机构之间的协调机制,①进而促成虚拟经济监管权的规范行使,提升虚拟经济监管权运行的有效性。

　　从监管知识获得的角度讲,在虚拟经济领域,监管对象的繁杂性决定了监管所需知识的多样性。比如,金融科技,2017 年,金融稳定理事会(Financial Stability Board,FSB)成立的金融科技课题工作组(FinTech Issues Group,FIG)发布了"金融科技对金融稳定的影响及各国应关注的金融科技监管问题"报告,提出当前金融科技监管中应关注的问题。具体包括,管理来自第三方服务提供商的操作风险,降低网络风险,监测宏观金融风险,跨境法律考量和监管安排,支持大数据分析的治理和披露框架,评估监管范围并及时更新,与多样化的私营部门主体共同学习,进一步开发相关当局间的沟通渠道,在新的需要专家的领域储备人才,研究数字货币的替代配置,对金融科技持续监测,等等。② 由于虚拟经济的创新性和变动性,企图穷尽虚

---

① 靳文辉:《互联网金融监管组织设计的原理及框架》,载《法学》2017 年第 4 期,第 39-50 页。
② 金融稳定理事会金融科技课题工作组:《金融科技对金融稳定的影响及各国应关注的金融科技监管问题》,载《金融监管研究》2017 年第 9 期,第 17-20 页。

拟经济监管中所有问题并不现实,虚拟经济发展过程中还会有新的问题不断出现。新的问题需要新的知识来应对,补充虚拟经济监管中的知识数量和质量,对于防范虚拟经济运行中的风险同样异常关键。对此,笔者在互联网金融监管组织设计中有关提升监管组织专业化能力的实践方案已有论述,提出了专家知识引入和监管队伍的专业化建设两条路径,[①]此处不再赘述。

　　虚拟经济发展到今天,大量的科技辅助、支持和优化形态已极为常见,虚拟经济在全球范围内的迅速兴起及发展的态势预示着其必然有广阔的市场发展空间。无论是资金融通还是信用创造,抑或是配置风险,法律所具有的利益(风险)分配机制和契约执行机制,对于虚拟经济的规范发展至关重要。法权理论基于利益基础上的"权利—权力"范畴,为我们分析虚拟经济及其风险防范法律制度构建提供了一个更为系统的视角。按照法权理论框架,建立内在协调、逻辑自洽的虚拟经济风险防范法律制度法权结构,以此为基础构建金融科技风险防范路径,是虚拟经济"有限发展法学"理论下,推动金融科技行业合规化发展应该依托的法治方案。

---

① 靳文辉:《互联网金融监管组织设计的原理及框架》,载《法学》2017 年第 4 期,第 48-49 页。

第四章 虚拟经济风险监管组织设计的原理与框架

在现代经济条件下,虚拟经济与科学技术发生了深度融合,虚拟经济呈现出极为复杂的形态。比如,以移动支付、大数据、云计算、社会网络、搜索引擎等为主要内容的互联网技术,在有机结合传统虚拟经济产品的基础上所形成的新型虚拟经济产品,已成为一股颠覆性力量,深刻地影响着原有的虚拟经济产业和虚拟经济发展格局。尤其是互联网技术在虚拟经济领域中的注入,改变了传统虚拟经济产品对中高端市场的过度偏好,打破了虚拟经济产品的垄断形态,转向聚合碎片化的大众需求并形成"长尾"效应,重塑了虚拟经济领域的竞争格局。其凭借互联网的信息储存和分享技术以及价格发现能力,有效克服了虚拟经济领域中的信息不对称和融资歧视,其内生的普惠、脱媒等特质,以及资金获得上的快速、高效和低成本优势,引起了理论界和实务界的很高热情和重视。

然而,互联网对虚拟经济的注入在拥有上述诸多优势的同时,其所具有的法律风险、操作风险、传染风险、声誉风险、流动性风险、信用风险和市场风险也会不断叠加和积聚,尤其在我国,经济体制、虚拟经济产业结构及现行制度框架,更加剧了虚拟经济领域中创新与安全、自由与规范之间的纠葛和撕扯。2013 年年底以来,虚拟经济领域内的风险逐渐暴露,违约事件频发,大规模的倒闭、跑路,资金周转困难和欺诈问题也随之出现。[①] 2015 年的 E 租宝风险事件,更是让虚拟经济领域的乱象暴露无遗,尤其是 P2P 网贷,一度成为"非法集资"的代名词而被社会诟病。我国监管层正是基于虚拟经济发展领域乱象丛生这一事实,2015 年年底以来,加快了对虚拟经济行业的整顿步伐,密集下发了虚拟经济的监管规则和整治法案。比如,2016 年 10 月 13 日,以国务院办公厅为首,十几个部委联合,一天出台了 7 份有关互联网金融治理的文件,掀起了一场互联网金融的"整治风暴"。

在笔者看来,电子商务的兴起以及传统虚拟经济的服务盲区为虚拟经济的发展创造了机会,虚拟经济不可能对互联网技术和信息技术所带来的便捷和高效视而不见,同时,互联网技术的广泛渗透性也决定了其不可能对虚拟经济漠然置之,两者的结合势在必然。因此,虚拟经济存在的风险不是因噎废食的理由,我们必须认识到虚拟经济的创新价值以及广阔的发展空间。同时,我们也要认识到兼具互联网和注入虚拟经济可能形成的特殊风险,不能放任其野蛮生长,应制订合理的制度予以规范。毋庸置疑,在虚拟经济监管的制度设计中,监管组织及运行机制的科学构造,是决定监管合理性的关键要素。特定的虚拟经济监管组织对应着特定的行为样式,其对于监管目标的确定、监管手段的运用,监管工具的选择都会产生决定性的影响,监管组织的设计事关虚拟经济的健康发展和监管绩效。基于此,本文拟对监管组织设计的基本原理进行研讨,对虚拟经济监管组织的框架进行勾勒,试图从监管组织设计的角度,为提高虚拟经济风险防范的效率,规范虚拟经济的发展,进而促进整个行业的良好健康发展,提出一种可行的思路和建议。

---

① 参见杨东:《互联网金融的法律规制——基于信息工具的视角》,载《中国社会科学》2015 年第 4 期,第 109 页。

一、"统合监管""分业监管"组织模式与虚拟经济的非契合性

学术界对一般意义上的虚拟经济监管组织体制有较多的研究积累,并将之分为统一监管和多边监管两大模式。近年来,随着综合经营模式成为虚拟经济发展的基本走向,学界大都认为,统合监管应成为未来我国虚拟经济监管变革的趋势,因为其更适应虚拟经济集团化发展的需要,[①]或者认为,统合监管至少应成为我国虚拟经济监管的发展方向。[②] 实践界也以统合监管为基本思路,试图对虚拟经济监管的机构加以变革。[③] 比如,作为虚拟经济在当今时代典型代表的互联网金融,由于其本质"是金融而不是互联网",它"只是金融服务的提供方式和获取方式发生改变,是直接融资和间接融资在互联网上的延伸",[④]那么,一个顺理成章的结论是,互联网金融也应以统合监管作为其构造监管组织体系的基本依据。但互联网金融急速发展的事实和多种要素参与的形态,决定了其和统合监管组织之间存在难以弥合的裂痕,同时,分业监管与互联网金融之间也存在着某种程度的悖论。本文认为,以分业监管的弊端分析代替统合监管的正当性论证,或者以统合监管的弊端论证来代替分业监管正当性的分析,都是对虚拟经济监管组织模式选择的简单化处理,虚拟经济的特殊性决定了其监管组织模式不是对现有模式的简单套用,也不是现有模式间的仓促转换,其独特的发展规律和风险特征决定了必须重新思考其监管组织模式的构造问题。

---

① 参见杨东:《后金融危机时代金融统合法研究》,载《法学杂志》2010 年第 7 期;张鹏、解玉平:《金融监管组织架构变迁的趋势、原因及对中国的启示》,载《现代管理科学》2012 年第 3 期;许凌艳:《金融统合监管法制研究:全球金融法制变革与中国的选择》,载《证券法苑》2010 年卷,等等。

② 参见杨东、陆徐元:《我国金融业统合监管体制的实现路径分析》,载《社会科学研究》2000 年第 6 期;张鹏、解玉平:《金融监管组织架构变迁的趋势、原因及对中国的启示》,载《现代管理科学》2012 年第 3 期。

③ 比如,实务界提出的将"银监会""证监会""保监会"合并至中国人民银行的"超级央行"模式,保留中国人民银行,将"银监会""证监会""保监会"合并成"金融监管委员会"的"一行一委"模式。

④ 陶娅娜:《互联网金融发展研究》,载《金融发展评论》2013 年第 11 期。

（一）虚拟经济风险的系统性、融合性与"分业监管"的悖论

一般认为,当今时代的虚拟经济业务常常呈现出多重交错、融合和渗透的形态,并在此基础上形成了极为复杂的虚拟经济服务方式和融资方式。比如,互联网金融,从形态上来讲,它是指各种以互联网为手段或平台并在形态结构和运作机制等方面有别于网下现实环境中的银行、保险、信托、证券等传统金融领域的新的金融现象,[1]其跨时空、跨行业和跨领域的混业经营特征和贯穿多层次市场体系的属性更为明显。从风险发生的过程来看,由于多个虚拟经济机构和虚拟经济市场因互联网而相互联结,每一个关联点都有可能成为风险的传染通道,风险的传导性和感染性由此增大,风险因相互交织而更加复杂,系统性风险更加突出。同时,和传统虚拟经济相比,互联网金融业务的参与主体众多,传播速度迅速,风险的控制和处置更为困难,这些因素的叠加使得互联网金融风险关联的不仅仅是产业本身,还和社会稳定直接相关。比如,昆明泛亚有色金属交易所股份有限公司于 2011 年推出的"日金计划""日金宝"等互联网金融产品,吸收投资 430 多亿元,签约投资者达 22 万左右,运行过程中风险逐渐暴露,2015 年的兑付危机所引发的市场恐慌及社会稳定隐患,便是典型例证。因此,对虚拟经济的监管必须是整体的,系统的和全面的,需要在统筹全局的基础上对风险予以整体的认知和把握,预防风险的扩散,避免大规模的风险形成,甚至社会动荡的发生。但以分业监管模式作为思路来构造虚拟经济监管组织,其弊端显而易见,以下详述之。

首先,虚拟经济风险监管的目标是维护虚拟经济体系的稳定与有效,从整体上预防和化解可能出现的各种风险。这需要监管者对虚拟经济运行的多个片段和环节进行统筹考虑,强化监管的系统性和连续性,对虚拟经济各

---

[1]　杨东:《互联网金融监管体制探析》,载《中国金融》2014 年 8 期。

个阶段、各个节点的风险进行系统的认知和把握。但是,在分业监管模式下,监管主体的监管行动是根据细分的虚拟经济市场和虚拟经济业务来确定的,不同的监管机构只针对某一具体虚拟经济产品或虚拟经济业务的风险加以预防和规制,监管主体间缺乏必要的信息共享机制,监管行动的一致性难以形成。一个监管者的行动难以对其他监管者的行动造成影响,单个的监管主体无法通盘考虑虚拟经济风险的系统性问题,也无法顾及自身的监管行动对整个虚拟经济市场运行可能造成的利弊得失。这对虚拟经济系统性风险的防范,对虚拟经济风险传染性的防控,显然是力所不逮。

其次,现代虚拟经济的技术运用使得其产品更加具有渗透性和开放性,虚拟经济的业务边界也更加模糊,原有的虚拟经济产品因新技术的注入变得更加交错和重叠,虚拟经济产品和服务常常表现为多主体、多层次、多环节的资产叠加和技术叠加。但是,分业监管是依据监管对象来确定监管主体的监管模式,监管行动由监管主体围绕监管职责展开,对其职责之外的事项缺乏关注的依据、动力和激励,监管组织间的联动机制难以形成。由此导致的结果是,虚拟经济产品和服务的供给和消费链条上要么出现监管真空和监管漏洞,要么出现监管冲突和监管重叠,相互推诿、相互扯皮,监管缺位、监管错位等情形时有发生。其不仅会增加虚拟经济监管本身的成本,也难以对金融消费者的利益给予充分有效的保护,"由于监管机构对混业经营模式下金融产品创新和交易缺乏有效规制,使得那些处于法律交叉地带的投资者面临无法保护的危险境地"。[①] 而且,分业监管形成的"碎片化"监管格局,使得某些虚拟经济风险缺乏明确的监管主体,权责脱节由此形成。因此,分业监管和虚拟经济的运行状态有着某种程度的悖论,如果虚拟经济监管组织设计照搬传统的分业监管模式,不仅会造成监管效率的低下,还可能

---

① 徐凌艳:《金融统合监管法制研究:全球金融法制变革与中国的选择》,载《证券法苑(第 2 卷)》,第 45 页。

因对虚拟经济的"人为隔离"诱发风险,甚至阻碍整个行业的发展。

（二）虚拟经济风险的多样性、专业性与"统合监管"的悖论

统合监管是在虚拟经济形态日趋复杂,行业界限日益模糊,虚拟经济创新产品层出不穷的背景下,由一个权威的监管部门对不同虚拟经济机构共同参与的虚拟经济产品和虚拟经济活动给予统一监管的监管组织模式。该模式被认为是克服分业监管中监管重叠、监管真空的重要举措,也是实现信息共享、加强合作和促成监管行动一致性的有效手段。按照学界的归纳,统合监管可以最大限度地实现监管政策的连续性,保证监管政策的稳定性,给被监管者带来稳定的预期,对于被监管者尤其是社会公众而言,也有利于他们对监管机构的了解,降低社会公众的识别成本和困难。[①] 但是,虚拟经济的参与主体的多元性、范围的扩张性、业务的专业性,以及发展过程中的高度变异性,决定了统合监管和虚拟经济之间也存在着显而易见的冲突和悖论。

首先,当今时代,虚拟经济涉及的领域和业务范围异常广泛,比如,支付清算领域的移动支付和网络支付、数字货币、综合性支付业务、分布式账本技术应用、跨境支付平台;融资领域的股权众筹、P2P 网络借贷;技术支持和设施领域的大数据、云计算、机密与智能合约技术、数字身份识别技术;投资管理领域的电子交易、网上投资、智能金融理财服务;保险领域的保险分解和联合保险等,其业务形态的产品类型不仅众多,而且繁杂,且处于不断发展变化当中。这种事实和状态意味着不可能将所有的虚拟经济监管主体整合到"大一统"的虚拟经济监管机构中,比如,无论如何,我们都难以将基于互联网技术而形成的信息风险、软件操作运行风险整合到传统虚拟经济监管机构之中。当然,也许有人认为,笔者对统合监管中的"统合"存在误

---

① 吴风云、赵静梅:《统一监管与多变监管的悖论:金融监管组织结构理论初探》,载《金融研究》2002 年第 9 期,第 84 页。

解——"统合监管"中的"统合"只是"虚拟经济业务",而不是外部条件和工具,但作为外部条件和工具的互联网技术与虚拟经济业务的融合,恰恰是当今时代虚拟经济的典型特征,虚拟经济运行中的技术风险是虚拟经济风险的重要类型,"统合监管"的核心指向,不正是对虚拟经济运行中的各类风险进行综合监管吗?

一个显见的事实是,互联网技术使得虚拟经济业务有了更为复杂的结构安排和程序编码,其风险的科技属性和专业性更为明显。作为技术带动的金融创新,互联网金融领域的"信息科技风险和操作风险更加突出,不论是在互联网业务运营的各个流程,还是在后台的网络维护、技术管理等环节,出现任何技术漏洞、管理缺陷、人为因素等,都会导致整个业务系统瘫痪,影响机构的正常运营"。[①] 对技术风险的监管不仅涉及传统的信息保护部门,而且可能还会有更多的部门介入,比如,当前正在发展中的指纹、声纹、虹膜、人脸识别等生物识别以及跟行为识别相结合的综合生物识别技术,可能都会成为保证信息安全的重要依赖,这也许意味着未来对信息安全的保障,可能需要生物学领域的知识(主体)参与。监管主体多元化发展的趋势异常明显,统合监管中的"统合"有必要的限度,不可能无限地扩张。

进一步讲,即便存在理论上统合监管的可能,但谁能穷尽虚拟经济的业务模式? 谁能保证未来的虚拟经济组织和业务的综合化所"综合"的仅仅是传统的金融、证券、保险等业务,而不是与其他经济形态整合而生成的一种新形态? 制度、工具、机构和市场是决定虚拟经济运行的基本要素,随着互联网技术的发展和商业模式的创新,虚拟经济的运行过程中的客户定位创新、销售策略创新、产品类型创新、支付手段创新和互联网技术创新,都会成为虚拟经济发展中必然出现的形态,这些事实意味着虚拟经济所涉及的领域、工具、手段和功能会不断革新,所涉及的行业和领域也会不断增加。因

---

① 朱太辉、陈璐:《Fintech 的潜在风险与监管应对研究》,载《金融监管研究》2016 年第 7 期,第 21 页。

此,除非一个新的监管组织能够涵盖所有的虚拟经济产品和服务,并能对所有的风险加以监管,否则,保证虚拟经济运行规范和安全必然是多个机构的责任。

而且,监管机构的合并,并不能理所当然地解决监管目标和行动的冲突问题。主体间职能的重叠、疏漏和冲突,以及主体间合作与沟通的难题,并非仅存在于独立的机构之间,也可能存在于一个机构内部的多个部门之间。虚拟经济中与业务相关的银行业务、证券业务和保险业务,与技术相关联的电信业务、互联网业务,信息业务和互联网信息业务所涉及领域的不同决定了对其监管的目标、手段和工具等方面有显著的区别,一味地"统合"只是完成监管机构形态上的合并,并不会解决监管机构的角色冲突问题,而仅是从"外部"角色冲突转化为"内部"角色冲突而已,统合监管所企及的目标并不会因监管机构"物理"形态的统合而必然达致。

二、虚拟经济监管组织设计的基本原理:从虚拟经济运行的基本事实出发

虚拟经济运行的基本事实和目标期待,是决定虚拟经济监管组织设计的逻辑前提,监管组织的设计应以虚拟经济风险的特点、类型和形态等因素为依据,应与虚拟经济的监管目标相契合。虚拟经济风险的系统性,决定了虚拟经济监管应是统筹全局、能形成监管合力的整体性监管,虚拟经济专业性、多样性和技术性,决定了虚拟经济的监管应该是专业性监管。显而易见,整体性监管和专业性监管分别与"统合监管""分业监管"相关。前文所论,统合监管并不一定能带来监管协调性的提升和规模效应,分业监管造成的监管真空和监管重叠也客观存在,纯粹的统合监管和分业监管并非完美,但它们之间也不是绝对排斥、相互对立、非此即彼的关系,而是存在着整合的可能性。在笔者看来,既然分业监管和统合监管的优势为虚拟经济监管所必需,那么整合分业监管和统合监管,在保留各自优势的同时克服可能存

在的弊端以形成一种宏观上协调一致、微观上专业精准的监管形态——笔者将之称为"复合型"监管,是虚拟经济监管走出分业监管困境,同时打破统合性监管局限的可行路径。另外,虚拟经济的创新性和风险的快速变动性,意味对其监管应该是灵活、富有弹性的回应型监管。复合型监管和回应型监管构成了构建虚拟经济监管组织的基本要求,虚拟经济监管组织模式的设计应以此为依据展开。本部分中,笔者将论述虚拟经济监管组织机构改革和职能调整的基本原理,具体的框架和方法的设计将在下一部分探讨。

(一)虚拟经济复合型监管要求与监管组织设计原理

和对现有虚拟经济监管组织体制"另起炉灶、重新设计"的改革思路不同,也和监管组织体制在分业监管和统合监管中择一适用的路径相区别,虚拟经济的复合型监管更强调对现有组织资源加以利用,它要求监管主体对自身拥有的和外部可利用的资源和能力进行整合和创新,它强调在日益动态、复杂的虚拟经济运行环境中,监管行动既要考虑到虚拟经济风险的系统性、融合性和交错性,也要考虑到风险的多样性、专业性和领域性。从监管组织及其职责设计的角度讲,复合型监管要求下监管组织及其运行机制的设计应符合以下要求。

第一,监管组织的多中心化。从应然的角度讲,虚拟经济监管是一个多元主体(多中心)参与并有共同目标的联合行动,它反对操纵和控制的单中心结构,其内含着主体间独立基础上的互动与协同。因此,"多中心化"不仅和虚拟经济监管的整体性、系统性要求并不相悖,而且为监管组织的协同与合作提供了必要的空间。按照"多中心"概念提出者迈克尔·博兰尼在《自由的逻辑》一书中的说法,"多中心"既强调行为单位的相互独立,又注重相互调适,它不是凭借终极权威,通过一体化的上级指挥与下级服从的长链条来维系自身的运转,而是受特定规则制约并在社会的一般规则体系中找到各自的定位以实现相互关系的整合,①在指挥秩序中,"除非其终极的权威无所不知",否则"下级便会扭曲信息,取悦上级,信息丧失和信息的扭曲,会导致失控,绩效与期望出现差距"。② 互联网组织的多中心化意味着多个监管决策主体和监管行动主体的多样化并得到了制度的确认,尽管它们在形式上相互独立,但它们可以在相互关联的基础上开展多种契约性和合作性事务,这和虚拟经济监管所要求的网络性行动相契合。

除此之外,多中心监管组织还有着充分的效率价值,由于不同的监管行动有着不同的成本曲线,监管行动应虚拟经济风险的具体情势来整合、构建和配置资源。监管组织多中心化意味着监管主体之间可以自由组合,使多元化规模经济的运用成为可能。"多中心治理结构为公民提供机会组建许多个治理当局",③监管行动究竟是由单个的监管机构进行,还是几个监管主体在一定规模的基础上进行,抑或是在所有监管主体参与的基础上进行,取决于虚拟经济风险出现的领域、风险的类型和严重程度,以及监管行动规模经济效应和范围经济效应的要求。它拥有单一监管主体所不具备的动态性和灵活性,从而有效避免了重复性支出,降低了成本,提高了监管效益。

第二,建立监管组织的联动和协同机制,保证虚拟经济宏观监管的协调性和一致性,各监管主体在监管决策和监管行动中形成一种协同合作、相互平衡、优势互补的虚拟经济监管网络,防止监管行动的碎片化,保障虚拟经济的运行安全,防止系统性风险发生。"协调通常能取得实质性的收益,协调工具能够不同程度地减少政府和私人部门的监管成本,改进专业知识,减少行政机构推卸责任的风险;协调还有助于保持多部门监管的功能性收益,

---

① 王芳:《合作与制衡:环境风险的复合型治理初论》,载《学习与实践》2016 年第 5 期,第 90 页。
② ［美］迈克尔·麦金尼斯:《多中心体制与地方公共经济》,毛寿龙译,上海三联书店,2000,第 77 页。
③ ［美］埃莉诺·奥斯特罗姆:《制度激励与可持续发展》,陈幽泓等译,上海三联书店,2000,第 204 页。

比如,促进机构间竞争和问责性,同时将诸如不协调政策之类的副作用最小化。"①由于"局部的实践能够为某一实践范围内的、得到了许可的行为提供理由,也能够为错误的观点的理解提供理由"②,微观监管个别最优的加总,并不一定能保证监管整体的最优。监管的技术和方法作为一种支配性力量或能力,尽管常常是在局部领域发挥作用,但局部目的和个别价值并不能保证技术本身是合乎理性的。事实上,虚拟经济监管组织间的联动也异常重要——有学者曾深刻地指出,分业监管在实践中的乏力,这与其说是分业监管体制出了问题,还不如说是不同监管者之间的联动机制出了问题,当前更有意义的做法或许是对这种联动机制的运行模式、效果进行排查评估,而非将现有体制进行全盘否定。③ 多个监管主体的充分参与和广泛协商,能保证对虚拟经济风险的判断、认知、识别和预期更为全面和准确,监管行动中工具、方法的采取等制度安排更为理性和规范,其为整体上统筹考虑风险提供了组织机制的保证,这对于化解虚拟经济的系统性风险尤为重要。

同时,监管组织间的联动和协调可以提高虚拟经济风险治理的效率和能力,避免虚拟经济风险的转移和扩散。虚拟经济监管中存有大量需整合的问题,现实中的虚拟经济风险,绝非"是如同政府组成方式那样是按照功能组织起来的,它们跨越部门边界,绝非单一部门机构所能解决"。④ 前文已论,监管机构功能的碎片化是其难以适应虚拟经济监管的最大障碍,监管组织的联动机制和协调机制的建立,可有效克服"跨部门职能运作层面主要体现为一个机构对于其他机构转嫁困难与成本、项目的互相冲突性、重复性、目标的互相冲突性、缺乏或者差劲的排序、回应多元化需求时的狭隘排他

① Jody Freeman & Jim Rossi,"*Agency Coordination in Shared Regulatory Space*," Harvard Law Review125, No.5(2012):1133.

② [美]丹尼斯·M.帕特森:《法律与真理》,陈锐译,中国法制出版社,2007,第348页。

③ 沈伟:《风险回应型的金融法和金融规制——一个面向金融市场的维度》,载《东方法学》2016年第2期,第45页。

④ 谭学良:《整体性治理视角下的政府协同治理机制》,载《学习与实践》2014年第4期,第76-77页。

性、服务的不易获得或对于其可获得性的困惑、服务提供或干预中的遗漏或差距等问题"。① 这对于破解虚拟经济监管中监管主体组织结构的分割,功能重叠、部门主义、各自为政等情形,整合监管主体力量以形成监管合力,实现监管的系统化和整体化,都异常关键。

(二)虚拟经济的回应型监管与监管组织的设计原理

任何一个虚拟经济产品的出现,都不可避免地经历一个发育、成长和试错的过程,它的发展速度常常会脱嵌并超越原本应该制约它的社会结构与制度的容量,其更多依赖于人的主动性而形成的自发秩序体系而非人为的建构。因此,对虚拟经济风险的监管,也只能在其发展过程中去识别而不可能超前预估,过度严格的监管是对虚拟经济经营自由的侵犯,阻碍虚拟经济创新。在此意义上,不是所有的虚拟经济风险都能"防患于未然",虚拟经济监管应该是"风险回应型的,必须回应市场,形成风险对应性的监管格局"。②

回应型监管和监管组织的设计存在密切的关系。按照回应型法研究的集大成者、美国学者诺内特、塞尔兹尼克的说法,具有回应型特点的法律,其"持续权威和法律秩序的完整性来自设计更有能力的法律机构",③其深刻地表达了回应型法律与法律组织间的关联。笔者认为,专业化的监管组织是保证其成为"有能力的法律机构"的关键。同时,"回应"要以明确的回应"对象"为前提,传达给监管实施者的风险形态、发展趋势和危害性等信息,是决定监管目标、行为方式的重要参数,它事关监管对象和监管手段的选择,是保证监管方式与监管要求之间的适配和协调的重要因素。因此,构建

---

① Perri 6, Diana Leat, Kinbery Selter, Gerry Stoker, *Towards Holistic Governance*: *The New Reform Agenda* (New York: palgrave Press, 2002), pp. 37-39.

② 沈伟:《风险回应型的金融法和金融规制——一个面向金融市场的维度》,载《东方法学》2016 年第 2 期,第 45 页。

③ 诺内特、塞尔兹尼克:《转变中的法律与社会:迈向回应型法》,张志铭译,中国政法大学出版社,2004,第 87 页。

专门风险评估组织,以准确识别虚拟经济运行中的风险信息,对于虚拟经济的回应型监管的实现亦很关键。专业化的监管组织和专门的风险评估组织的设计,是回应型监管要求下虚拟经济监管组织构建的基本要求。

第一,强化监管组织的专业能力,实现虚拟经济的精准监管。"加强回应性的策略之一是专业化的补救",①虚拟经济监管组织的专业化,既是监管对象的专业化的逻辑延伸,也是虚拟经济实现回应型监管的基本要求。韦伯曾说,"专业化的知识素养"是提升组织效能的途径之一,它构成了现代管理组织结构一个普遍化原则。② 与其他经济监管行为相比,虚拟经济的复杂性和专业性使得该领域知识的形态愈加"弥散",分工更加多样,知识之间的界限更加明显,每个主体都只能拥有"知识的一小部分",非专业的主体对于特定知识必然处于一种"无从救济的无知"之中,③虚拟经济监管具有更为严格的专业化要求和"技艺"属性,所涉领域的分化使得监管的专业化分工成为必要,虚拟经济监管权应该由拥有专门知识、经验或者技能的主体来行使。因此,为保证虚拟经济监管行动的精准性,就需要通过专业化的分工把任务分配给能胜任的主体,由受过训练的人员执行监管任务,构成监管主体的工作人员必须在技术素质上合乎要求,"让更合格、更灵活的操作者(即专业人士)去处理这种复杂性"。④ 监管职务的确认取决于"候选人的资格或作出的成绩,或者同时参考两方面"。⑤ 总之,监管组织的专业化构成是监管行动精准回应风险的组织保证,专业化的组织是实现虚拟经济回应型监管在组织结构上的要求。

第二,构建独立的虚拟经济风险评估组织。虚拟经济风险回应型监管,

① [美]迈克尔·麦金尼斯:《多中心体制与地方公共经济》,毛寿龙译,上海三联书店,2000,第269页。
② [德]马克斯·韦伯:《经济与社会》,阎克文译,上海世纪出版集团,2010,第1096页。
③ [英]哈耶克:《法律、立法与自由(第一卷)》,邓正来等译,中国大百科全书出版社,2000,第68页。
④ [美]理查德·斯格特:《组织理论:理性、自然和开放系统》,黄洋等译,华夏出版社,2002,第238页。
⑤ [德]马克斯·韦伯:《支配社会学》,康乐等译,广西师范大学出版社,2004,第25页。

是指监管主体依据虚拟经济市场所反映出来的信息，有针对性地采取监管行动的过程。和所有的风险监管一样，其既涉及价值偏好的选择，也涉及对风险进行科学意义上的评估。在监管实践中，对风险的认知和评估无疑构成了虚拟经济监管行动发生的前提性知识。"行政机关的风险规制活动包含一系列的步骤和环节，如风险识别、登记、预防、评估、设定标准等。在这一系列环节中，风险评估是关键环节。"[①]从组织设计的角度讲，由于"风险评估和风险管理是风险行政的两项基本职能，风险行政组织法的关键即在于风险评估和风险管理的机构设置。"当下世界各国在诸多的风险监管领域都采取了风险评估和风险管理机构的分别设置模式，"为了解决问题，分解并建构适当的程序和组织，将风险问题分阶段解决是适当的"。[②] 笔者认为，设置独立的风险评估组织，意味着风险的识别、特征、危害描述等过程有了方法、程序、主体等方面的基本规则，评估机构的中立与独立，参与和透明以及评估本身的科学性有了组织保障，风险监管的决策有了统一、客观的科学标准，决策过程中不合理的经验、偏好、直觉、价值判断和系统性偏见等因素得以避免，这对于实现虚拟经济风险的精准化监管，无疑具有重大的意义。

三、虚拟经济监管组织构建及运行的框架设计

从本质上讲，风险监管是以一种明智的方式来保证风险被正确的人在正确的时间所理解，以确定性战胜不确定性的过程。[③] 它既需要正确的原理支撑，更需要构建可操作的技术，需要在理论和经验的基础上创设或归纳出一种可实现的秩序和制度安排。当然，虚拟经济监管组织的框架设计，无疑是一个宏大的命题，本文仅以上文所提出的虚拟经济设计的基本原理为依

---

① 戚建刚：《风险规制过程合法性之证成——以公众和专家的风险知识运用为视角》，载《法商研究》2009 年第 5 期，第 50 页。

② 王贵松：《风险行政的组织法构造》，载《法商研究》2016 年第 6 期，第 15-19 页。

③ 邢会强：《证券期货市场高频交易的法律监管框架研究》，载《中国法学》2016 年第 5 期，第 159 页。

据,同时参考我国现有的法律框架和经验做法,以及当下虚拟经济的主要实践类型,从多中心监管组织的设计路径、监管组织之间的协调路径、监管组织专业化的构建方法、监管评估组织建构的方法等方面,来探讨虚拟经济监管组织实践构造的框架。

(一)多中心监管组织构建的实践路径

首先,在当下我国的虚拟经济实践中,其业务类型主要表现为互联网支付、P2P 网络借贷、股权众筹融资、网络银行、互联网网络消费金融业务、互联网信托、互联网保险、互联网基金销售、持牌金融机构开展的其他金融业务,等等。2015 年 7 月,由中国人民银行牵头工信部、公安部、财政部、工商总局、法制办、银监会、证监会、保监会、国家互联网信息办公室制订的《关于促进互联网金融健康发展的指导意见》(以下简称《指导意见》)对我国互联网金融的总体监管框架进行了设计,提出了"分类监管、协同监管"的基本要求,确认了互联网金融多中心监管的监管组织模式。《指导意见》规定:属于支付清算范畴的互联网支付,由人民银行负责监管;属于民间借贷范畴的P2P 网络借贷,由银监会来负责监管;股权众筹属于股权融资范畴,由证监会负责监管;互联网保险、互联网信托和互联网消费金融,其本质属于保险业务、信托业务和金融消费业务借助于互联网技术的拓展和延伸,由保监会和银监会监管更为合理;互联网基金销售,由证监会监管更具有技术和经验优势;其他金融机构开展的其他金融业务,由其对应的金融机构进行监管;信息科技和技术操作风险,由工信部以及国家互联网信息办公室承担监管职责更为恰当。笔者认为,目前我国监管组织设计的方式符合互联网监管组织设计的基本原理,也能和我国现有金融监管组织有效对接,值得肯定。

其次,除了依据各个虚拟经济的业务属性和我国虚拟经济监管组织的既有体制来设计虚拟经济监管组织的多中心监管之外,虚拟经济监管多中心监管还需要各种行业协会的参与。作为一个拟制出的组织形态,行业协会可充当传统社会"熟人社区"的角色,不仅可以强化自发私人秩序中的"信息中介"功能,还能便利地为"社区"内的成员收集和传递失信成员的违约信息,同时具有对行业领域内争议进行裁决,以及对违约者进行统一惩戒的功能。① 在我国,银行业协会、证券业协会、保险业协会,以及于 2015 年 7 月成立的互联网金融业协会,都应该充分发挥对本行业运行风险的预防与监测功能。至于行业协会行使监管权的方式、范围及弊病防范,现有文献已有充分研究,本文不再赘述。

　　另外,在虚拟经济运行中,互联网平台的事前登记义务,事中违法信息或行为的发现义务,违法信息停止传输、保存、报告义务,以及事后配合执法等义务履行与否,也与虚拟经济风险的形成、积聚、传播、处理不可须臾分离。因此,在虚拟经济监管多元组织的设计中,互联网平台的监管义务同样需要特别强调。事实上,随着近年来互联网技术在各个行业的普遍适用,加重互联网平台的义务和责任,已成为我国互联网立法的重要特征之一,互联网平台的事前义务、事中义务和事后义务已在多部法律和规范性文件中有所体现。② 笔者认为,在虚拟经济监管的组织设计中,应该将互联网平台作为监管组织中的重要主体,完善虚拟经济的市场准入制度,通过互联网平台强化对虚拟经济的事中和事后管理,明确互联网平台在尽职调查、项目审

---

① 雷华顺:《众筹融资法律制度研究——以信息失灵的矫正为视角》,华东政法大学博士学位论文,2015年,第 8 页。

② 事前义务如《网络商品交易及有关服务行为管理暂行办法》规定,网络交易平台服务的经营者应当对申请通过平台的经营主体身份进行审查;《食品安全法》规定,对网络食品交易第三方平台提供者须履行实名登记入网经营者的义务。事中义务如《互联网信息服务管理办法》规定,互联网信息服务提供者对明显违反"九不准"内容的信息,要承担发现、停止传输、保存及报告的义务;《网络安全法(草案)》规定,网络运营者和电子信息发送服务提供者,对包括用户发布和发送信息在内的法律、行政法规禁止发布或传输的信息,有发现、停止传输、消除、保存及报告的义务。事后义务如《网络交易管理办法》要求,对于工商行政管理部门发现平台内有违反工商行政管理法律、法规、规章的行为,主管部门可依法要求第三方交易平台经营者履行采取措施予以制止的配合义务,以及要求第三方交易平台经营者履行按照工商部门的要求提供其平台内涉嫌违法经营的经营者的登记信息、交易数据等资料的义务,等等。

核、信息披露、隐私保护等方面的监管职责,使其与正式的政府金融监管机构、行业协会一道,形成立体交叉的监管格局,这对于虚拟经济风险的预防与消解,也很关键。

(二)监管组织跨部门协调机制建立的实践策略

虚拟经济监管组织跨部门协调机制,是在充分发挥各个独立的监管机构的优势,降低各自领域金融风险的同时,为克服分业监管的弊病,实现信息、资源共享、一致行动所作的努力。和所有的部门协调一样,它涉及基础设施、行政管理、信息系统以及专业人员的集中调配等若干问题。有学者认为,跨部门协调合作机制的基本要素包括目标与责任、组织文化沟通、领导者、角色与责任的明晰、参与者、资源、书面合作指南与协议等内容,[1]笔者将虚拟经济监管组织协调机制建立的基本要素归纳为文化、资源、责任和技术等四个要素。限于篇幅,下文笔者仅择取上述四个要素的关键点,对虚拟经济监管组织跨部门协调的路径框架作一简要分析。

文化要素和资源要素是虚拟经济监管协调得以实现的动力基础和物质保障。文化要素要求虚拟经济监管过程中,各监管主体确立共同的目标,注重对长期利益的考量,塑造民主、平等、信任等合作文化,发挥文化背景下的共同信念和行动约束力,以此为基础,实现在虚拟经济监管中各方主体间的利益协调、分工协作、团队塑造和责任共担,克服隔阂与分裂,追求共赢结果。资源要素要求虚拟经济监管组织的协调,要求充分的资金,足够的人员配置和匹配的技术系统。因此,充分保障监管机构协调机制所需的资金并规范资金的使用,配备具有合作知识、技术和能力的人员,充分利用新时代的信息网络技术,实现信息的互通与共享,是实现虚拟经济组织间协调的资源基础。

---

[1] 马英娟:《走出多部门监管的困境——论中国食品安全监管部门间的协调合作》,载《清华法学》2015年第 3 期,第 54 页。

　　责任要素和技术要素是虚拟经济协调机制得以实现的方法和过程保障。从责任的角度来讲，监管组织间的协调意味着众多行动者间多重、共享的责任关系形成，落实这种责任类型的关键点在于把纵向的责任机制融合于个体机构的绩效体系当中。① 实践中，可通过法律、法规、规章、政策或合作协议来明确各个监管机构的责任范围，划定责任边界，实现事、责、权的统一，同时建立规范的绩效考评与奖惩机制，以促成责任的落实，并在责任范围确定和比例设定的基础上构建责任共担机制，是虚拟经济监管组织协调机制目标有效实现的责任保障。从技术角度来讲，和所有的跨部门协调一样，虚拟经济监管组织的协调机制也可分为结构性协调机制和程序性协调机制，结构性协调机制侧重协调的组织载体，即为实现跨部门协调而设计的结构性安排，如联席会议、专项治理小组等。程序性协调机制则侧重于实现协调的程序性安排和技术手段，如监管行动的启动方式和程序性安排，参与的人员确定，促进协调的技术手段、财政手段和控制工具，等等。② 这些都是建立虚拟经济监管组织协调机制，减少重复性支出、实现规模经济，从而达到合理使用资源、降低成本、提高监管效益值得依赖的手段和技术。

（三）提升监管组织专业化能力的实践方案

　　虚拟经济监管组织设计中强调多中心的监管模式，目标在于保证各领域有集中精力和实践，完善各自领域的监管政策、监管制度和监管机制以实现集中、统一、权威、精确和高效的监管，其本身就是监管组织专业化的努力和表现。但是，在虚拟经济业务分工日益精细、所涉行业日益深入的背景下，仅仅通过监管机构的分工来实现专业化是远远不够的，虚拟经济监管组

---

① 参见谭学良：《政府协同三维要素：问题与改革路径——基于整体性治理视角的分析》，载《国家行政学院学报》2013 年第 6 期，第 104 页。

② 周志忍、蒋敏娟：《中国政府跨部门协同机制探析——一个叙事与诊断框架》，载《公共行政评论》2013 年第 1 期，第 93 页。

织的专业化还需借助其他手段来加以强化。本文认为,虚拟经济监管中专家知识的引入和监管队伍的专业化建设,是互联网监管中提升监管组织专业化能力的可行路径。

在现代社会,专家知识已成为时代标签之一,专家系统是现代性各种制度和事务正当化的关键方法,也是人们判断未来和减少风险的主要依据。①正是基于这一缘由,《中共中央关于加强党的执政能力建设的决定》中规定,"对专业性、技术性较强的重大事项,要认真进行专家论证、技术咨询、决策评估"。专家体制既是专家参与公共决策的制度化方式,又是政治决策合法性的技术来源,②在虚拟经济监管领域,对风险的判断和治理的过程,很大程度上是一个具有专业性和技术性的科学问题,其并不涉及激烈的价值冲突,主要与工具理性相关联,工具理性是"运用专业能力充分地解释其决策基础,这种专业能力通常会与行政机关的事实发现功能紧密相连"。③ 虚拟经济的监管"不仅要求诀窍、经验以及一般的'聪明能干',而且还要有一套专门化的但相对(有时则是高度)抽象的科学知识或其他人认为该领域内某种智识结构和体系的知识",④但互联网的急速发展和变动的事实又决定了行政机关在"理解相关政策问题在智力和经验上的局限性"极为明显,⑤因此,让"成功占据外行所不具备的具体技能和专门知识"⑥的专家成为虚拟经济监管决策的参与者,借助其所拥有的专家理性完成虚拟经济监管中知识、经

---

① 赵万里、李艳红:《专家体制与公共决策的技术—政治过程》,载《自然辩证法研究》2009 年第 11 期,第 79-82 页。

② 赵万里、李艳红:《专家体制与公共决策的技术—政治过程》,载《自然辩证法研究》2009 年第 11 期,第 79 页。

③ 赵鹏:《风险评估中的政策、偏好及其法律规制:以食盐加碘风险评估为例的研究》,载《中外法学》2014 年第 1 期,第 33 页。

④ [美]理查德·波斯纳:《超越法律》,苏力译,中国政法大学出版社,2001,第 44 页。

⑤ Drucker, Peter F. "*The Discipline of Innovation*," Harvard Business Review63, No. 3 (1985):13-15.

⑥ [德]乌尔里希·贝克等:《自反性现代化——现代社会秩序中的政治、传统与美学》,赵文书译,商务印书馆,2001,第 106 页。

验和技能的补给,是保证对虚拟经济风险的识别、判断更为准确,方法与工具更为得当的重要路径。

结合虚拟经济监管的要求及内容,笔者认为,虚拟经济监管中专家知识运用的重点内容,主要包括对虚拟经济运行状态的判断、风险发生及变化的预估、风险性质的界定、监管目标的设定、监管手段的确定及有效性评估,等等。就参与的模式而言,应让专家实质性地嵌入虚拟经济监管机构并加以体制化,成为虚拟经济监管系统中的确定构成,唯有此,才能保证虚拟经济监管中专家知识利用常态化。制度设计中可就虚拟经济风险评估、决策组织中的专家代表数量、选任标准、选任程序予以明确,通过一整套连续和统一的制度、组织与规范体系,将专家真正吸纳到监管框架当中,提升虚拟经济监管行动的专业性。

除了专家参与之外,监管队伍的建设也是提升监管组织专业化的关键要素。实践中可就虚拟经济监管队伍的职业准入、资格认定、专业水平、实践能力、考核机制、教育培训体系等方面,制订明确的规范。比如,虚拟经济监管职业准入,实践中可参照会计人员、司法工作人员的模式,建立监管人员资格考试制度,从专业知识方面设置监管人员的胜任条件。再比如,通过建立持续的定期业务培训、升职培训的教育体系,来构造更为专业的监管队伍,提升监管组织的专业化水平。至于金融监管队伍专业化建设的具体路径,现有文献已有较多研讨,笔者不再赘述。

(四)风险评估机构组织设计的实践路径

在所有的风险治理行动中,风险评估不仅是风险分析框架的基本构成,而且还处于"灵魂性"的位置,是监管决策和执行的依据。"风险评估不仅决定了某一风险是否应当优先纳入行政机关的规制日程,而且也决定了行政机关应当采取何种处置手段或措施,设定何种规制标准,进而作出进一步决策。"①正是基于这种重要性,我国在多部法律中都规定了风险评估的内容,比如,在食品安全、药品安全、农产品安全监管领域,现行法律对风险评估机构的设立进行了明确规定,比如《食品安全法》第17条规定,国务院卫生行政部门负责组织食品安全风险评估工作,成立由医学、农业、食品、营养、生物、环境等方面的专家组成的食品安全风险评估专家委员会进行食品安全风险评估;《农产品质量安全法》第16条规定,国务院农业农村主管部门应当设立农产品质量安全风险评估专家委员会,对可能影响农产品质量安全的潜在危害进行风险分析和评估。另外,国家食品药品监督管理总局成立的保健食品安全风险评估专门委员会、化妆品安全风险评估专门委员会,质检总局的全国国境口岸公共卫生风险评估委员会,均是风险评估机构独立运行的例证。笔者认为,虚拟经济风险监管也应参照上述模式来构建自己的评估机构。

首先,关于虚拟经济风险评估机构的定位问题,按照我国学者王贵松的研究,在职能分配上,其应该是辅助机关中的咨询机关,在内部领导体制上,其是合议制而非独任制机关,在上下级关系上,其应该是具有独立性的机关。② 虚拟经济监管中的风险评估机关,也应该以此定位来构建自身。其次,关于评估主体的构成问题,在当下,评估主体多元化构成已是任何风险评估主体设计的主流趋势,政府监管机构人员、利益相关者、专业评估机构、专家学者、公众都应该成为评估组织的参与者,实践中,可就各个参与主体的权利与责任、参与的范围与参与的方式,参与的形式与参与的程序,以及评估主体间的权责关系进行明确,赋予各个评估主体特定权力,同时要求其

---

① 戚建刚:《风险规制过程合法性之证成——以公众和专家的风险知识运用为视角》,载《法商研究》2009年第5期,第50页。

② 王贵松:《风险行政的组织法构造》,载《法商研究》2016年第6期,第18-19页。

依法承担相应的评估责任,实现虚拟经济评估组织的法治化运行,以此来保证评估机构的民主性、科学性和独立性。

"组织实质性地影响了当今社会生活的每一个方面"。①　虚拟经济监管组织设计的合理与否,决定着虚拟经济监管的正当与否、效率,甚至成败。虚拟经济的产生和发展,的确对传统的金融监管组织体制提出了挑战,但尊重事物本身的性质,从虚拟经济运行的基本事实出发,来探究虚拟经济监管组织设计的基本原理及框架设计,无疑是我们必须遵从的一个前提。而且,"除非处于极端情形,学者们似乎不应动辄抛弃现行依然有效的金融监管制度,依据抽象公理或域外法制对金融法实施一次又一次的'重构'",②作为一种不可否认的力量,我国特定的经济体制、行政管理体制、法律环境和制度背景,必然会影响虚拟经济监管组织设计的原理和框架,这种"路径依赖"同样是我们在虚拟经济监管组织设计中须认真对待的问题。否则,相关的理论构造和制度设计,不仅会陷入自说自话的尴尬,也会消解理论的解释力和制度本身的有用性。

---

① 　[美]理查德·斯格特:《组织理论:理性、自然和开放系统》,黄洋等译,华夏出版社,2002,第 1 页。

② 　彭岳:《互联网金融监管理论争议的方法论考察》,载《中外法学》2016 年第 6 期,第 1633 页。

第五章　虚拟经济风险预警的法制逻辑

　　一般认为,虚拟经济风险预警是在虚拟经济系统运行过程中,对风险发生的诱因进行识别,对可能发生的风险和损失以及虚拟经济体系遭遇破坏的情形进行评估和预报的过程。虚拟经济风险预警对一国虚拟经济的健康发展有着异常重要的功用,"一个国家金融风险的防御能力,主要取决于是否拥有一套正确反映金融体系健康与稳定的金融预警制度。"[①]随着虚拟经济在经济领域中位置的凸显,以及政府在各类风险防治中的关键角色,使得政府对虚拟经济风险的规制成了现代政府的重要职能之一。多年来,理论界围绕金融危机的爆发原因、形成机理和防范路径展开了广泛的研讨,其中对虚拟经济风险预警的研究,始终是金融学、管理学等学科研究的热点。然而遗憾的是,法学界对虚拟经济风险预警法律制度建构的研究一直较为有限,在我国,除极个别的几篇文章外,[②]对虚拟经济风险预警法律制度的建构原理和框架等问题,近乎集体失语。在"危险防止型行政"的要求下,[③]作为

---

① 董小君:《建立有效的金融风险预警机制》,载《金融时报》,2004 年 11 月 17 日。

② 我国法学界对金融风险预警法律制度的研究,可见的著述仅有黎四奇发表于《甘肃政法学院学报》2010 年第 1 期的《对我国金融危机预警法律制度构建的思考》和周昌发发表于《创新》的《中国金融调控预警制度建构论》,黎文在对当下流行的金融危机预警模型进行分析的基础上,对金融危机预警法律制度的前置性问题和法治化构造进行了分析,周文对金融调控预警制度建立的必要性,我国金融预警制度存在的问题及变革路径进行了分析。但黎文和周文对于金融危机预警的研究切入点和分析角度比较单一,存在研究周延性不足的问题。

③ 王贵松:《行政裁量权收缩之要件分析——以危险防止型行政为中心》,载《法学评论》2009 年第 3 期,第 111-118 页。

虚拟经济风险监管核心环节的虚拟经济风险预警,理应成为国家虚拟经济监管的重要内容,虚拟经济风险预警法律制度是"金融监管制度构建中必须慎思、明辩、笃行的重大问题"。[①] 缺乏虚拟经济风险预警的虚拟经济监管制度是不完整的,虚拟经济风险预警法律制度的缺位会让政府的虚拟经济监管陷入功亏一篑的境地。

如果从整体主义的角度考虑,虚拟经济风险预警的有效性不仅要考虑虚拟经济风险预警技术和方法本身的正当性,还要考虑虚拟经济风险预警组织构造的合理性,更要立足于特定的政治和社会环境,考虑虚拟经济风险预警评估体系的科学性。在笔者看来,它们均和制度相关,具体而言,和所有的风险一样,虚拟经济领域的"风险"固然是一个科学意义上的概念,[②]科学意义上的"风险"并不能包含风险发生的全部内容,虚拟经济风险预警方法、预警指标选取和预警系统的构造等预警技术和方法,会导致虚拟经济运行中权力、权利关系的变化和利益结构的调整,预警技术和方法的运用与法律制度间存在着彼此关联、相互塑造的关系,法律制度会对其产生直接的引领和矫正作用,是判断虚拟经济风险预警技术和方法"良善"的重要工具。同时,有效的虚拟经济风险预警必然涉及预警的组织架构和管理体制等问题,它关系着虚拟经济风险预警行为的效率和秩序,同样需要法律制度的规范。另外,虚拟经济风险尽管是发生于特定领域的社会现象,但其终究是"风险"之一种,绝非仅由经济领域的"事件"造成,而需要通过政治、社会的要素加以定义和建构。与之同理,对虚拟经济风险的预警也就不是仅通过对虚拟经济体系本身的分析即可成就的事业,其必然是一个与政治和社会要素相关联的行动,虚拟经济风险预警的政治、社会判断和考量不可避免。因此,超越传统虚拟经济风险预警仅着眼于虚拟经济活动,从政治和社会的

[①]　黎四奇:《对我国金融危机预警法律制度构建的思考》,载《甘肃政法学院学报》2010 年第 1 期,第 81 页。

[②]　[美]伊丽莎白·费雪:《风险规制与行政宪政主义》,沈岿译,法律出版社,2012,第 14-15 页。

角度对虚拟经济风险预警评估体系合理设定并通过法律制度加以确认,明确虚拟经济风险预警评估体系的内容,是保证虚拟经济风险预警行为具有社会有用性的关键环节。基于此,本文拟对虚拟经济风险预警技术和方法层面的预警指标选取及预警模型建构的法制保障,预警组织层面的组织形态和组织结构及其法律规范,政治和社会层面的预警评估系统及法制实现等内容进行研究,为虚拟经济风险预警实践提供明确的法制保障,这对于保证我国虚拟经济风险预警的法治化和规范化,无疑具有极为重要的意义。

一、虚拟经济风险预警技术和方法的规范要求及制度落实

自金融危机作为虚拟经济运行中的一个问题被关注以来,理论界主要从预警指标的选择和预警模型建构的角度切入,试图实现对虚拟经济风险在技术和方法上的准确预测。在笔者看来,无论对虚拟经济风险预警监测系统的建构类型如何繁杂多样,其核心内容无非是将特定时段内可能诱发虚拟经济风险的诸多要素量化为具体的指标和数据,通过一定的方法加权形成综合指数并构造相应模型,以表达虚拟经济风险发生的可能性及大小的决策支持系统和方案。预警指标的选取和预警系统的构造构成了虚拟经济风险预警在技术和方法层面的核心内容,其主要依赖数理统计知识,以计量经济模型为手段来完成。按照惯常的理解,数理统计、计量模型是一种分析工具和技术,是为达到某种目的的技术手段和科学体系。[①] 多年来,借助于技术工具对预测虚拟经济风险发生时经济指标变量的合理筛选,对各种虚拟经济变量与虚拟经济风险之间关联模型的建构,学术界已经进行了大量卓有成效的研究。但我们还需追问的是,在虚拟经济风险预警的指标选

---

① 刘阳、李政:《经济学研究"轻思想重技术"倾向须扭转》,载《光明日报》,2013 年 9 月 4 日,第 11 版;陆蓉、蒋南平、陈彦斌等:《经济学论文的思想性与技术性关系笔谈》,载《经济理论与经济管理》2013 年第 10 期,第 7-16 页。

取和预警系统的构建过程中,以技术和方法为核心的虚拟经济风险预警是否总是完备的?　如果不是,法律制度可为虚拟经济风险预警的系统构造和指标选取提供何种帮助?

（一）虚拟经济风险预警系统构造中法制规范的意义及实现路径

前文已论,虚拟经济风险的确是一个"科学"上的概念,并需要技术的手段去理解和识别,计量、统计和模型建构中数理知识所具有的严谨性品格,决定了其在虚拟经济风险预警系统构造中的不可或缺。但问题的关键是,风险的发生"具有人际关系上的根源",[1]即便是科学意义上的风险界定,"在本质终究会体现为利益博"。[2]"人际关系"和"利益博弈"既是法律制度作用的对象,也是法律制度调整的结果,虚拟经济风险预警系统建构的方法和技术必然会受到制度因素的影响。虚拟经济预警系统建构只有和法律制度形成良好的互动,才能保证预警结果的科学性。在笔者看来,虚拟经济风险预警系统构造中强调法律制度,主要有以下几个方面的缘由。

第一,法律是保证虚拟经济风险预警系统设计合理化的关键力量,虚拟经济风险预警系统建构的目的是形成正确的预警结论,而正确的预警结论是风险处置中正确决策的基础,"应对现代化风险时,成败的关键就在于,是在方法论上以客观的方式解释并科学地展现风险和威胁,还是轻视并掩盖风险和威胁",[3]法律制度对于"方法论上的客观方式"的促成具有不可替代的作用,正确的虚拟经济风险预警系统构建方案依赖于法律制度所设定的理念要求和价值准则。同时,作为技术和方法的预警系统构造并非总是正确和理性的,"技术是一种双面现象:一方面,有一个操作者,另一方面,有

---

①　张康之、张乾友:《在风险社会中重塑自我与他人的关系》,载《东南学术》2011 年第 1 期,第 71 页。

②　王贵松:《风险社会与作为学习过程的法——读贝克的〈风险社会〉》,载《交大法学》2013 年第 4 期,第 169 页。

③　[德]乌尔里希·贝克:《风险社会》,何博闻译,译林出版社,2004,第 194 页。

一个对象。当操作者与对象都是人时,技术行为就是一种权力的实施。"①而且,技术本身就负荷着价值判断,或者说,可以对技术本身作出价值判断,②虚拟经济风险预警中,"量化技术"本身就存在着风险。③ 虚拟经济风险预警模型构造主要依赖于计量经济学知识,但在计量经济学应用中,"问题和错误也大量存在,究其原因,是对计量经济学模型的方法论基础,特别是它的哲学基础缺乏深入研究和正确理解",④作为技术的统计方法和计量经济方法,只有在一定的价值和目标的指导下才能保证运用的正当性。

如果缺乏法律制度所给予的价值合理性,虚拟经济风险预警模型构建的随意性难免会增加,预警失败的概率也会随之提升,为避免和消解虚拟经济风险所作的努力有可能成为放任风险发生的缘由。实践中,为控制风险的虚拟经济风险预警,因预警不当而放任风险发生,或扩大危害范围和加深危害程度的情形,并不鲜见。"金融危机的编年史向我们展现了这样一个事实:尽管许许多多的各家之言丰富了金融危机预警的学术理论,但是让人颇有些措手不及的金融事件或金融危机并不以这些既定的理论为转移,我们必须直面的是,眼下金融危机的预警理论仍比较稚嫩,人们对成功预警的把握仍相当肤浅。"⑤在虚拟经济风险预警系统构造中,仅强调技术要素而忽视制度要素,会影响动机的正确性和价值标准的恰当性,进而影响预警结果的有效性与合理性。

第二,法律制度是克服虚拟经济风险预警模型构造"唯科学"弊端的有效方法。"没有社会理性的科学理性是空洞的",⑥虚拟经济风险预警系统是

---

① [美]安德鲁·芬伯格:《技术批判理论》,韩连庆、曹观法译,北京大学出版社,2005,第17页。

② 杨庆峰:《技术现象学初探》,上海三联书店,2005,第182页。

③ Elizabeth C. Fisher, *"The Risks of quantifying Justice,"* in Robert Baldwin（ed.）,Law and Uncertainty: Risks and legal Processes, 1977, pp.306-311.

④ 李子奈、齐良书:《关于计量经济学模型方法的思考》,载《中国社会科学》2010年第2期,第70页。

⑤ 黎四奇:《对我国金融危机预警法律制度构建的思考》,载《甘肃政法学院学报》2010年第1期,第80页。

⑥ [德]乌尔里希·贝克:《风险社会》,何博闻译,译林出版社,2004,第30页。

虚拟经济风险预警必须依托的环节,但要使其实质性地完成这一任务,其自身必须拥有正确预见虚拟经济风险的基本要素。法律制度及其价值预设对于预警系统的设计会起到引领作用,能保证虚拟经济风险预警系统构造中技术和方法的价值正当性。实践中,正是缺少了法律制度所给予的规范作用,使得当下流行的虚拟经济风险预警系统中工具主义成为主流范式,视角分散和话语隔离等情形普遍存在。在笔者看来,当虚拟经济风险是一个因多种因素交织而形成的社会事实的时候,其便不可能仅仅是一个模型构造、数据统计以及逻辑推演的问题,忽视了法律制度和社会理性的虚拟经济预警系统,是一种将虚拟经济风险预警行动局限于工具范畴而忽视目的理性的简约化处理,是一种以工具理性代替价值理性的浅显做法。这种情形的极端后果,便是"唯科学"的独裁,构成"对科学方法奴性十足的模仿"。① 虚拟经济风险预警系统中技术运用无论如何不可缺少,但它也不可能满足系统构建的所有要求。

因此,我们需要通过法律对虚拟经济风险预警加以规范。当然,并非虚拟经济风险预警系统的所有构成要素都具有"可法律化"的条件,由于法律只能调整相对确定的对象且只能确立一般性的行为规则,其发挥作用的领域只能是社会关系,对于虚拟经济风险预警系统中纯粹的技术问题,比如,经济变量参数的设置、预警指标阈值的构建、预警权重的设置、预警数值的加权、预警模型的构造等,由于其难以固定且缺少确定不变的选择模式,不具备法制规范的前提,自然不可能通过法律对其施以规范化约束,法律制度也无法为其建立精准的实施标准。笔者认为,虚拟经济风险预警系统构造法制规范的重点,在于对虚拟经济风险预警系统构造目标正当性的制度落实和保障,应将虚拟经济创新与虚拟经济稳定的平衡、虚拟经济安全和虚拟经济效率的兼顾、虚拟经济公平和虚拟经济公正等保障作为虚拟经济风险

---

① ［英］弗里德里希·A.哈耶克:《科学的反革命:理性滥用之研究》,冯克利译,译林出版社,2003,第6页。

预警模型设计的目标要素和价值追求,通过法律制度加以确认。

虚拟经济创新与虚拟经济稳定的平衡、虚拟经济安全与虚拟经济效率的兼顾、虚拟经济公平与虚拟经济公正的保障在虚拟经济法的研究中显然不是一个全新的话题。但笔者依然认为,其应当作为虚拟经济风险预警模型构造的理念预设并需要通过法律制度加以保障。理由在于,虚拟经济风险预警模型构造作为虚拟经济风险预警系统的核心环节,要为虚拟经济风险警戒线的确定提供依据,虚拟经济运行中是否存在风险以及风险的严重程度,虚拟经济风险转化为虚拟经济危机的可能性,这些判断的形成均有赖于虚拟经济风险预警模型的科学设计。政府的虚拟经济监管行动也仰赖于虚拟经济风险预警模型所确定的风险状态信息。在此意义上,我们甚至可以认为,虚拟经济风险预警模型的构造才是决定国家虚拟经济干预合理性的关键所在,现代金融监管法律制度所要求的"金融创新与金融稳定的平衡、金融安全与金融效率的兼顾、金融公平与金融公正的保障"等基本理念,必须在虚拟经济风险预警模型构造中优先强调。

进一步讲,笔者将"虚拟经济创新与虚拟经济稳定的平衡、虚拟经济安全与虚拟经济效率的兼顾、虚拟经济公平与虚拟经济公正的保障"作为虚拟经济风险预警模型设计的理念,绝非仅仅是一种基于简单的逻辑推导所得出的结论,其必然会作为一种现实力量真实地影响到虚拟经济风险预警模型的设计过程,此处笔者仅以预警模型建构中的指标权重为例予以说明。

虚拟经济稳定作为虚拟经济风险预警模型设计的核心目标自然毋庸置疑,但虚拟经济稳定终究是一个主观判断,虚拟经济风险预警模型中不同的稳定性指标选取和权重设计,会得出不同的关于虚拟经济稳定情势的结论。就虚拟经济创新而言,如果预警模型构造中加大创新产品或行业在资产质量、盈利能力、管理质量等方面的权重,虚拟经济风险预警系统所得出的警戒线会因此前移。一个客观事实是,作为新生事物的虚拟经济创新,其产品、市场、交易和管理质量难免不够成熟和规范,如果以此作为虚拟经济预警和虚拟经济监管的决策依据,极可能造成对虚拟经济创新的抑制。但过分降低虚拟经济创新产品和行业的风险权重,又可能会放任虚拟经济创新所蕴含风险的发生和扩散,错过预防虚拟经济风险的最佳时机。由此可见,虚拟经济风险预警系统才是落实"虚拟经济稳定和虚拟经济创新平衡"的首要环节。其次,就虚拟经济风险预警系统中的"虚拟经济安全和虚拟经济效率的平衡"理念而言,诚如有学者所论,长期以来,虚拟经济市场始终呈现出一种"治乱循环"形态——当虚拟经济危机出现时,政府过分强调虚拟经济安全,由此导致了虚拟经济市场效率的减损。为了促进经济的发展,监管主体又开始强调虚拟经济效率,于是新一轮的虚拟经济危机又开始生成。造成这种状态的原因,是虚拟经济法制未能找到跳出虚拟经济安全和虚拟经济效率两者之间的参考指标。① 在笔者看来,此处的"参考指标"正是虚拟经济安全和虚拟经济效率均衡点,其无疑与虚拟经济风险指标的权重设计直接相关。另外,笔者之所以要将"虚拟经济公平和虚拟经济公正的维护"作为虚拟经济风险预警系统建构的理念预设,是因为虚拟经济风险预警系统以识别虚拟经济风险源为核心内容,对不同的虚拟经济业务风险指标权重的不同设计,会形成关于虚拟经济风险来源于哪个领域的不同认识,国家的虚拟经济监管会以此为依据选择不同的治理重点,并采取诸如鼓励或支持、抑制甚至禁止等不同的干预措施,这势必会对不同的行业产生不同的影响,其本质上是一个虚拟经济公平和虚拟经济公正的问题。凡此种种,都足以说明,虚拟经济风险预警系统构造中确立"虚拟经济创新与虚拟经济稳定的平衡、虚拟经济安全与虚拟经济效率的兼顾、虚拟经济公平与虚拟经济公正的保障"等理念并通过法律加以保障的关键意义。

---

① 冯果:《金融法的"三足定理"及中国金融法制的变革》,载《法学》2011 年第 9 期,第 95 页;邢会强:《金融危机治乱循环与金融法的改进路径——金融法中"三足定理"的提出》,载《法学评论》2010 年第 5 期,第 47 页。

总之,法律制度是维系预警系统合理性和权威性的关键力量。在任何情况下,"法律制度都可用以维系科学的权威",①虚拟经济风险预警系统的构造过程,终究是社会生活中人的行动,制度决定着主体在行动中的角色和行为准则,如果缺乏制度的约束,预警系统建构中的主体难免会出现"基于自身的专业优势,形成一种话语权垄断,这种话语权垄断便于他们在实施技术治理时将自我偏好和自我利益植入进去"的情形,②而虚拟经济风险源的多环节、多样化存在更是为技术运用的偏差提供了形成空间,极可能导致对虚拟经济风险预警价值准则和道德意义的忽视,缺乏制度规范的预警系统构造,无法为国家的虚拟经济风险干预活动提供正当性依据。

(二)虚拟经济风险预警指标选取和使用的制度规范③

按照经济学的解释,虚拟经济风险可通过一系列的虚拟经济预警技术和虚拟经济风险指标来度量。笔者认为,对虚拟经济风险预警指标选取的问题,在本质上是哪些利益被关注、哪些要素需纳入的问题,它关系着虚拟经济风险预警技术运用中利益判断的正当性。同时,通过制度促使预警主体在指标数据提供和使用中强化自身管理,也是提升虚拟经济风险预警效率的关键。但是,当下虚拟经济风险预警系统的构造过程,较少有相应的法律制度对其加以约束和规范,诚如有学者所论,在预警指标选取的过程中,尽管设计者均"自诩取样指标客观真实",但事实上指标选取却"较为随意","指标取样的随意性必然导致模型预测的结果本身附着有强烈的主观

---

① Jasanoff S. , "*Law's Knowledge: Science for Justice in Legal Setting's*," American Journal of Public Health95 , No. S1(2005) :95.

② 郑智航:《网络社会法律治理与技术治理的二元共治》,载《中国法学》2018 年第 2 期,第 119 页。

③ 严格来讲,金融风险预警指标的选取和使用是金融风险预警系统的构成部分,笔者之所以将之作为一个独立的问题来论证,是因为金融风险预警指标选取是金融风险预警最为核心的部分,而且预警指标选取过程中存在着更多的可以作为制度存在、应当普遍遵守和反复适用的规则,因此有单独论述的必要。

性与不确定性",最终成为导致虚拟经济风险预警失败的"致命一击",①缺乏合理性的虚拟经济风险预警对虚拟经济风险处置的指导作用极为有限,甚至适得其反,成为虚拟经济风险预警中错误决策的依据。笔者认为,确认预警指标选取原则和选取范围,制订预警信息采集和使用方案,是法制规范虚拟经济风险预警指标选取的重点所在。

第一,预警指标选取原则的法律确认。在法律制度体系中,原则是具有最高效力的行为规范,"是超级规则,是制订其他规则的规则"。② 对虚拟经济风险预警指标选取原则的制度确认,影响着虚拟经济风险预警行动的立场、导向和目标,它在虚拟经济风险预警指标选择中发挥着基础性的作用。就其具体构成而言,笔者认为,虚拟经济风险预警指标选取应包括以下几个原则。

(1)规范性与可操作性相结合的原则。该原则要求虚拟经济风险预警指标选取应遵循科学性的要求,把握虚拟经济市场基本规律,吸收和借鉴世界上其他国家的经验和做法,注重与国际惯例接轨,以实现指标选取的规范性目标;同时,该原则要求所选取的指标是来源于现实经济数据的可靠数值,同时便于监管部门的实时监测和度量,有可量化的基础和依据,对于不可得或缺乏客观性的数据应予以舍弃,以此保障实践中的可操作性。

(2)完整性和重要性相结合的原则。随着虚拟经济混业经营的不断强化,国家之间、区域之间和产业之间依存度不断增高,虚拟经济风险的传导效应和系统性明显增强。因此,虚拟经济预警指标的选取体系要力求完整,能综合反映虚拟经济系统的运行态势和虚拟经济业的整体过程;同时,尽管虚拟经济风险的形成是多种因素影响的结果,但特定时空条件下虚拟经济风险的形成必然有一个最主要的诱发要素(比如某个行业、区域),因此指标选取除了考虑综合性之外,还需对特定虚拟经济风险的形成起决定性作用

---

① 黎四奇:《对我国金融危机预警法律制度构建的思考》,载《甘肃政法学院学报》2010 年第 1 期,第 81 页。

② [美]弗里德曼:《法律制度——从社会科学角度观察》,李琼英、林欣译,中国政法大学出版社,1994,第 46-47 页。

的指标重点考虑,做到综合性和重要性相结合。

（3）及时性和动态性相结合原则。该原则要求用于测算虚拟经济风险数据信息的收集和报送应及时进行,不得拖延和积压;同时,对于指标选取的范围及其合理量值的评估应根据虚拟经济风险成因和时空环境,并结合虚拟经济产业的环境变化、周期态势来加以取舍和调整。

（4）关联性与互补性相结合原则。该原则要求虚拟经济风险预警指标和虚拟经济风险之间应存在互为因果的关联,每个预警指标的变化都能反映虚拟经济风险的发生、发展;同时,该原则要求各个指标之间尽管在横向上或纵向上具有独立性,但这些指标应该相互联系、相互补充,定性和定量相结合,能全面地反映虚拟经济系统的安全状况。[①]

第二,预警指标选择范围的法律规范。虚拟经济风险发生的领域和诱发的因素是决定预警指标选取范围的事实依据,法律制度可保障指标选取的确定性、客观性、周延性和精准性。笔者认为,虚拟经济风险预警指标选择不仅要关注单个领域和行业的因素和指标,还应将与虚拟经济体系稳健性相关的所有因素纳入预警虚拟经济风险的指标范围。这不仅是当前的虚拟经济风险所具有的关联性和系统性特点所决定的,也与对虚拟经济实施宏观审慎规制的理念相一致,[②]理应成为虚拟经济风险预警指标选择的依据并通过法律加以确认。

就基本内容而言,在市场经济条件下,各国虚拟经济机构体系的经营方式、基本结构、创新方式和运行规律基本相同,学界对诱发虚拟经济风险发

[①] 陈秋玲、薛玉春、肖璐等:《金融风险预警:评价指标、预警机制与实证研究》,载《上海大学学报》(社会科学版),2009 年第 5 期,第 130-131 页。

[②] 一般认为,宏观审慎是指从金融体系稳定性角度对整个体系进行风险监测和预警,其理念包括,第一,宏观审慎监管关注整个金融体系而非单个金融机构;从监管目标来看,宏观审慎应对的是系统性风险而非个体风险,追求的是金融体系的稳定而非机构本身的营运安全;从监管机理看,宏观审慎以整个金融产业为单位而非以单个机构为单位。参见余绍山、陈斌彬:《从微观审慎到宏观审慎:后危机时代国际金融监管法制的转型及启示》,载《东南学术》2013 年第 3 期,第 50-56 页。

生因素也有较为一致的归纳,大致可分为微观指标、宏观指标和市场指标。微观指标包括虚拟经济机构及相关机构的资本充足率、资产质量、管理质量、盈利情况、流动性情况和虚拟经济机构对市场风险的敏感性指标。宏观指标包括经济增长率及波动幅度、国际收支指标、通货膨胀、利率与汇率、贷款总规模和资产价格变化、股市变化指标、外部冲击的可能性、虚拟经济自由化程度及影响,等等。市场指标包括虚拟经济机构发行的证券(比如股票、债券等)价格的变化、信用评级及其变化,等等,[1]虚拟经济风险预警指标的选取范围亦应根据该指标框架进行。

　　法律制度设计时,可采取列举式条款加兜底条款的方式来确定预警指标选取的基本框架。通过列举式条款,尽可能地对引发虚拟经济风险的微观指标、宏观指标和市场指标予以明确,为预警行为提供尽可能明确的方案和指引,以此来满足虚拟经济风险预警指标确定性的要求。同时,由于国家虚拟经济情势的复杂性和变化性,以及立法技术的约束和立法者认知能力的限制,完全列举虚拟经济风险预警指标的范围并不现实。当列举条款不能为虚拟经济风险预警指标的选取提供充分指示的时候,兜底条款的存在便很有必要。兜底条款作为立法者无法穷尽列举之情形的一种立法技术,是增强制度适应性、包容性的手段,也是保障制度稳定性和简洁性的方法,在制度设计中可采取“其他可能引起虚拟经济风险的要素和情形”的方式加以规定,赋予虚拟经济预警主体根据环境变化、技术发展和虚拟经济创新所出现的新情势、新问题,灵活确定虚拟经济风险预警指标的选取框架。

　　第三,预警信息采集和使用的制度框架。数据信息是虚拟经济风险预警的基础,直接决定着虚拟经济风险预警的可能性和准确性。充分、科学的信息供给,合理、规范的数据整合和分析,便利、高效的信息传递与反馈,是

---

① 何建雄:《建立金融安全预警系统:指标框架与运作机制》,载《金融研究》2001 年第 1 期,第 106-111 页。

决定预警效率的关键。从应然的角度讲,虚拟经济预警信息需要质量上的完整性和相关性,内容上的客观性和正确性,表达上的明确性、一致性、易理解性、准确性、简洁性,效用上的实时性、有用性、适量性和足够的背景性解释。[①] 制度是克服信息失灵,确保信息质量的重要手段,[②]通过法律规范虚拟经济预警信息的采集和传递活动,是保证虚拟经济风险预警数据完整、准确、可靠的关键所在。笔者认为,虚拟经济风险预警信息采集和使用法律制度的设计框架,大致可包含以下内容。

首先,确立虚拟经济安全数据采集和使用的主管机构。实践中可将国务院金融稳定发展委员会确定为中央层面虚拟经济预警信息采集的法定主管单位,统一行使全国虚拟经济安全数据信息的收集和管理,比如,由其负责建立虚拟经济安全数据库和信息管理平台,承担全国范围内与虚拟经济安全相关的数据和信息的采集、整理、综合分析等工作。在地方层面,由于地方政府是否设立类似于金融稳定发展委员会的机构尚不明确,实践中可要求地方金融管理部门在国务院金融稳定发展委员会的领导下,承担辖区内虚拟经济数据的采集和管理职责。其次是信息提供制度,制度设计可根据相关主体信息采集的便利程度、利害关系、专业知识和经验,以及行业构成等因素,确定市场主体、公益法人、金融机构和非金融机构等作为信息提供义务主体,要求它们按照虚拟经济风险预警监测的指标体系和数据要求,定期报送与虚拟经济风险发生直接相关的信息。再次,信息收集方式的制度安排,作为一项从特定的信息源感知、辨析、选择、追索、收集特定情报资料的活动,虚拟经济风险预警信息收集的制度规范既关系到所收集到的信息的完备性和权威性,也关系到所涉主体的隐私、商业秘密等权益。因此,制度设计应对信息采集的依据、途径、职责、程序、范围和责任等内容作出规

---

① 曹瑞昌、吴建明:《信息质量及其评价指标体系》,载《情报探索》2002 年第 4 期,第 7 页。

② 应飞虎:《信息失灵的制度克服研究》,法律出版社,2004,第 26 页。

定,使市场主体的信息提供的范围和权利被侵害的救济途径于法有据,以保证预警信息收集权力行使与市场主体权益保护间的平衡。最后是虚拟经济预警信息使用制度,通过构建完善的信息传递、分享、交流和管理制度体系,为虚拟经济风险预警信息传递构建一个科学合理、相互协调、沟通顺畅的制度环境,畅通信息获取渠道,规范信息的管理,构建信息的甄别、分析、审查和通报制度,保证信息的完整性、权威性、及时性和统一性。

总之,法律制度决定着虚拟经济预警中指标选择和系统构造的正当性以及付诸行动的可能性,缺乏制度规制的虚拟经济风险预警指标选取和系统构造,极易造成人为操纵、随意决策和经验决策,无法平衡虚拟经济市场中各类主体的要求和利益。缺乏法律制度规范的指标选取和系统构造不足以构成虚拟经济风险预警行动的完备基础。虚拟经济风险预警中指标选取和系统构造的制度规划,本质是对虚拟经济风险预警中的指标选取和系统构造进行社会选择的过程,它不仅可使虚拟经济风险预警指标选取和系统构造既是一种分析方法和技术的运用,也能映照良善价值观和社会共识,最终实现虚拟经济风险预警指标选取和系统构造中技术规则和法律规则的功能协同,实现价值层面上正当性和技术层面上科学性的统一。

二、虚拟经济风险预警组织形态和组织结构的构造及制度规范

虚拟经济风险预警中多个主体和角色参与的事实,意味着虚拟经济风险预警行动必然是一个由组织承担和落实的社会活动。在现代社会,"组织被看作首要的工具和手段,通过它,事物才可能被系统地理性化——即被规划、被系统化和科学化,变得更有效和有序。"①虚拟经济风险预警组织形态,决定着预警行动的主体类型及组合样式,决定着参与各方协调和互动的可能性,有效的虚拟经济风险预警需要强有力的组织保证。"组织为集体行动

---

① ［美］W.理查德·斯格特:《组织理论:理性、自然和开放系统》,黄洋等译,华夏出版社,2002,第5页。

实践提供了持久的条件和力量,组织的存在,无论是在思想上,还是在行动上,都具有深邃的意涵。"①在笔者看来,无论是虚拟经济风险预警科学路径所强调的技术理性,还是制度路径所推崇的规范约束,它们都必须依托一定的组织来完成。尤其是当虚拟经济风险规制强调"公众和专家运用各自所掌握的关于风险的事实和价值知识进行交涉、反思和选择"的时候,②更需要相应的组织机构及组织所预设的职位和角色来成就。

但问题的关键是,组织的正当性和合理性并不会因为其是"组织"而自动形成,虚拟经济风险预警组织建构的复杂性在于必须突破"构建组织"这一简单预设,其更迫切的议题是通过什么手段构建何种组织结构和运行机制以适应虚拟经济风险预警目标的要求。合理、规范和科学的组织需要法律制度来塑造、规范和制约,"组织建构的基础,制度发挥了本质性作用,行动者在既有的制度框架内,一方面援引约定的规则和程式开展组织行动,推进组织运作规范化;另一方面,在制度的缝隙处或制度同软规则的交界地带行动者对特定的行动意涵进行自主性阐释,并在这一过程中创造出新的行动规则和秩序,成为社会系统建构的直接动力。"③虚拟经济风险预警的组织以及其所赋予成员的身份意识、角色定位和行为要求需要法律制度来塑造,社会所期待的虚拟经济预警组织规范与高效运行也需要法律制度来保障。

在理论界,尽管组织研究的维度和视角异常庞杂,④但其所要解决的核心问题是如何塑造合适的形态,以及如何联接和组合组织的内部构成主体以形成合理结构的问题。⑤ 基于此,下文中笔者将根据虚拟经济风险的特

---

① [法]埃哈尔·费埃德伯格:《权力与规则——组织行动的动力》,张月等译,上海人民出版社,2005,第3页。

② 沈岿:《风险规制与行政法新发展》,法律出版社,2013,第80页。

③ 李志强:《中层场域:农村社会组织研究新框架》,载《内蒙古社会科学》(汉文版),2016年第3期,第151-152页。

④ 朱晓武、阎妍:《组织结构维度研究理论与方法评介》,载《外国经济与管理》2008年第11期。

⑤ 谭劲松:《关于中国管理学科定位的讨论》,载《管理世界》2006年第2期,第71页。

点,结合组织管理学对组织结构设计的基本原理,将研究的内容限定在虚拟经济风险预警组织的"形态—结构"框架中,以构造规范有序的虚拟经济风险预警组织形态和组织结构为目标,重点就虚拟经济风险预警组织的开放形态和独立形态的法律保障,以及组织结构中纵向秩序安排和横向秩序协调的法律规范进行论述。

(一)虚拟经济风险预警组织形态及制度构造

所谓组织形态,是指由组织内部主体及关系所决定并形成的一种相对稳定的构架。虚拟经济风险预警组织的形态关联着组织获取和利用信息的能力,是决定组织信息接收和信息处理的范围、质量和效率的关键因素。本文认为,虚拟经济风险的特点决定了预警组织应具备开放性和独立性的基本形态,其法律制度构造也应围绕着这两方面展开。

1.虚拟经济风险预警组织形态的开放性及法制保障

虚拟经济风险预警组织形态的选择要与虚拟经济风险的特征和虚拟经济风险预警组织预设的目标相适应。在现代虚拟经济市场,随着虚拟经济业务的扩大和虚拟经济类型数量的增多,以信用风险、操作风险、运行风险、法律风险、流动性风险、技术风险等为表现形态的虚拟经济风险种类繁杂,异常多样,其中任何一种风险都会以一种破坏性力量对整个虚拟经济系统产生影响,而且各类风险之间复杂交错,高度关联,单个机构和单个产品的风险会通过各种类型的关联扩散到整个虚拟经济体系。虚拟经济风险类型的多样性、变动性和交错性的事实,决定了虚拟经济风险的预警需要依赖资源、知识和支持结构的动态性和灵活性。因此,要做到对虚拟经济风险的准确预警,预警组织必须具备及时接收并处理与虚拟经济风险相关的各类信息的能力,具备监测和分析虚拟经济市场风险形成要素的能力。笔者认为,只有在组织系统开放的形态下,组织才具有足够的能力可以与所处的环境进行信息交换,一个忽略开放性的组织系统,自然难以适应外部环境的动态性、多变性和复杂性,从实现的路径来讲,虚拟经济风险预警组织的开放性应通过组织参与主体的多元化和组织形态的弹性化构造来实现。

首先,虚拟经济预警组织开放性要求虚拟经济预警组织参与主体的多元性。笔者认为,凡是与虚拟经济运行、虚拟经济风险发生相关联的主体,均可作为虚拟经济风险预警组织的内部构成参与虚拟经济风险预警活动。这是因为,主体的选择方案,在本质上是一个信息聚合机制和利益表达机制的选择过程,它决定着哪些利益获得关注并在预警决策中得以考虑,哪些要素能够最终转换为虚拟经济风险预警决策结论和政策输出。和所有的知识一样,虚拟经济风险预警所依托的"知识"只能依托特定的时间和空间存在,只能由具体的主体占有,它"远远超过了任何一个人所能完全知道者",①多元主体的参与可以为预警行动提供更为全面和准确的信息输入,能确保虚拟经济预警中高度离散化的知识和信息被更好地收集、归纳和运用。事实上,在我国虚拟经济监管制度设计中,已经充分考虑到多元主体参与和联动的重要性,比如,在中央层面,2013 年,《金融监管协调部际联席会议制度》获国务院批准实施,授权中国人民银行牵头建立金融监管协调部际联席会议制度,成员单位包括银监会、证监会、保监会、外汇局,必要时可邀请发改委、财政部等有关部门参与。在地方层面,我国有的地方政府在制定的关于金融风险监测预警工作机制的规范性文件中,也规定金融风险监测预警工作的多元化构成。比如,安徽省岳西县《金融风险监测预警工作机制》规定,建立县金融风险监测预警工作联席会议制度,由县政府分管金融工作的领导担任联席会议召集人,政府金融办、人民银行、银监办、政法委、法院、检察院、经济开发区、发改委、经信委、公安局、财政局、国土局、住建局、农委、林业局、商务局、市场监督管理局、旅游局、城投公司、国税局、地税局、统计局,

---

① Hayek, The Errors of Constructivism, New Studies in Philosophy, Politics, Economics and the History of I-deas(University of Chicago Press, 1978), p.5.

金融机构负责人,均作为金融预警联席会议的成员构成。① 这些规定无疑为我国虚拟经济风险预警行动的多元主体参与提供了制度参考,其对于保障虚拟经济风险信息的收集与聚合,虚拟经济主体利益的表达与呈现具有重要的意义,值得在虚拟经济风险预警工作机制中推广。

其次,虚拟经济预警组织开放性要求虚拟经济风险预警组织应具有伸缩性,在组织形态上富有弹性。作为一个学术概念,"弹性国家(政府)"由美国著名政治学家、行政学家 B. 盖伊·彼得斯博士在《政府未来的治理模式》一书中提出,他认为,政府及机构的弹性化是指其"有能力根据环境的变化制定相应的政策,而不是用固定的方式回应新的挑战"的形态。② 弹性化组织设计以具体问题为导向,打破了原来正式编制式的组织设计原则,要求"政府组织内部的结构、过程和人员构成方面就应该保持一定的灵活性,当然,这种灵活性并不是无序的,而是对环境变化的一种快速反应"③。同时,它强调组织成员通过现代网络、信息技术的"虚拟化"联接、沟通与合作,并为非政府机构、专家主体等多元主体的参与留有可能空间,④组织的弹性化设计是实现组织开放性的基本要求。

就虚拟经济风险而言,由于其发生领域和时间均具有不确定性,虚拟经济预警组织的内部主体构成理应根据虚拟经济风险发生的领域和行业而动态调整,它要求虚拟经济风险预警组织应摒弃固化的成员构成,将其定位为一个以完成预警任务而设的动态系统。尤其是当今的虚拟经济市场,日新月异的虚拟经济创新更是对虚拟经济风险预警组织提出了挑战。有学者曾指出,虚拟经济创新在某种程度上"可以看成是金融机构为了规避监管、躲

① 参见《岳西县金融风险监测预警工作机制》第四条,岳西网,访问日期:2019 年 6 月 20 日。

② ［美］B. 盖伊·彼得斯:《政府未来的治理模式》,吴爱民等译,中国人民大学出版社,2001,第 87 页。

③ 林水波、陈志伟:《弹性化政府的设计与评估》,载《公共管理评论》(台湾)2003,第 3 页。

④ 靳文辉:《弹性政府:风险社会治理中的政府模式》,载《中国行政管理》2012 年第 5 期,第 22-25 页。

避管制而产生的"①,虚拟经济创新所诱发的风险类型和样式,对原有的预警组织而言无疑是一个新的事实和存在。如果虚拟经济预警组织成员的构成缺乏足够的弹性和灵活性,那么无论虚拟经济预警方案多么周全,也难以全面评估不断创新和变动情势下虚拟经济市场和虚拟经济产品可能出现的新风险,完全恪守固定形态的虚拟经济风险预警组织难以契合虚拟经济业态复杂化和虚拟经济风险变动性的要求,构建一个更富有弹性、更加灵活的虚拟经济预警组织成为必要。

就虚拟经济风险预警组织弹性化法律制度设计而言,笔者认为可作如下安排。第一,赋予虚拟经济风险预警组织更充分的自主性。不过分强调虚拟经济风险预警组织结构的稳定性,在程序设置、方案审核等方面赋予虚拟经济风险预警组织更多的自主权,赋予虚拟经济风险预警组织根据实际情况采取灵活举措的便利。第二,授权金融稳定发展委员会可根据具体情势设立虚拟经济风险预警议事机构。具体的制度安排可按照以下思路:在中央层面由国务院金融稳定发展委员会主任作为议事机构的召集人,在地方层面由各级地方政府金融服务(工作)办公室主任作为议事机构的召集人,负责组织和协调虚拟经济风险预警监测工作,虚拟经济风险预警议事机构既可定期召开会议,也可召开不定期会议,定期会议可按月或按季度进行,主要就常态化的虚拟经济风险予以评估和判断,不定期会议可根据不同时期、行业和领域出现的虚拟经济风险信号来决定是否召开,保证能对突发性风险作出迅速反应,保证虚拟经济预警组织的灵活性和机动性。第三,虚拟经济风险预警组织人员构成弹性化的制度设计。与前文所论组织人员构成的多元化不同,虚拟经济风险预警组织的弹性化要求组织成员构成的灵活化,以保证虚拟经济预警行动的主动性和高效能,制度设计可赋予预警组

---

① 吴风云、赵静梅:《统一监管与多边监管的悖论:金融监管组织结构理论初探》,载《金融研究》2002年第9期,第84页。

织根据虚拟经济风险信号出现的行业区别和领域区别,在组织参与人员的构成上进行取舍、吸纳和组合的权力,比如,赋予预警组织根据具体情况吸纳不同行业和领域的专家和非政府机构参与虚拟经济风险预警的权力,赋予预警组织对原有的组成成员进行定向选取和临时组合的权力,等等,实现虚拟经济风险预警组织稳定性和灵活性之间的平衡。

2. 虚拟经济风险预警组织的独立性及制度安排

虚拟经济风险预警是对虚拟经济产业、虚拟经济市场和虚拟经济体系遭遇破坏等情形进行分析和预报的过程,但从本质上来讲,作为一种政府对虚拟经济市场的干预行为,虚拟经济风险预警尤其是预警结论会在虚拟经济市场主体之间形成一种新的利益分配效应,其意味着一种新的虚拟经济市场和虚拟经济产业结构的形成。比如,基于预警结论对某类虚拟经济产品或虚拟经济活动的鼓励、支持和认可,或者限制、约束甚至取缔,虚拟经济风险预警决策必然掺杂着利益的调适和修正。笔者认为,基于预警公正性的追求,虚拟经济风险预警组织不仅应独立于其他政府部门,也应独立于既有的负有监管职责的其他虚拟经济管理机构,唯有如此,才能在风险预警评估中秉持独立和中立立场,依据虚拟经济市场的客观事实和制度预设的指标不偏不倚地作出判断,而不受地方政府、各级政府部门、社会团体、利益集团和个人的干涉,这既是保障预警行动公正性和科学性的基本要求,也是预警行动专业性、一致性和可靠性的重要保证。

同时,和所有的风险评估预警及风险管理的过程一样,虚拟经济风险预警和风险管理是一个多阶段、持续性的知识形成过程。分解评估程序和管理程序,区分风险评估与风险管理,不仅有助于增强风险决策的透明性,也有助于明确不同阶段中技术与政治的界限和责任。[①] 虚拟经济风险预警是

---

① 王贵松:《风险行政的组织法构造》,载《法商研究》2016 年第 6 期,第 17-18 页。

对未来不确定状态的识别和判断,如果对虚拟经济风险的预警机构和执行机构不加区分,预警行动中糅杂其他因素的可能性必然会增加,比如,倘若风险预警行动中考虑了预警后的执行因素,预警行为的裁量正当性则可能出现偏差(比如,考虑执法收益),或者导致行政不作为情形的发生(比如,考虑执行难度),预警行动的中立性、客观性和科学性便难以保证。另外,虚拟经济预警组织的独立性还是实现预警组织自主性,进而保证预警公正性的关键。一般认为,政治组织和政治程序的自主性,是衡量政治制度化的一个重要标准,"缺乏自主性的政治组织和政治程序就是腐败的"。① 在笔者看来,预警组织的自主性意味着预警行为有明确的动力机制和自己的行为准则,预警机构不至于沦为某个团体和个人的利益代表,预警结论不至于成为利益集团谋利的工具。在预警组织相对独立的情况下,由于对预警组织的政治约束弱化,利益牵绊减少,预警机构被利益集团俘获的风险由此降低,预警结论的权威性和客观性由此得到保证,这无疑是保障虚拟经济风险预警科学性的又一关键所在。

就虚拟经济风险预警组织独立性实现的法制框架而言,笔者认为,除了在立法中规定"虚拟经济预警机构在履行预警职责时,地方政府、各级政府部门、社会团体和个人不得干涉"这样的惯常要求外,还应通过相应规则来细化,具体的制度设计可按以下思路:首先,通过法律明确预警机构的主体地位,预警机构独立履行职责的前提是获得法律授权,实践中可将统筹虚拟经济稳定和发展的国务院金融稳定发展委员会明确为中央层面的虚拟经济风险预警机构,将地方金融服务(工作)办公室明确为地方层面的虚拟经济风险预警机构,以此解决虚拟经济预警主体职责履行中法律依据不足的问题。其次,虚拟经济预警组织规则制定权的制度保障。基于虚拟经济预警的技术性和虚拟经济市场的多变性的事实,赋予预警组织依照法律制定预

---

① [美]塞缪尔·P·亨廷顿:《变化社会中的政治秩序》,王冠华等译,三联书店,1989,第20页。

警规则的权力,保证预警组织优化预警程序和流程有明确的制度依据。再次,独立的财政保障制度。虚拟经济风险预警组织是否拥有决定自己预算规模和资金分配的权力是决定其是否具有独立性的要素之一,制度设计可就预警组织的预算归口、预算编制和预算审核批准等问题进行明确,保证预警机构有权决定预算规模,决定资金的分配和使用,防止政府通过资金供给削弱预警机构的独立性。再次,预警组织参与人员独立选任的制度保障。前文基于虚拟经济预警组织形态的开放性要求对参与主体的多元化和弹性化的构造,本身蕴含着预警组织可以自主选任参与者的基本要求。事实上,确立预警参与人员的选任标准,制定规范的人员任免程序,规范参与人员的激励和监督行为,既是保证组织独立性的关键环节,也是及时弥补预警组织专业知识和技能不足的重要方法,这对于预警行为的科学性同样具有重要的意义。最后是预警责任豁免制度。从保障预警组织独立性的角度出发,对于预警组织善意地履行预警职责的行为,法律制度应保障其免受责任和处罚,这对于保障预警组织的独立性和自主性亦很关键。

（二）虚拟经济风险预警组织的结构及制度构造

组织结构是指组织内构成要素及其相互关系,其关注的重点是组织内部相对固定和持久的要素之间如何实现有效的互动。按照学界对组织结构研究的共识,组织结构可分为横向结构和纵向结构两个基本类型,其中,横向结构的核心问题是组织的沟通与协调,纵向结构的核心问题是组织的层级与秩序,前者以民主、公正为目标,后者以效率、统一为核心。当然,现实中很少有组织以纯粹的单一结构出现,"大多数组织都是等级结构和同等因素不同程度的结合,由于可能的变换、结合是如此之多,以致几乎具有无限的实验可能性"。① 与之同理,虚拟经济风险预警组织即存在横向和纵向两

① ［英］M·J·C·维尔:《宪政与分权》,苏力译,三联书店,1997,第322页。

种结构形态,制度设计的重点在于如何通过纵向结构的制度设计以保证虚拟经济预警的效率和统一,如何通过横向结构的制度设计以保证虚拟经济预警的多个主体的合作与协调,最终构造一个多层架构、网状联接、功能融合的虚拟经济预警组织,以实现虚拟经济风险预警的高效与科学。

1. 虚拟经济风险预警组织纵向结构的制度规范

组织纵向结构的典型形态是科层制,按照马克斯·韦伯的说法,作为"实施统治形式上最合理的形式",科层制具有"精确、迅速、明确、精通档案、持续性、严密、统一性、严格的服从、减少摩擦、节约物资费用和人力"的优点,"在由训练有素的具体官员进行严格官僚体制的特别是集权体制的行政管理时,比起所有合议的或者名誉职务的和兼任职务的形式来,能达到最佳的效果",是"行政管理反应速度尽可能加速"并达到最佳效果值得信赖的组织结构,①它构成了现代社会的组织管理中极为有效的理想类型。就虚拟经济风险预警组织而言,由于预警的重点在于确认风险源是否存在,分析各风险源的潜在影响和相互感染传播的可能性,为选取合适的防范措施提供依据,其本身蕴含着"应急"的色彩。是故,虚拟经济风险预警行动以快速反应、运转高效为当然要求,效率对于虚拟经济风险预警的重要性不言而喻。因此,按照科层制的要求构建虚拟经济风险预警组织,根据权力对职位和职能进行分工和分层,既是虚拟经济风险预警更有效地动员资源的重要保障,也是提升虚拟经济风险预警组织工作效率的关键路径。

从制度构造的角度讲,科层制本身蕴含着通过法律制度来成就自身的基本要求,科层制的基础是理性的法律,其本身就是高度制度化的产物,它需要"像机器一样靠得住的法律"。科层制要求下级服从上级,实行等级制原则,建立法理性权威,通过稳定的规章和程序来运作,以专业分工和正式

---

① [德]马克斯·韦伯:《经济与社会(下卷)》,林荣远译,商务印书馆,1997,第296-297页。

体系为管理框架,职位占有者具有非人格化的理性特征并要求接受严格的、统一的职务纪律和监督,等等。① 毋庸置疑,这些既是制度建构的内容,也是制度约束的结果。以科层制为基本要求来建构运行方式和管理模式,在当下几乎所有的组织系统中极为常见,理论界对构造的原理和制度安排方案也有充分的论证,虚拟经济风险预警组织的纵向制度设计可按现有科层制建构的原理和经验来进行,笔者不再赘述。

2. 虚拟经济风险预警组织横向结构的制度规范

组织横向结构所要解决的核心问题,是通过沟通系统和协调系统的建立来实现知识分享和信息沟通的高效、充分和顺畅。前文已论,当今时代,虚拟经济经营的跨时空、跨行业和跨领域特征明显,虚拟经济风险的传导性、感染性和系统性要求对虚拟经济风险信息应系统地认知和把握,为应对虚拟经济风险信息复杂性、多样性和广泛性的要求,预警组织主体的多元构造成为必要。但预警组织成员的多元构成仅为风险信息的收集和聚合提供了可能性,主体数量的增多并不必然意味着知识共享的有效性,在缺少相应制度安排的情况下,组织的闭合和成员的分割依然会导致知识在不同主体间的弥散分布。因此,构造一个便于主体协调的制度环境和秩序协调机制,保证预警组织成员之间信息交流和知识共享,避免职能交叉、争权夺利和相互推诿,进而保障虚拟经济风险预警决策的合理与高效,是实现虚拟经济风险准确预警在组织设计上的又一要求。

组织间横向协调行为的有效性主要依赖于规范的存在。② 学术界从一般意义上对组织协同的要素及制度实现已有较多的论述,有论者认为,组织协同系统包含三个最基本要素:协同意愿、共同目标和信息沟通。③ 组织内

---

① ［德］马克斯·韦伯:《经济与社会(上卷)》,林荣远译,商务印书馆,1997,第 244-246 页。

② ［美］罗伯特·阿克塞尔罗德:《合作的复杂性——基于参与竞争与合作的模型》,梁捷等译,上海世纪出版集团,2007,第 48 页。

③ 许国志:《系统科学》,上海科技教育出版社,2000,第 29 页。

单位成员的行动协同需要信任文化的培育、协同技能的提升和责任机制来保障实现。[1] 而协调合作的制度化与科学化路径,包括"明确合作的领导者、合作的目标和责任、各方的角色和职责、资源保障以及监督机制"等内容。[2] 这些关于组织成员间横向协调的要素、思路和方法,对虚拟经济风险预警组织内成员之间协调合作机制的建立具有重要的启示意义。以此为启示,笔者认为,虚拟经济风险预警组织横向协调制度保障的内容,应围绕以下几方面来构建。

首先,授权国务院金融稳定发展委员会负有虚拟经济风险预警行动的组织和领导职责,搭建平台用以协调成员间的关系,推进各成员在虚拟经济风险预警信息提供中的协同与配合。在组织系统中,一个权威的领导者可提升组织成员提供信息的积极性和主动性,减少组织成员提供信息时的懈怠和摩擦。前文已提及,由于金融稳定发展委员会在我国政府虚拟经济风险管理机构体系中的地位最高,决定了将其设置为虚拟经济风险预警行动的组织者和领导者既能保证权威性,也能保证虚拟经济预警行动的各参与主体行动目标的一致性。其次,通过法律确认各参与主体的权责边界,清晰的角色定位和具体的权责设计是协同与合作形成的基础,制度设计应以提供信息的规范性为目标,就各个参与主体的法律地位、职责权限和责任机制予以明确,构建正式、透明、高效、规范且易于监督和可问责的合作机制,保证各参与主体能提供准确、全面、快速、可靠的虚拟经济风险信息。最后,建立虚拟经济风险预警组织横向协调中的沟通机制、合作机制、制衡机制、反馈机制,对组织系统进行整合、调节和控制,保证虚拟经济风险预警组织的贯通性,保证预警组织成员互动协调的有效性,实现预警组织运行中整体功

---

[1] 谭学良:《政府协同三维要素:问题与改革路径——基于整体性治理视角的分析》,载《国家行政学院学报》2013 年第 6 期,第 101-104 页。

[2] 马英娟:《走出多部门监管的困境——论中国食品安全监管部门间的协调合作》,载《清华法学》2015 年第 3 期,第 54 页。

能的优化,为虚拟经济风险预警行动提供系统性资源。

三、政治、企业和社会视角下虚拟经济风险预警评估体系及法制内容

风险是一个需要通过多角度来把握的事实:"从统计学的角度看,风险是某个事件造成破坏或伤害的可能性或概率;从人类学、文化学的角度看,风险则是一个群体对危险的认知,考察风险的目的就在于弄清群体所处环境的危险性。"①诚如学者言:"风险方方面面的界定和陈述都掺杂着利益,都可能充斥着谈判,进而付诸政治化的处理路线。"②从政治的角度讲,虚拟经济安全事关国家经济安全,虚拟经济动荡不仅会影响金融业自身的运行,而且会威胁到国家的政治安全和政治稳定,甚至诱发国家的主权风险。依笔者所见,当政治和经济密切交错,经济问题政治化、政治问题经济化成为一种客观存在时,虚拟经济风险的影响力和破坏性就不仅仅只是一个经济性的存在,还难免会延展至政治领域并转化为一个国家的安全问题。基于政治的视角,以国家安全为要求来确定虚拟经济风险预警评估的内容并通过法律制度加以确认,便有了充分的必要性。

同时,企业运行的合规程度也是判断虚拟经济风险发生可能性的重要依据之一,合规是一种公司治理方式,是企业为实现自身利益的最大化的同时所进行的一种风险防控机制。③ 已有研究表明,良好的金融机构治理对于保障一国金融安全和提高金融体系效率至关重要,④只有将公司治理和虚拟

①　郑智航:《食品安全风险评估法律规制的唯科学主义倾向及其克服——基于风险社会理论的思考》,载《法学论坛》2015 年第 1 期,第 92-93 页。
②　王贵松:《风险社会与作为学习过程的法——读贝克的〈风险社会〉》,载《交大法学》2013 年第 4 期,第 169 页。
③　陈瑞华:《论企业合规的中国化问题》,载《法律科学(西北政法大学学报)》2020 年第 3 期,第 34 页。
④　洪正、周轶海:《内部监督、监管替代与银行价值》,载《金融研究》2008 年第 7 期,第 119 页。

经济监管结合起来,防范资本泛滥时期公司本质的异化,完善公司治理结构,才是化解虚拟经济风险的根本所在。① 那么,对虚拟经济企业运行合规状态的评估和判断,构成了虚拟经济风险预警评估的重要范围。

另外,风险的社会理论主张,风险既可从客观意义上来认定,亦可从主观意义上来把握。客观意义上的风险通过概率估算来认定,主观意义上的风险通过人们的认知来衡量。风险的客观估算固然重要,但风险的主观认知同样关键。虚拟经济风险的形成常常是虚拟经济基本面冲击因素和心理恐慌因素共同作用的结果,金融风险预警评估必须要考虑市场主体的心理机制和心理导向。② 有论者甚至直接指出,系统性金融风险就是指一系列(某个)事件影响到公众对于整个金融系统的信心。③ 因此,构建社会公众对虚拟经济风险认知状态评估制度是社会视角下虚拟经济风险预警评估法律制度的必然内容。

(一)国家经济安全框架下虚拟经济风险预警的内容及制度内容

确保经济安全是现代国家的重要职能之一,经济安全属于国家安全的范畴,指在一国经济体系能够保持稳健运行,以及在开放经济条件下一国经济不受外来资本的威胁,可以抵抗外来损害的状态和能力。在当今时代,经济安全作为国家安全的重要构成被世界各国重视,《俄罗斯联邦国家安全构想》明确指出,"经济安全是国家安全的基础","国家需要重点对付的是来自国家内部的安全威胁,尤其是经济危机对国家安全的威胁"。④ 日本 20 世

---

① 范健:《资本泛滥时期的公司治理与金融监管》,载《法学杂志》2019 年第 2 期,第 11-24 页。

② See Hirshleifer D. , *"Psychological Bias as a Driver of a Driver of Financial Regulation,"* European Financial Management14, No. 5(2008): 856-874.

③ See M. Billio et al. *"Econometric Measures of Connectedness and Systemic Risk in the Finance and Insurance Sectors,"* Journal of Financial Economics104, No. 3(2012):535-559.

④ 顾海兵、刘玮、周智高:《俄罗斯的国家经济安全:经验与借鉴》,载《湖南社会科学》2007 年第 1 期,第 110 页。

纪 70 年代提出的综合安全保障战略中就包含了经济安全的内容。美国每年发布的《国家安全战略报告》将经济安全作为其核心构成，其中《国际紧急状态经济权力法》对政府的经济决策权力进行了明确规定，①我国 2014 年提出了包括经济安全在内的"国家整体安全观"战略，2015 年通过的《中华人民共和国国家安全法》第 3 条明确提出，"国家安全工作应以政治安全为根本，以经济安全为基础"，经济安全对于国家安全的重要性，可见一斑。虚拟经济安全又是现代经济安全的核心，虚拟经济的动荡会影响虚拟经济自身的运行，国家、社会和个人均会遭遇虚拟经济危机带来的损害，甚至对一国的政治安全和政治稳定造成威胁，诱发国家主权风险。尤其是当政治和经济密切交错，经济问题政治化、政治问题经济化成为一种客观存在时，虚拟经济风险的影响力和破坏性，就不仅仅是一个经济性存在，其难免延展至政治领域并转化为一个国家的安全问题。

国家对虚拟经济风险可能采取的态度及行动，本质上是国家统治意图的贯彻和表达。作为国家治理体系的重要构成部分，虚拟经济风险防范事关国家的治理能力，国家通过有效的虚拟经济治理来确保虚拟经济安全，是衡量国家治理能力的重要根据。一个缺乏对虚拟经济风险处置能力的政府，必然会动摇其权威，影响政府的合法性基础。当虚拟经济风险预警失败，虚拟经济风险最终转化为虚拟经济危机的时候，其不仅会危及国家的社会财产安全体系，影响宏观经济形势，还会引起公众恐慌，影响不特定的市场主体的资产安全和对一国经济发展的预期，甚至可能导致社会政治力量的重新配置——"这里存在着两种可能，一是在宪法体制内进行社会政治力量的组织调适，二是以另一种政治合法性取代已有政治秩序，社会政治力量进行彻底性的重组。"②正是基于对这种后果的防范和避免，现代国家都从国

---

① 张立伟：《从金融安全走向国家经济安全》，载《21 世纪经济报道》2007 年 3 月 14 日，第 4 版。

② 单飞跃：《宪法政治场景中的金融危机干预》，载《法学家》2010 年第 6 期，第 2-3 页。

家安全的角度对虚拟经济安全作出了规定,我国的《国家安全法》第 20 条规定,"健全金融宏观审慎管理和金融风险防范、处置机制,加强金融基础设施和基础能力建设,防范和化解系统性、区域性金融风险,防范和抵御外部金融风险的冲击"。笔者认为,该条规定不仅是构建国家虚拟经济安全体系的方向和指引,更是在国家安全视角下虚拟经济风险预警的内容。亦即,虚拟经济风险预警必须综合评估虚拟经济基础设施和基础能力、系统性虚拟经济风险和区域性虚拟经济风险发生的可能性,以及评估外源性风险对我国虚拟经济冲击的可能性,是国家安全框架下虚拟经济风险预警评估的基本内容。

首先是虚拟经济基础设施和基础能力评估制度。一般认为,虚拟经济基础设施和基础能力是指处于虚拟经济市场交易后端的,虚拟经济市场参与机构用于支付、清算、结算或记录金融产品交易的系统,以及该系统所呈现出的对抗风险的能力和稳健状态。"一个经济的金融基础设施越发达,其承受外部冲击的能力就越强。"[1]作为金融市场的中枢系统,金融基础设施集中了金融市场中的种种风险,它既是金融市场中流动性错配和信用风险等金融风险的源头,也会成为系统性风险扩散的渠道。[2] 完备的虚拟经济基础设施可提高虚拟经济体系的风险抵抗力,减少风险的传染性,是维护虚拟经济稳定的重要措施。正因为虚拟经济基础设施对于虚拟经济稳定的极端重要性,近年来,世界各国对虚拟经济基础设施的建设和监管给予了高度重视,美国的《多德-弗兰克法案》要求金融稳定监督委员会依据系统重要性的不同,将涉及金融运行中的支付、清算、结算等活动的金融市场基础设施纳入宏观监管的框架之中,欧盟于 2012 年制定了《欧盟市场基础设施规则》,致力于通过金融市场基础设施管理的规范化、场外衍生品交易的透明化和

---

[1] Bossone B. Financial Development and Industrial Capital Accumulation, World Bank Working Paper, 2000.

[2] Berndsen, R. , What is Happening in Scrooge Digiduck Warehouse? Inaugural Address Delivered at Tiburg University, February 25, 2011.

风险缓释措施的规则化来规制相关的金融市场基础设施。[①] 笔者认为,虚拟经济基础设施和基础能力是衡量一国虚拟经济风险发生可能性的重要变量之一,对其加以评估是判断一国虚拟经济市场抵抗外部冲击能力、衡量虚拟经济风险发生可能性的主要依据,理应成为虚拟经济风险预警的内容构成。

　　虚拟经济风险预警中对虚拟经济基础设施和基础能力评估的制度框架,应包括以下内容:首先是虚拟经济基础设施的认定标准和认定程序制度。虚拟经济设施系统涉及虚拟经济的多个领域和部门,基础设施和一般设施对于虚拟经济风险的重要性有着显著区别,对具有系统重要性的虚拟经济基础设施的识别是对其进行风险评估的前提,事实上,当前诸多国家对虚拟经济基础设施的范围都给予了规定,比如,瑞士的《金融市场基础设施法》规定了"证券交易所、多边交易系统、中央对手方、中央证券存管机构、交易数据库、支付系统"为"金融市场基础设施",美国的《多德-弗兰克法案》规定了金融基础设施认定应考虑的因素和认定程序,并授权美国金融稳定监督委员会根据《多德-弗兰克法案》制定对应的实施细则,2011 年 7 月,美国金融稳定监督委员会发布了金融市场基础设施系统重要性最终的认定规则。[②] 我国应充分借鉴上述立法经验,结合我国虚拟经济发展的实际,对虚拟经济基础设施的认定标准和认定程序予以明确,构建完善的虚拟经济市场基础设施认定法律框架,为虚拟经济风险预警中对虚拟经济市场基础设施完备程度的评估提供前提条件。其次,关于虚拟经济基础设施能力的评估,制度安排中可将虚拟经济基础设施中的市场准入情况、治理结构、运营规则、交易规则、信息披露、自律管理、风险分散和处置方案、争议解决机制等内容纳入评估范围,考察它们是否有规范的法律基础,是否有标准统一、

---

① 周成杰:《〈欧洲市场基础设施规则〉述评——兼论对中国金融市场主体的影响与启示》,载《法商研究》2014 年第 5 期,第 152-160 页。

② 程红星、王超:《美国系统重要性金融市场基础设施的认定和监管及其启示》,载《证券法律评论》2018 年卷,第 23-24 页。

明确具体的管理规则,是否形成合理分工、适度竞争的市场格局,以此为基础确定它们应对虚拟经济风险的能力,为虚拟经济风险预警决策提供依据。

其次是系统性虚拟经济风险评估制度。[1] 2017 年,全国金融工作会议中指出,"防止发生系统性金融风险是金融工作的根本性任务,也是金融工作的永恒主题。""守住不发生系统性区域性金融风险的底线"是最近几年我国金融领域出现频率最高的提法。系统性金融风险是指因现代金融市场上金融产品、金融活动和金融关系在复杂的网络关系中相互影响、相互渗透,金融业的联动性和传播性增强,金融风险相互转移、传染和扩散的结果,系统性金融风险会对一国金融体系产生大规模的冲击和破坏,具体表现为为数众多的金融机构倒闭、支付困难,金融市场崩溃、货币急剧贬值和资本外逃,导致整个金融系统出现无法有效运转的可能性。有论者认为,如果说非系统金融风险是指个别合同违约或资产损失的可能性,如某个企业自身经营和财务状况造成的风险,那么系统性金融风险则是指与整个经济体系和市场相关的风险,所有金融资产的价格都会受到它的影响,如货币政策调整、政治法律和社会环境变化等引致的风险。[2] 笔者认为,系统性金融风险发生的可能性,主要和金融部门和金融设施运行的稳健状态、金融风险在部门间的溢出和传播可能性、金融监管和金融服务的规范性和有效性,以及金融运行环境和金融风险应急预案等因素相关,[3]这一切都属于金融体系稳定性的范畴,制度的设计应围绕上述内容展开。

---

① 本文不再对区域性金融风险预警和评估进行专门论述。区域性风险是某个经济区域内部的金融产业可能产生的风险,对区域性金融风险预警及防范的目的,在于克服金融风险跨区域的传染,避免出现整体性、系统性的金融动荡。因此,在国家安全视角下,区域性金融风险只是系统性金融风险的诱发因素之一,对系统性金融风险的防范才是国家安全视角下防范金融风险的核心主题。

② 马勇:《系统性金融风险:一个经典注释》,载《金融评论》2011 年第 4 期,第 2 页。

③ 需要说明的是,前文笔者论证了金融风险预警中指标选取和模型构造及其制度规范方案,它们和系统性金融风险的发生均存在关联,尤其是金融风险预警中宏观指标选取和运用的制度规范,本身是系统性风险预警和评估制度的重要构成部分。但前文主要是金融风险预警中微观技术层面及制度规范的论证,本部分则是国家安全视角下对整个金融系统安全性的评估,两者论证的视角明显不同。

　　事实上,自 1999 年开始,国际货币基金组织和世界银行为加强对组织成员国经济体金融脆弱性的评估,其所实施的金融部门评估规划(FSAP),为金融组织体系的稳定性评估提供了很好的借鉴。2009 年,我国首次接受基金组织和世行对我国的 FSAP 评估,成立了由中国人民银行牵头,会同外交部、国家发展改革委、财政部、人力资源和社会保障部、商务部、统计局、国务院法制办、银监会、证监会、保监会、国家外汇管理局的 FSAP 部际领导小组和部际工作小组,就我国的金融体系和金融部门的稳定性进行了评估,2011 年和 2012 年,《中国金融体系稳定评估报告》和《中国金融部门评估报告》分别发布。[①] 笔者认为,我国除了应接受每五年一次的 FSAP 更新评估之外,还应借鉴 FSAP 对虚拟经济体系稳定评估的机制和内容,建立常态化的虚拟经济稳定性评估制度,对我国宏观虚拟经济风险和虚拟经济体系脆弱性、虚拟经济监管环境、虚拟经济体系流动性和虚拟经济稳定、虚拟经济市场基础设施建设、虚拟经济发展和虚拟经济服务可获得性、应急预案和危机管理安排等方面内容展开深入交流和详细评估,以防范系统性虚拟经济风险的形成。

　　再次是外源性虚拟经济风险评估制度。在虚拟经济全球化格局下,不仅虚拟经济风险的跨国传播成为可能,而且诱发虚拟经济风险的因素也不再局限于一国内部,虚拟经济风险的形成原因发生了深刻的变化。"金融危机从可能到现实,固然有国内经济失衡之内因推动,但越来越表现出其外源决定特征,越来越表现为与国际短期资本流动方向的突然逆转具有紧密关联的外源性金融危机。"[②]现实中的案例更是生动而鲜活地说明了外源性因素是诱发现代虚拟经济风险的直接原因:发生于 20 世纪 90 年代末的东南亚

[①]　宣昌能:《中国首次金融部门评估规划圆满完成》,载《中国金融》2012 年第 19 期,第 40 页。

[②]　李华民:《金融开放格局下的外源性金融危机:危机源甄别及其政策含义》,载《中国软科学》2007 年第 3 期,第 124 页。

金融危机,与短期国际炒作资本投机性进入有关;2006 年的印度股灾,也是国际游资突然撤离的结果。随着金融开放程度的不断加深,金融业在全球化的推动下愈发脱离本国的实体经济而与全球金融市场深度纠缠,域外资本的涌入和撤离会形成一股巨大的、影响到本国的金融市场和金融结构的力量,并最终积聚、形成超出本国处置能力的金融风险,这种情形影响往往会超出经济领域,极端情形甚至会威胁国家主权,对国家安全的威胁不言而喻,金融风险预警中必须评估外源性资金对本国金融体系的影响。

因此,对外源性虚拟经济风险的评估是国家安全视角下虚拟经济风险预警工作的重要内容。在开放经济条件下,世界诸多国家都强化了对外源性虚拟经济风险的防范和审查,比如,美国 2007 年的《外国投资与国家安全法案》中明确规定,银行及金融业属于影响国家安全的"重要基础设施",外资的进入需要进行国家安全审查,并从审查的启动、初审和调查等方面对审查的程序予以了明确,而审查要素包括资本与财务、并表监管、竞争因素、管理资源因素、信息披露与反洗钱因素等方面。① 2015 年,我国商务部公布《中华人民共和国外国投资法(草案征求意见稿)》,其中第 74 条规定,"外国投资者投资金融领域的国家安全审查制度,由国务院另行规定",第 166条规定,"外国投资者投资银行、证券、保险等金融领域的,由相关金融主管部门依据有关法律、行政法规实施准入许可和监督检查。"笔者认为,国务院在制定金融领域外资进入安全审查和风险评估的制度时,应以境外金融投资的政治性目的、资本的威胁能力以及国家金融安全界限等三方面为基本依据,②从准入许可、安全审查机制、审查对象、审查要素、审查程序等方面,来制定完备的外源性虚拟经济风险评估制度,以提升虚拟经济风险预警制

---

① 毛竹青:《美国金融安全审查机制》,载《银行家》2015 年第 11 期,第 93-94 页。
② 王东光:《国家安全审查:政治法律化与法律政治化》,载《中外法学》2016 年第 5 期,第 1296-1297页。

度应对外源性风险的有效性,保障我国虚拟经济市场的稳定和发展。

（二）企业合规视域下虚拟经济风险预警的内容及制度落实

企业合规是一个内涵丰富的概念,从内在构成上讲,合规是以适应外在要求为目的、以有效改善内部控制和自我约束能力为核心的企业自律行为;从外部约束的角度来看,合规表现为一系列强制性规则,它要求公司行为除了符合法律、法规、国际条约和规范性文件的规定外,还要符合商业行为准则、商业惯例、公司章程、内部规章的要求和公序良俗的要求。① 虚拟经济风险的爆发常常是企业扭曲经营、管理失范的结果,一个合规经营、规范管理的虚拟经济企业,意味着虚拟经济风险发生不具备源头意义上的基础和条件。在制度逻辑下,对虚拟经济企业合规状态评估的规范构造,应从以下几方面来进行。

第一,虚拟经济企业合规管理评估依据的规范构造。近年来,我国针对不同的虚拟经济行业制定了相应的合规指引和管理办法,2006 年,原银监会发布了《商业银行合规风险管理指引》,2007 年,原保监会制定了《保险公司合规管理办法》,2017 年,证监会发布了《证券公司和证券投资基金管理公司合规管理办法》。这些规范性文件的制定,一方面可为虚拟经济企业的合规管理提供基本的依据,也可从虚拟经济企业合规管理角度为虚拟经济风险预警提供相应的判断标准。当下,我国针对虚拟经济企业的合规指引和管理办法相对完备,因此,制度设计的方向和内容主要表现为对合规指引和管理办法的及时更新,虚拟经济市场瞬息万变,产品的更迭和创新层出不穷,企业的合规管理方案应根据相应的制度环境和市场情势及时调整,否则不仅会失去对虚拟经济企业合规的指导意义,也会使得虚拟经济风险预警中对企业的合规评估缺乏具有时效意义的标准。金融监管部门应根据市场

---

① 赵万一:《合规制度的公司法设计及其实现路径》,载《中国法学》2020 年第 2 期,第 69-88 页。

环境的变化,针对不断出现的金融创新产品和业态,及时更新金融企业合规指引和合规管理办法,保障金融风险预警中对金融企业合规管理评估和判断有符合时效要求的标准。

第二,虚拟经济企业合规评估内容的规范设计。一个企业完整的合规计划应包括商业行为准则、合规组织体系、防范体系、监控体系、应对体系等五方面的内容,商业行为准则是企业日常经营行为的基本准则,其既是企业所有主体履行职责的基本要求,也是企业每个领域、每个环节都应遵循的制度规范,是企业合规体系中最核心的部分。同时,虚拟经济企业组织结构的合规是保障企业决策民主化、科学化的基本路径,是防范虚拟经济企业经营异化的关键。另外,虚拟经济企业自身的风险识别和防控体系对于预防虚拟经济风险的发生有着前提性的价值,企业自身的合规风险评估系统、合规风险尽职调查、企业员工合规培训的教育开展情况、合规审计和内部控制、投诉机制、报告机制,以及对可能诱发风险的制度漏洞和结构性缺陷能快速及时地加以修补和完善的事后应对机制,等等,均属于企业合规管理的核心内容。[①] 笔者认为,从虚拟经济企业合规的角度来进行虚拟经济风险预警评估也应围绕上述五个方面展开,对可能诱发虚拟经济风险的企业经营行为予以及时识别,从而实现从虚拟经济企业合规视角下对虚拟经济风险的准确评估和判断。

(三)社会认知视域下虚拟经济风险预警的内容及制度实现

风险的社会理论主张,是风险既可以从客观意义上来认定,亦可从主观意义上来把握。客观意义上的风险通过概率估算来认定,主观意义的风险通过人们的认知来反映,风险的客观估算当然重要,但风险的主观认知状态同样关

---

① 参见陈瑞华:《企业合规制度的三个维度——比较法视野下的分析》,载《比较法研究》2019 年第 3 期,第 61-67 页。

键。"无论从哪个角度分析,安全与人的感觉和心理状态都是分不开的。"[1]在金融社会学理论看来,金融行为本身是社会行为之一种,金融市场、金融组织、金融制度和金融行为都会受到社会的塑造和影响,加之传统金融学对金融现象解释力的不足,心理学和社会学开始广泛介入传统金融学的研究当中,对金融行动者行为选择过程中具体情境的考虑,构成了金融社会学普遍使用的理论和工具之一。就金融风险而言,早在20世纪50年代,社会学家罗斯就对金融市场上的恐慌如何影响人们的信仰进行了研究,[2]现有研究已充分证明,金融风险的形成常常是金融基本面冲击因素和心理恐慌因素共同作用的结果,对金融风险的发生可能性的评估必须考虑人的心理机制和心理导向。[3]有论者甚至指出,所谓系统性金融风险就是指一系列(某个)事件影响到公众对于整个虚拟经济系统的信心。[4]因此,分析社会公众对虚拟经济风险的认知状态,是社会视角下对虚拟经济风险预警和评估的必然内容。

虚拟经济产品价格波动是虚拟经济市场运行中的常态,面对不确定性的虚拟经济世界,虚拟经济市场有限的认知能力、理解能力、判断能力和预见能力意味着市场主体并非总是理性的,市场主体对虚拟经济市场的判断不仅仅是依据虚拟经济数据精准计算的结果,还取决于市场主体的情感、个性、行为倾向性等影响因素,以及虚拟经济市场主体对经济环境的评价。[5]这种主观认知常常以市场主体对虚拟经济市场的信任、担忧或恐惧等状态表现出来,并成为虚拟经济市场主体行为改变的原因。"金融的实质内容不

① 李少军:《国家安全理论初探》,载《世界经济与政治》1995年第12期,第40页。

② Rose A. M. , "Rumor in the Stock Market," Public Opinion Quartery15, No.3(1951): 461-486.

③ Hirshleifer D. , "Psychological Bias as a Driver of a Driver of Financial Regulation," European Financial Management14, No.5(2008): 856-874.

④ M. Billio et al. , "Econometric Measures of Connectedness and Systemic Risk in the Finance and Insurance Sectors," Journal of Financial Economics104, No.3(2012)535-559.

⑤ 周长城、殷燕敏:《金融市场的社会学视野》,载《社会学研究》1999年第6期,第84页。

是实物,而是信心",①经济心理阈限才是经济主体行为改变的根源,虚拟经济风险的最终爆发是虚拟经济市场主体群体行为改变的结果。群体的基本特点是个体融入一个共同的精神和情感之中,它们经过混杂、融合、聚变,获得一种共有的,甚至是窒息自我的本性。② 与虚拟经济市场主体相关的市场信息会受到高度关注并转化为某种情绪在群体间快速传递,最终控制整个群体,甚至变成歇斯底里的恐慌。这种状态的形成和市场信息的重要性可能并不相关,比如,一些通过概率估算被专家评估为小概率风险事件可能引发公众的强烈关注,有时候,对风险的恐慌甚至超过了灾难本身,美国记者马歇尔·斯贝克特就曾说,"最糟糕的疾病不是因核辐射而产生的疾病,真相却是,由核事故造成的恐慌所带来的危害要远远大于该事故本身",③对此理论界将之称为"风险的社会放大效应"。有研究就从群体心理学的角度分析了美国次贷危机形成的原因——当美国的次级房贷等金融资产价格的上涨达到了某个关键心理阈限,人们的风险偏好开始发生反转,从愿意承担风险以获取高额回报转向厌恶风险,从而引发了危机,群体心理状态的变化是导致美国次贷危机的重要原因之一。④ 当下的时代是一个网络时代,网络具有明显的社会连结效应,群体间虚拟的互动性增加了虚拟经济信息传递的便利,网络空间的社会连结功能和社会延展功能以及由此形成的超强动员能力会让虚拟经济风险信息得以放大。作为一种极端的集体规避风险行为,虚拟经济恐慌之所以发生,并非市场上有虚拟经济风险隐患,而可能是因为个别事件使得市场主体在心理上对虚拟经济市场前景深度悲观,此时,

---

① 杨帆:《关于金融突发事件的"非主流"视角》,载《开放导报》2008 年第 2 期,第 36 页。

② [法]塞奇·莫斯科维奇:《群氓的时代》,许列民等译,江苏人民出版社,2003,第 19 页。

③ 戚建刚:《极端事件的风险恐慌及对行政法制之意蕴》,载《中国法学》2010 年第 2 期,第 59 页,转引自 Michael Specter, "10 years later, through fear, , Chernobyl stil kills in Belarus," New York Times, (March31. 1996):1.

④ 翁学东:《信心是个啥魔方——浅析金融危机背后的社会心理机制》,载《人民论坛》2008 年第 22 期,第 14 页。

没有风险的市场变得波谲云诡,虚拟经济"真"风险由此形成。可见,公众对虚拟经济风险的认知有时会脱离虚拟经济状态本身,成为诱发虚拟经济风险的一个重要变量。因此,把握社会公众对虚拟经济风险的认知状态,监测虚拟经济市场中舆情走向,对特定时段社会公众对虚拟经济风险情绪、态度和情感等认知状态进行准确评估,并通过制度设计对舆情的收集、分析等行为及执行策略予以规范,对于虚拟经济风险的准确预警极为必要。

虚拟经济风险舆情监测的制度框架大致包括以下内容:首先是虚拟经济风险舆情指标设计制度。参考其他领域舆情综合指标的制度设计方案,[①]笔者认为,虚拟经济风险舆情的指标体系亦应包括传播维度上的时间向度、空间分布、参与人数,公众认知维度上的重要性、关注度、敏感度和从众程度,变化趋势维度上的传播速度、紧张气氛比、方向和趋势等内容,其制度设计也可围绕上述要素来构建,保证指标采集的全局性。其次,虚拟经济风险舆情信息监测机制和模式的制度框架。事实上,在我国农产品质量安全、食品质量安全等领域,已有较为明确的关于舆情监测机制和模式的制度规范。[②] 笔者认为,虚拟经济风险预警中的舆情监测机制的制度设计中,应设立专门的虚拟经济舆情监测机构,突出舆情监测的专业化和专门化,明确舆情监测的责权安排,做到对虚拟经济风险舆情的快速分析、及时反应和动态

---

① 杨永军:《社会舆情监测与预警的指标体系研究》,载《现代传播》2014 年第 9 期,第 64 页。

② 在农产品质量安全领域,2008 年,农业部办公厅制定的《农业部办公厅关于积极应对互联网等有关农产品质量安全舆情信息的紧急通知》中就要求,各地农业主管部门要明确专门人员、专门机构加强农产品质量安全信息的收集、评价和处置工作,并对过程要求和责任机制进行了规定;2010 年制定的《农产品质量安全信息发布管理办法(试行)》第九条规定,"省级人民政府农业行政主管部门应当开展农产品质量安全有关的舆情收集和分析";2012 年,《农业部关于进一步加强农产品质量安全监管工作的意见》提出要"着力强化舆情监测",要"抓紧建立农产品质量安全舆情监测与预警信息平台,健全农产品质量安全信息定期调度、分析和综合研判制度"。在食品安全领域,2011 年国务院食品安全委员会下发了《食品安全舆情处置指导意见(试行)》,要求"各地区、各有关部门应当建立食品安全舆情监测制度,主动、密切监测舆情"。参见郭林宇等:《农产品质量安全网络舆情监控体制机制研究》,载《食品科学》2013 年第 3 期,第 312-316 页。

跟踪,确保与虚拟经济风险相关的舆情动向的及时把握。同时,建立规范的虚拟经济体系舆情信息的共享机制、与新闻媒体的对接机制、与虚拟经济市场主体的交流机制。充分利用信息化带来的便利,面对大量的舆情信息,只有宏观的数据掌控和多元的数据采集,才能保证舆情数据的准确性,因此利用大数据信息采集技术、信息智能处理技术,最大限度地提升关联主体之间的协调性,为虚拟经济风险预警提供公众认知方面的精准依据。就监测模式而言,可将监测模式具体化为话题发现与分析模式、舆情事件识别模式、行为识别模式、舆情的群体特征与行为分析模式,根据不同的对象采取不同的模式,提高舆情信息的采集、分析和研判能力,提升监测的有效性,最终通过与虚拟经济安全相关的舆情监测体系和监测能力的程序化和制度化,提升虚拟经济风险舆情监测的科学性和有效性,为虚拟经济风险预警决策提供公众认知层面的基础和支持。

哈耶克曾说,制度"是因为人们的理性不足而人们又要把握错综复杂之现实的详尽细节而渐渐学会使用的一项工具"。[1] "风险"本身"还包含着一种考虑,即把单个事件算作社会事件,而后力图用一些制度化的原则去使它处于可控状态",[2] "制度化的控制"是"风险"概念的内在构成。按照宪法经济学的解释逻辑,所有的政府经济干预行动都应纳入法律的框架之内,公共选择理论对此已给予了充分的理论建构,[3]晚近出现的"法律与金融"学派,更是认为法治水平会深刻地影响一国虚拟经济的运行状况。作为虚拟经济领域政府规制的重要内容,对虚拟经济风险的预警自然也成了法律规制的重要对象。当然,限于篇幅及文章的主旨,本文对虚拟经济风险预警的制度设计更多停留在顶层设计层面上,在制度的细化和实施方面的建构尚

---

① [英]哈耶克:《自由秩序原理》,邓正来译,三联书店,1997,第81页。

② [德]乌尔里希·贝克、约翰内斯·威尔姆斯:《自由与资本主义——与著名社会学家乌尔里希·贝克对话》,路国林译,浙江人民出版社,2001,第119-120页。

③ [澳]布伦南、[美]布坎南:《宪政经济学》,冯克利等译,中国社会科学出版社,2004,第1-7页。

需进一步深入论证。但笔者认为,提供一个思维平台和规范导向,聚焦虚拟经济风险预警的制度原理,勾勒制度在虚拟经济预警中的作用及建构方案,实现虚拟经济风险预警的技术取向和预警制度框架之间的相互融通,这对于虚拟经济风险预警的正当化、合理化和科学化至关重要,也是虚拟经济风险预警行为未来发展的必然走向。

第六章　虚拟经济安全保障机制的法治塑造

在现代经济条件下,虚拟经济构成了经济活动的神经系统,事关经济增长的方式和速度,决定着资源的合理调配和经济发展的内外均衡,是推动一国经济增长的关键力量。但回顾世界虚拟经济发展史又会发现,虚拟经济既可以是实体经济发展的助推器,成为促进经济繁荣的重要动力,也可能成为冲击市场秩序,影响市场功能,损害经济发展的罪魁祸首。尤其是过去数十年,随着虚拟经济创新步伐的加快和虚拟经济服务范围的扩展,虚拟经济危机爆发的频率不断增加,产生的影响也愈发严重。面对虚拟经济世界不断涌现出的问题、困境甚至灾难,理论界对虚拟经济危机生成的原因、机理和防范等问题进行了广泛的研讨,其中有关虚拟经济风险治理的话题,成为经济学、管理学和法学等学科领域持续努力的研究重点。

在法学界,一个普遍流行的观点是,虚拟经济风险是虚拟经济市场失灵和政府失灵共同作用的结果:在市场主体自利属性、有限理性和机会主义等因素的促动下,虚拟经济市场的周期性、外部性和信息不对称等失灵现象会不断地生成和集聚,如果政府没有及时准确地对虚拟经济领域内的各种失灵现象加以纠正,虚拟经济市场难免会走向无序,虚拟经济危机由此形成。因此,通过政府的"有形之手"强化虚拟经济监管以克服市场失灵,同时规范政府虚拟经济监管行为以克服政府失灵,是法学视角下预防和治理虚拟经济风险的基本路径。这种论证在逻辑上自是无懈可击,但遗憾的是,这些学术努力常常遭遇来自现实的窘境和尴尬——让人措手不及的虚拟经济危机并没有因为虚拟经济监管的强化而在爆发的频数和强度上有所缓解,虚拟经济领域中的治乱循环始终存在,虚拟经济市场常常在"一治一乱"之间徘徊。理想与现实的差距迫切需要我们探索系统、长效的虚拟经济风险治理机制和对策,以破解传统治理理念和方法无法为虚拟经济安全提供保障的困囿。

虚拟经济风险治理是现代公共事务治理的重要构成部分。一般认为,"治理"是随着公共管理中国家角色转变而发展起来的一个范畴,其主张打破传统管理模式所依靠的路径,代之以多中心的管理模式,是"各种公共的或私人的个人和机构管理共同事务的诸多方式的总和"。① "治理"尽管是一个产生于公共管理领域的思想、范式和技术,但其对社会学、经济学和法学等诸多学科都产生了深远的影响。比如,"治理"对法学的影响,有论者就认为,"治理"与"法治"在"根本保证、治道框架、内在价值、外在形式、目标追求、建设路径"等方面相互契合,治理的多元主体结构、规则多元、过程交互、方式多样以及纠纷复合性,对法治建设提出了新的要求,②近年来,法学界对环境保护、食品安全等社会性治理议题也给予了广泛的关注。社会的治理机制固然种类多样,但归纳起来可分为三种类型,即行政治理、社会治理和市场治理。③ 由于每一种治理机制有着不同的优势和不足,三种机制相互嵌入和良性互动才能达成相得益彰的治理之效。④ 协同治理是推动公共治理理性决策和有效实施的重要方法。

我们认为,现代虚拟经济市场常常表现为多层次、多主体和多环节的资

---

① Nelson Mandela, Our Global Neighborhood: The Report of the Commission on Global Governance (New York: Oxford University Press, 1995), pp. 2-3.

② 石佑启、杨治坤:《中国政府治理的法治路径》,载《中国社会科学》2018 年第 1 期,第 66 页。

③ Samuel Bowles, Microeconomics: Behavior, Institutions and Evolution, Princeton (Princeton University Press, 2004), pp. 474-501.

④ 顾昕:《走向互动式治理:国家治理体系创新中"国家—市场—社会关系"的变革》,载《学术月刊》2019 年第 1 期,第 78 页。

本叠加、行为叠加和技术叠加,各种诉求、规则和价值之间的对抗、冲突和互嵌普遍存在,所蕴含的风险不可避免,对虚拟经济风险的治理需要一套多元主体参与和协同互动的治理策略。长期以来,法学界对虚拟经济风险防范的研究主要从政府监管的角度展开,侧重于监管行政的研究,对监管组织的研究相对缺乏。尽管也有论者从监管主体的角度分析了虚拟经济"统合监管""集中监管"的法律路径,但"统合"和"集中"的对象依然是行政主体,对政府之外的其他主体在虚拟经济风险治理中的作用缺乏足够的关注,对虚拟经济风险协同治理机制运用的研究几近空白。基于此,本文以治理理论为依据,从政府机制、社会机制和市场机制综合运用的角度出发,分析构建一个协同、互动的虚拟经济风险治理框架的必要性并探索保障其实现的法律机制,这对于增强虚拟经济风险治理的科学性和有效性,无疑具有重要的意义。

一、治理能力与现实驱动:虚拟经济风险治理机制的生成逻辑

在虚拟经济的运行过程中,虚拟经济创新和虚拟经济安全、虚拟经济自由和虚拟经济监管之间的纠葛和撕扯始终存在,虚拟经济发展中所蕴含的风险不可避免,对虚拟经济风险的治理成了现实虚拟经济生活中的一个基本要求。在虚拟经济风险的防范过程中,政府机制、社会机制和市场机制是虚拟经济风险治理中可资利用的治理机制,它们一道构成了虚拟经济风险协同治理机制的主要类型。同时,由于虚拟经济风险治理机制应当与虚拟经济风险的形势和属性相一致,因此,以虚拟经济风险的具体形态为依据,分析探讨虚拟经济风险协同治理生成最优绩效的可能性,是虚拟经济风险治理中选择协同治理机制的现实理据。

(一)虚拟经济风险治理机制生成的逻辑推演:以政府、社会与市场的治理能力为依据

作为一种理论范式和行动安排,虚拟经济风险协同治理机制以对不同

机制治理能力及边界的确认为逻辑前提。因此,对虚拟经济风险治理中的国家机制、社会机制和市场机制的作用及特点进行分析,在肯定其功能的基础上分析各个机制可能存在的不足,从逻辑上分析建构多元机制、协同治理的优越性,是构建虚拟经济协同治理机制应该解决的基础性问题。

1. 政府机制在虚拟经济风险治理中的功能及不足

在现代经济条件下,虚拟经济风险的政府治理已成为一个普遍性存在,因此问题的重点早已不是去分析"该不该治理",而是对"如何治理"的回答。从一般意义上讲,政府具有规模效应,是拥有合法"暴力潜能"的组织。政府机制所具有的令行禁止特点和效率价值,在尤其需要迅速达到政策效果的领域,具有其他治理机制无法比拟的优越性。政府治理在市场的准入和退出监管领域、需要出台强制性标准的领域、外部性较强的领域、信息不对称性较强的领域和社会影响较大的领域具有极大的适用空间。[1] 就虚拟经济风险的治理而言,当下巨大的虚拟经济资本交易规模和巨量的资本的跨国流动状态,以及虚拟经济运行中众多的交易参加者,繁杂的虚拟经济产品类型和交易方式,都决定了政府机制在虚拟经济风险治理中的关键意义。当虚拟经济监管成为一道国际性难题的时候,国家的单边行动都难以应对和处理,其他任何机构、团体或组织就更力不能及。[2] 同时,虚拟经济本身的专业性和持续进行的虚拟经济创新,使得其复杂程度常常超出了专业人士的认知范围和判断能力。虚拟经济领域的信息不对称问题极为突出,这尤其需要政府施以力量来加以解决。另外,当今时代,虚拟经济广泛介入社会经济生活,虚拟经济风险常常与社会稳定相关联,比如,近年来我国互联网虚拟经济领域频频"暴雷"所引发的群体事件便是鲜活的例证。虚拟经济风

---

[1]　段礼乐:《市场规制工具研究》,清华大学出版社,2018,第93-97页。

[2]　周友苏、廖笑非:《金融危机背景下中国金融监管模式的选择与完善》,载《清华法学》2009年第2期,第89页。

险属于"社会影响较大的市场领域"自不待言。这一切都足以说明,在虚拟经济风险治理的过程中政府治理行动不可或缺。

政府所占有的资源和其在克服虚拟经济市场失灵中的天然角色,决定了虚拟经济风险协同治理中政府总是处于主导者的地位。但是,虚拟经济风险的政府治理并非没有弊端,诚如有学者所论,虚拟经济领域政府机制的运用涉及政府行为合法性的考量、政府与虚拟经济市场关系的调适、政府运用公共资源的正当性等问题。① 学术界归纳总结的政府理性有限、成本过高、效率低下、寻租现象等政府失灵情形,在政府的虚拟经济风险治理行动中均有可能出现。而且,政府机制依托科层制成就自身,但科层制本身有积累和放大风险的隐忧,②为管控和预防虚拟经济风险而采取的政府行为,极可能成为风险源并制造出新的风险。这一切都意味着,面对虚拟经济风险,我们绝不能抱有政府治理机制能解决一切问题的幻想,政府机制的运用必须考虑自身的能力限度。

2. 市场机制在虚拟经济风险治理中的作用及边界

按照学界通说,虚拟经济市场失灵是虚拟经济风险发生的原因之一,促成虚拟经济市场高效率的因素和导致虚拟经济风险发生的因素具有同一性。基于这一认识,市场机制治理虚拟经济风险的功能常常被理论界所忽略。但从法律的角度观之,虚拟经济风险的发生有深刻的合同缘由,正常的虚拟经济生活主要通过虚拟经济交易来完成,这种交易在法律上体现为合同,从合同法的角度看,金融危机就是违约及其责任的危机。③ 虚拟经济稳定的核心要素均与合同有关,作为公共政策目标的虚拟经济稳定,一方面要求"公众有充分信心确信它们能够持续履行合同义务",另一方面要求"市场

---

① 单飞跃:《宪法政治场景中的金融危机干预》,载《法学家》2010 年第 6 期,第 5 页。
② 薛亚利:《风险的民主化与科层制隐忧》,载《学术月刊》2014 年第 11 期,第 99 页。
③ 陈醇:《论金融法中的违约预防制度》,载《环球法律评论》2019 年第 2 期,第 86 页。

参与者能够以反映市场基本因素的价格进行交易"。① 系统性风险就是系统性的违约与责任风险,大规模违约及其违约责任是系统性风险在合同法之中的对应之物。② 众所周知,合同风险的发生常常和合同当事人的不谨慎有关,③而合同法能"阻止合同一方当事人对另一方当事人的机会主义行为,以促进经济活动的最佳时机,并使之不必要采取成本昂贵的自我保护措施",④亦即,阻止当事人的机会主义行为,强化当事人的谨慎态度,是合同法在风险预防过程中的重要功能。那么,一个顺理成章的结论是,借助于合同法的风险预防功能来维护虚拟经济市场秩序,通过私权力量主导的市场机制来预防虚拟经济风险,应该成为虚拟经济风险治理的重要机制之一。

另外,还有诸多学者从公司治理的角度,对虚拟经济风险与公司治理之间的关联进行了研究。对于虚拟经济机构而言,有研究表明,虚拟经济机构治理上存在的问题是形成虚拟经济风险的因素之一,良好的虚拟经济机构治理对于保障一国虚拟经济安全和提高虚拟经济体系效率至关重要。⑤ 对于非虚拟经济机构而言,有学者认为,虚拟经济风险的发生是公司治理失衡的结果——在资本洪流的冲击下,众多公司日益背离了公司存在的初衷,将重心转移至如何更好地融资以及通过短期操作提升股价获得利润,公司经营产生了"异化","异化"的公司又成为虚拟经济乱象的幕后推手,虚拟经济危机由此形成。因此,通过公司治理实现公司本质的回归,这才是化解虚拟经济风险的根本路径。⑥

---

① Andrew Crockett, "Why is financial stability a goal of public policy?" in Jack Rabin, Glenn L. Stevens, Marcel Dekker(ed.), *Handbook of Monetary and Fiscal Policy*, 2002, pp. 70-71.

② 陈醇:《金融系统性风险的合同之源》,载《法律科学(西北政法大学学报)》2015 年第 6 期,第 145 页。

③ 有学者对美国次贷危机爆发在合同上的缘由进行了分析,认为其根本原因在于经营者"罔顾银行经营中最基本的审慎性原则",参见楼建波:《金融海啸中的三重危机与法律应对》,载《社会科学》2009 年第 6 期,第 87 页。

④ [美]理查德·A·波斯纳:《法律的经济分析》,蒋兆康译,中国大百科全书出版社,1997,第 117 页。

⑤ 洪正、周轶海:《内部监督、监管替代与银行价值》,载《金融研究》2008 年第 7 期,第 119 页。

⑥ 范健:《资本泛滥时期的公司治理与金融监管》,载《法学杂志》2019 年第 2 期,第 11-24 页。

笔者看来,在市场的资源配置功能得到特别强调,虚拟经济市场化改革不断深入的当下,市场机制对虚拟经济风险的疏导、化解功能理应受到重视。合同法的风险预防功能所依托的是市场主体的自我决策、自我选择和自我责任等机制,而虚拟经济机构和非虚拟经济机构的公司治理行为,在本质上是公司自治的表现,其内容是"企业自身制定的共同体规则和协定"。①它们所贯彻的是意思自治的私法价值观和运行逻辑,是市场机制发挥作用的表现。因此,在虚拟经济风险治理中,我们应当秉持这样一种理念:虚拟经济市场失灵固然是虚拟经济风险发生的缘由,市场机制不能成为虚拟经济风险治理的主要依托,但我们也要打破虚拟经济风险治理政府刚性处置的思维模式,在整体资源配置系统中审视市场机制在虚拟经济风险治理中的可能优势和作用空间,将市场机制作为虚拟经济风险治理制度的内在构成加以利用,这对于提升一国虚拟经济风险治理效果具有重要的意义。

3. 社会机制在虚拟经济风险治理中的效用及限度

在存在"政府失灵"和"市场失灵"的情况下,社会治理应该充分发挥社会组织自身的治理功能,通过社会本身的自组织来治理社会。② 社会治理是现代社会多个领域广泛运用的一种治理机制,其作用对象几乎遍及所有的公共和私人事务。从主体的角度看,社会治理机制由社群来实施,尽管"社群"是一个"飘忽不定的概念",③但行业协会被认为是社群最为重要的构成。为了避免论证的分散,本文拟以金融行业协会为例,来论证社会机制在金融风险治理中的效用问题。

随着金融市场的发展,金融行业协会在风险防范中的作用越来越受到重视,其具有的金融风险治理功能已成为一项普遍的共识。"发达国家金融

---

① 季卫东、程金华:《风险法学的探索——聚焦问责的互动关系》,上海三联书店,2018,第 286 页。

② [美]埃莉诺·奥斯特罗姆:《公共事物的治理之道——集体行动制度的演进》,余逊达、陈旭东译,上海译文出版社,2012,第 45 页。

③ [美]丹尼尔·贝尔:《社群主义及其批评者》,李琨译,三联书店,2002,第 19 页。

监管的一个重要发展趋势是在保障国家金融监管有效性的前提下，充分发挥行业协会等自律组织的作用。"[①]"在英国，对金融市场的监管长期采取金融机构自律管理为主、英格兰银行监管为辅的体制，行业自律被认为是英国金融市场监管体制的显著特征。"[②]笔者认为，行业协会因对所在行业熟知而具备更充分的知识，这对于金融风险治理中信息不足的弥补异常关键。同时，行业协会具有的声誉机制能保证作为行业成员的个体受到"共同体感的约束"，[③]这对于减少金融交易中的机会主义行为，预防金融风险的发生具有重要意义。再者，金融行业协会内部规范可加强金融主体间的行为协调和知识共享，保证金融主体在技术、管理和市场等方面的协作可能性，其无疑是一种重要的行为约束机制。另外，行业协会的联合抵制功能可实现行业领域内的众多主体对单一主体非法行为的集体制裁，而且这种制裁的效率和效果会因"联合"而成倍放大，[④]从而保证金融市场主体行动趋于规范和理性。这些功能都决定了金融风险治理中行业协会的重要地位，对其所具有的风险治理功能应给予充分的肯定。

当然，金融行业协会在金融风险治理中也有自身的功能边界，行业协会的负效应既可能表现为利益驱动下行业协会的行为异化，比如，强势金融主体基于自身利益将自身的诉求转化为行业利益，也可能表现为对行业协会运行中僵化的等级所造成的效率减损，以及监管权力扩大的意愿和自我冲动，[⑤]这些都会成为制约行业协会在金融风险治理中正当性丧失的缘由。除此之外，在我国，行业协会所呈现出的官僚化、行政化等特征，也在一定程度

①　鲁篱、黄亮：《论银行业协会自律机制的设计》，载《财经科学》2005 年第 4 期。

②　曹兴权：《金融行业协会自律的政策定位与制度因应——基于金融中心建设的考量》，载《法学》2016年第 10 期，第 79-80 页。

③　Michael Sandel, Liberalism and the Limit of Justice(Cambridge University Press,1998), p. 150.

④　高菲：《网络嵌入性与互惠——产业集群网络治理机制的一个研究视角》，载《公司治理评论》2012 年第 4 卷，第 73-74 页。

⑤　李昌麒：《经济法学》，法律出版社,2007,第 171 页。

上消解了其治理功能的发挥,对此学界已有充分的论述。因此,在金融风险治理实践中,我们一方面强调金融行业协会的功能,同时对其可能存在的负效应给予足够的警惕,这才是运用行业协会治理金融风险更科学的态度。

总之,面对金融风险,作为治理机制承担主体的政府、社会和市场均不可或缺,但它们也有着自身的功能边界,没有任何一种治理模式和机制能完美地匹配所有的风险形态和情境。现代虚拟经济风险的形态决定了要对其实现有效治理,就必须在治理机制组合方面加以调整,走向多元主体合作共治、协调互动的道路。在充分肯定政府治理、市场治理和社会治理等不同治理机制功效的基础上,三种治理的互补、嵌入和互动式适用,是虚拟经济风险治理过程中必须秉持的理念和方法。

(二)虚拟经济风险治理机制形成的现实驱动:以虚拟经济风险的现实形态为依据

由于虚拟经济风险治理机制系统中的各个治理机制均有着自身的优势和不足,单个治理机制都无法达致最优的治理效能。因此,通过协同治理机制的构造,一方面充分发挥每一种治理机制的功能优势,同时来弥补单个治理机制的不足,是虚拟经济风险治理中更理想的选择。但是,这只是一种简单的逻辑推导,单个治理机制存在功能边界并不是协同治理机制存在的充要理由。笔者认为,现代虚拟经济风险的样态和特征是决定选择协同风险治理机制的现实动因。具体而言,虚拟经济风险的系统性、复杂性和治理知识的多样性,是选择虚拟经济风险协同治理机制的现实基础。

1.虚拟经济风险的系统性与虚拟经济风险协同治理机制

现代虚拟经济风险常常以系统性的形态呈现出来。系统性虚拟经济风险是指整个虚拟经济体系因遭遇某种冲击而无法有效运转的情形,是"由一个事件触发组成一个体系的同一链条上的(虚拟经济)机构或市场遭受一系列连续损失从而招致累积性损失发生的可能性"。① 笔者看来,系统性虚拟经济风险的形成与现代虚拟经济的运行状态密切相关:在现代虚拟经济市场,银行、保险、信托、证券等虚拟经济业务相互交错,虚拟经济业务跨时空、跨行业和跨领域经营并贯穿于多层次市场体系的特征异常明显,当下迅速发展的信息技术进一步强化了虚拟经济产品和虚拟经济行业相互关联的广度和深度,虚拟经济业务和虚拟经济产品的边界日益模糊,虚拟经济行业在更宽广的时空范围内配置资源成为虚拟经济运行的常态。

在虚拟经济风险涉及的领域单一、影响较小的情况下,单个治理机制就可以保证虚拟经济风险治理能力的完整性和充分性。但当多个虚拟经济机构和虚拟经济市场相联结,虚拟经济以系统化的形态呈现出来时,虚拟经济在一个更为广泛的领域内形成了利益相关性。当代金融博弈规则会把每个参加游戏的人们都裹挟进来,结果很可能是完全不相干的普通公民也蒙受损失和侵害。② 从风险发生的角度来看,每一个节点都有可能成为风险发生和传染的通道,任何一个"个别化"的风险都会以一种破坏性力量对整个虚拟经济系统产生影响。虚拟经济形态和结构的复合性使得对虚拟经济风险的治理不再是依托单一主体就能解决的,而应该以系统的思维和整体性的治理策略,充分发挥政府机制、市场机制和社会机制的治理能力和功能优势,实现虚拟经济风险治理机制的耦合同步及结构融合,以保证系统性虚拟经济风险的治理需要。

2. 虚拟经济风险的复杂性与虚拟经济风险协同治理机制

无论在何种场域,面对现代社会公共事务的复杂性,单一治理机制都表现出了明显的功能不足,因此采取"多行动者—多机制—多属性—多结构—

---

① 斯蒂文·L.施瓦茨:《金融系统性风险》,沈晖、缪因知译,《金融法苑》2013 年卷,第 193-194 页。
② 季卫东、程金华:《风险法学的探索——聚焦问责的互动关系》,上海三联书店,2018,第 16 页。

多目标"的治理模式,成为复杂公共事务治理中的必然选择。① 现代虚拟经济风险的复杂性特征表现得尤为明显,对其治理也应通过多种治理机制的互动和协同来完成。

具体而言,虚拟经济风险的复杂性首先表现为诱发虚拟经济风险的缘由的多样性,虚拟经济产品本身的脆弱性和周期性。虚拟经济监管中的制度漏洞和错误行动,虚拟经济交易中的非理性行动所造成的行为偏差,都有可能成为引发虚拟经济风险的原因。其次,虚拟经济风险的复杂性表现为虚拟经济风险类型的多样性和存在领域的广泛性,比如,市场风险、信用风险、操作风险、流动性风险和法律风险等风险类型,②而且每一种风险还可进一步细分为若干个亚类型的风险。票据市场、信贷市场、外汇市场、股票市场、期货市场、保险市场、信托市场、虚拟经济衍生品市场,都是虚拟经济风险形成和集聚的场所和领域。在虚拟经济创新不断涌现,虚拟经济系统结构、行为和关系越来越复杂的世界里,要实现对虚拟经济风险的有效治理,就应当坚持政府治理、市场治理和社会治理相结合的治理策略,促进政府与市场、社会力量的持续协同与互动,尽可能化解虚拟经济风险复杂性与治理机制碎片化之间的紧张,形成单一治理机制无法达成的协同治理效应,达到"整体大于部分之和"的治理效果,最终实现虚拟经济风险治理资源配置效用的优化和治理系统整体功能的提升。

3. 虚拟经济风险治理知识的多样性与虚拟经济风险协同治理机制

在虚拟经济运行的过程中,虚拟经济主体的行为必然会和外部环境发生多种形式的关联,该外部环境覆盖了社会、经济、法治、文化、习俗、技术等多个方面,虚拟经济主体与外部环境的动态平衡主要基于特定的协调机制,

---

① 李文钊:《理解治理多样性:一种国家治理的新科学》,载《北京行政学院学报》2016 年第 6 期,第 55 页。

② [美]菲利普·乔瑞:《VAR:风险价值——金融风险管理新标准》,张海鱼等译,中信出版社,2000,第 15 页。

一旦系统的平衡状态被打破,则意味着虚拟经济风险的产生。[①] 的确如此,虚拟经济风险的发生绝非仅仅由经济领域的事件和行为引发,对虚拟经济风险的治理也不是仅仅依靠经济领域的知识即可完成的事业,它需要治理主体占有与虚拟经济风险发生相关的政治、经济、文化、技术等领域的知识。

"假设我们掌握了有关可资使用的手段或资源的全部知识,那么剩下的问题也就只是一个纯粹的逻辑问题了。"[②]但问题的关键是,现实中虚拟经济风险治理可利用的知识总是不完备的。要实现对虚拟经济风险的有效治理,不仅要熟悉单个类型虚拟经济风险的运行规律,还要熟悉相互交错的虚拟经济风险的整体形态;不仅要了解单个虚拟经济风险治理机制的运行机理,还要具备综合运用多种虚拟经济风险治理机制的能力。虚拟经济风险防范的科学问题、民主要求和价值判断相互交错,知识的不确定性和风险的不可知性相互交织,虚拟经济风险治理中风险的事实知识、价值知识和方法知识如何选取,治理决策中的科学依据和民主要求之间的张力如何缓解,都对虚拟经济风险治理所需知识的占有提出了更高的要求。

协同治理机制以多元主体的参与为前提,这为知识的理解和传递提供了便利,"参与可以改进规则的信息基础从而提升决定的质量,并因而增加成功实施的可能性并且就规则在实践中效果提供重要的反馈。"[③]因此,在虚拟经济风险治理实践中,占有不同知识的主体间的互动和整合,是保障虚拟经济风险治理占有足够知识基础的关键方法。

二、虚拟经济风险治理机制的要素构成及法律保障

虚拟经济风险协同治理机制不能只停留在纯粹的理论推导阶段,它更

---

① 周建荣:《金融生态环境、金融主体发展及其关系探析——基于区域面板数据的实证研究》,载《财政监督》2016 年第 11 期,第 100 页。

② F. A. 冯·哈耶克:《个人主义与经济秩序》,邓正来译,三联书店,2003,第 117 页。

③ ［美］朱迪·弗里曼:《合作治理与新行政法》,毕洪海、陈标冲译,商务印书馆,2010,第 41 页。

需要有一套保障其建构的要素和技术,否则便只是一种自说自话的知识幻想,与提升虚拟经济风险治理绩效毫无关联。笔者认为,虚拟经济风险协同治理机制的构成要素包括法权要素、[1]主观要素、结构要素和信息要素,[2]而法律制度则是保障上述要素成就的关键力量。

(一)法权要素:虚拟经济风险治理中的权利(权力)配置

行为模式的差异性决定行为据以发生的权力属性上的差别。[3] 协同治理机制要求每一个治理机制既相互独立,又相互调适,其以每个治理主体的独立性和自主性为基础。在法治的语境下,法律制度是配置权力(权利)并保障其规范化的唯一依托,行动者的独立和自主要求应当通过法律赋予权力和权利的方式来实现。那么,对虚拟经济风险治理中的法权类型及配置进行分析,成了虚拟经济风险协同治理法治建构中主体资格确认的必然环节。

虚拟经济风险治理的法权系统中,虚拟经济监管权无疑是最重要的法权类型。在我国,中央层面的虚拟经济监管权由金融稳定发展委员会、中国人民银行、证监会和银保监会行使,地方层面的监管权由各级地方政府设置的金融监管部门行使。近年来,随着地方政府对虚拟经济风险处置责任的强调,地方金融监督管理部门相继成立,金融监管的地方立法也在加速跟进,地方金融监管权获得了正式法律制度的确认。

但是,虚拟经济监管权的法律确认只是虚拟经济监管权存在的根据,虚

---

[1] 在我国法学界,有学者用"法权"这一概念来统筹"权利"和"权力"并将之作为法学的核心范畴,参见童之伟:《法权中心主义之要点及其法学应用》,载《东方法学》2011 年第 1 期,本文通过这一概念指称金融风险互动式治理中的权力和权利。

[2] 这种要素区分具有理想类型的色彩,它们之间并非非此即彼的关系,比如,法权配置必须考虑知识能力,也必然涉及治理结构的问题。再比如,信任对于治理结构的优化意义重大,也会对知识分享产生显著的正向影响。当然,本文的这种区分并非没有意义,法权要素、主观要素、结构要素和信息要素等各个要素的指向终究不同,对其加以区别分析更能保证金融风险协同治理要素构成上的充分和周延。

[3] [德]尤尔根·哈贝马斯:《交往行为理论:行为合理性与社会合理化》,曹卫东译,上海人民出版社,2004,第 83-84 页。

拟经济监管权横向和纵向结构的优化才是虚拟经济监管权配置的核心内容。首先,就横向配置而言,笔者认为,虚拟经济风险的系统性决定了虚拟经济监管应是统筹全局、能形成监管合力的整体性监管,虚拟经济风险的专业性、多样性决定了虚拟经济监管应该是分行业、分领域的专业性监管,虚拟经济监管权的横向配置制度设计的重点,是如何保障监管组织在宏观上协调一致,在微观上专业精准的问题。对此,笔者曾以互联网金融风险为例,对互联网金融风险分业监管和统合监管进行了分析,[①]由于互联网金融的本质是"金融"而不是"互联网",互联网金融监管权横向配置的原理与方案,与一般意义上的金融监管权配置并无本质差别,本文不再赘述。

其次是虚拟经济监管权的纵向配置,从本质上讲,虚拟经济监管权纵向配置是中央与地方关系在虚拟经济监管领域的映射,是国家基于制度环境约束对虚拟经济监管权力以及利益如何在中央与地方之间转移分配的过程。[②] 在我国当下,无论是中央和地方虚拟经济监管权的划分,还是地方虚拟经济监管部门设置的法律依据及职能定位均存在明显的不足。制度设计应以权力配置内容、配置方式和运行状态的规范化为目标,将虚拟经济风险发生的领域、范围和结构等因素作为划分中央和地方监管权的依据,避免权力纵向配置中的随意和不确定问题出现,尤其要对地方虚拟经济监管权监管职责不明确、机制不健全、监管力量不到位等问题加以矫正,以此来实现虚拟经济监管权纵向配置与虚拟经济风险治理的要求相匹配。

虚拟经济风险治理中的权利类型较为繁杂和多样,虚拟经济机构和非虚拟经济机构经营自由权、行业协会自治权、市场主体财产权等权利,均是市场主体和社会主体参与虚拟经济风险治理的权利依据。具体而言,通过

---

① 靳文辉:《互联网金融监管组织设计的原理及框架》,载《法学》2017 年第 4 期,第40-43 页。

② 段志国:《金融监管权的纵向配置:理论逻辑、现实基础与制度建构》,载《苏州大学学报》(哲学社会科学版)2015 年第 4 期,第 116 页。

公司治理来防范虚拟经济风险,其所依托的权利类型是企业的经营自由权,以及由此衍生出的股东表决权和商事缔约权,实践中应通过公司治理结构的优化和公司管理制度的科学设计,运用报酬激励制度、剩余控制权制度、声誉激励制度和聘用解雇制度,来规范企业的经营行为和投资行为,以此来预防因公司的不当经营行为而引发的各类风险。通过合同机制来防范虚拟经济风险,其所依托的权利类型是合同主体的财产权,具体又可分为占有、支配、转让、使用等权能,需要特别提及的是,随着当下时代对消费者权利的重视,虚拟经济消费者的知情权、自主选择权、公平交易权、受教育权、信息安全权等,均可理解为落实虚拟经济消费者财产权的法律依据。实践中应通过提升虚拟经济交易参与者的虚拟经济素养和财产保护意识,落实虚拟经济交易双方的谨慎义务,遵守责任自负原则,防范虚拟经济交易中的虚拟经济赌博和过度投机。通过社会机制所实现的虚拟经济风险治理,主要依赖于以虚拟经济社群组织的自治权,以及由此衍生的规范制定权、自律监管权、惩罚权和纠纷解决权,等等。实践中应通过社群组织功能设定、人员构成等内容的变革,以及行业监督权和惩罚权的明确,来强化虚拟经济社群组织参与虚拟经济风险治理的机会和能力。笔者认为,以上内容是依托权利来激活市场机制和社会机制虚拟经济风险治理功能的基本框架,也是权利配置视角下确保市场主体和社群主体在虚拟经济风险治理中发挥作用的基本路径。

(二)主观要素:虚拟经济风险治理主体间信任关系及制度促成

虚拟经济风险协同治理机制的运行过程,是不同治理主体之间依据权力或权利多元博弈和互动制衡以形成一个治理共识和治理合力的过程,该过程需要市场、政府和社群等主体间的合作与沟通。虚拟经济风险治理主体间的信任程度,关联着不同主体间协调成本的大小和沟通的可能性。信任是一方主体基于主观认知对其他主体关于未来行为的期待,属于主观范畴。信任关系的主体不仅包括自然人,还包括组织,"各种组织如国家、单位等虽然由个人所构成,但具有自己的系统,组织是一种准人格化的存在,因而也存在着组织之间的信任或不信任问题"。① 事实上,在以"协同"作为关键词的虚拟经济风险治理机制中,"信任"具有不言自明的价值:信任是对复杂问题的简化机制,信任可以为虚拟经济风险协同治理主体提供稳定的心理预期,促成对虚拟经济风险治理方案的一致理解,消除各种偏见和怀疑,预防背叛和辜负。较高的信任可以保证治理共识的形成和治理措施的快速启动,这对于瞬息万变的虚拟经济风险而言尤为重要。

在一个行业分工日益繁细、社会系统更加复杂、信息更加混沌的社会里,一方面,社会对沟通和合作的要求越来越高,另一方面,形成、维护以及加强信任的条件却今不如昔,这一悖论构成了风险社会特有的语境和规范条件。② 学术界基于对这一悖论的克服,就信任形成过程进行了深入的研究,其中获得的一个共识是,法律是信任形成的基础,法律的激励机制和惩戒机制可以降低行为的不确定性,法律构成了行为主体作出信任预期的外在框架和约束条件。具体而言,信任的法律促成包括制度环境、制度受众、制度规则及执行情况等要素,其形成过程大致可归纳为,制度受众根据制度规则来权衡成本收益并判断制度的好坏,根据规则的执行概率来判断规则是否得到有效执行,并以此为依据决定自己的信任态度和信任行为。③

虚拟经济风险协同治理机制中信任关系的法律促成也应围绕上述要素展开。前文已论,虚拟经济风险协同治理机制的主体由行政主体、市场主体和社群主体构成,信任的制度受众由此明确。同时,制度的严格执行作为法治的内在含义已是一个常识,自然无须再作分析。下文中,笔者仅对虚拟经

---

① 白春阳:《现代社会信任问题研究》,中国社会出版社,2009,第 11 页。

② 季卫东、程金华:《风险法学的探索——聚焦问责的互动关系》,上海三联书店,2018,第 176 页。

③ 房莉杰:《制度信任的形成过程——以新型农村合作医疗制度为例》,载《社会学研究》2009 年第 2 期,第 138 页。

济风险治理中信任形成的制度环境进行简要分析。

"制度不仅是信任建立的基础,也构成了信任的对象",[1]充分的制度可为行为主体提供一个稳定的信任倾向,保障虚拟经济风险治理中的参与主体无须从零开始尝试和探索,而是通过遵循制度所提供的行为模式,就可以得到一个基本可预的行为结果。[2] 笔者认为,信任的制度环境构造,其目的无非是探究如何通过法律对信任利益加以保护的问题,对此,法学界关于信赖利益的法律保护可为我们提供足够的启示。[3] 结合虚拟经济风险的治理要求,笔者认为,制度设计应重点对能维系和扩展虚拟经济风险治理主体信任秩序的利益加以吸纳,通过信任利益承诺保护制度和信任利益损害赔偿制度,将信任利益确认为制度性权利,[4]给予虚拟经济风险治理主体一个稳定的心理预期,从而满足风险协同治理机制建构在主观方面的要求。

(三)结构要素:虚拟经济风险治理主体的网络联结及制度安排

按照系统论的解释,结构是系统要素的联结方式,治理结构表现为治理过程中主体的角色和相互关系,主体关系是治理结构的核心内容,"未来治理应将关系放在制度设计的中心位置"。[5] 以此为依据,笔者认为,虚拟经济风险协同治理机制结构的问题,本质上就是国家、市场、社群等机制在虚拟经济风险治理中的关系问题。

---

① Maguire S., Phillips N., "Citibankers at Citigroup: A Study of the Loss of Institutional Trust after A Merger," Journal of Management Studies 45, No. 2(2008):372-401.

② 高国梁等:《信任风险:内涵、根源与制度规制》,载《法律与伦理》2018年7月,第46页。

③ "信赖利益"和本文所称的"信任利益",均是基于一方主体对其他方主体的信任而预设的一种期待收益,作为主体基于内心状态的一种要求,笔者认为两者在形成机理上并无本质区别,本文之所以没有使用"信赖利益"这一概念,是因为"信赖利益"在法学研究中已有确定的含义:是从保障私人既得权的角度对私人主体对政府信赖收益的保护,本文所指的"信任利益"是政府主体、市场主体、社会组织之间基于相互信赖基础上的预期收益。由于概念的使用有约定俗成的问题,为避免混淆,笔者使用"信任利益"这一概念。

④ 高国梁等:《信任风险:内涵、根源与制度规制》,载《法律与伦理》2018年7月,第47-48页。

⑤ [法]皮埃尔·卡蓝默:《破碎的民主:试论治理的革命》,高凌瀚译,三联书店,2005,第11页。

　　毋庸置疑,虚拟经济风险治理结构要与虚拟经济本身的结构相契合,要充分考虑其接收和处理风险信息的能力。笔者认为,网络化的治理结构是最能适应虚拟经济风险特点及协同治理要求的结构形态。前文已论,在虚拟经济产品和行业日益复杂的当下,任何一个虚拟经济行业和虚拟经济产品都有可能成为诱发虚拟经济风险的节点,而网络结构的最大特点是具备多个节点,其对外部环境变化更加敏感,能够更快地感知到外部环境的变化。网络结构是"疏耦合",不仅更有韧性,也更容易根据组织之间的信息交互进行相互调整,从而相互适应。① 网络型的治理结构可以将政府、市场和社会等多元主体纳入整个治理网络当中,政府、市场和社群在虚拟经济风险治理中因此而具备相应的角色依据。在网络型结构中,政府、市场和社群既是虚拟经济风险治理的独立能动主体,也可以根据虚拟经济风险治理的具体要求适应性地发展或改变其组合,从而更好地应对各类虚拟经济风险。各个治理主体因网络型结构的涵摄而具备了协同的可能性,一个多中心、开放、合作和互动的虚拟经济风险治理主体结构也因此具备了形成的基础。

　　网络型治理结构需要法律制度的保障,主体关系必须经由法律的建制才能具备确定角色和相互关系的可能性,没有制度约束的主体结构难以形成规范潜能。从法律保障的角度来看,网络结构的制度建构重点,是如何为多元治机制的组合和搭配提供可能和便利。实践中,建立虚拟经济风险治理议事协调机构,确立目的导向型的权力(利)调适制度,是实现虚拟经济风险协同治理网络结构的关键所在。② 面对多变的虚拟经济市场,机械的权力

---

① 　张海波、童星:《中国应急管理结构变化及其理论概化》,载《中国社会科学》2015 年第 3 期,第 67 页。

② 　我国金融监管机构之间协调机制的建立已有相关的法律法规,比如《中国人民银行法》第 9 条规定,"国务院建立金融监督管理协调机制,具体办法由国务院规定";《银行业监督管理法》第 6 条规定,"国务院银行业监督管理机构应当和中国人民银行、国务院其他金融监督管理机构建立监督管理信息共享机制。"原银监会、证监会、保监会推出《在金融监管方面分工合作的备忘录》,确立了"监管联席会议机制"。

（利）安排难免会导致权力（利）的僵化，导致虚拟经济风险治理的功能性不足。因此，根据具体的虚拟经济风险类型，灵活配置的虚拟经济风险治理权力（利），通过法律制度来确认虚拟经济风险协同治理中各个主体关系的结构位置，充分发挥不同主体的资源禀赋和治理优势，为协同治理中各个主体的互动提供渠道，是制度层面优化虚拟经济风险治理结构的必然要求。

网状联接的主体结构需要一个实施者和决策平台，是一个"外围边缘"和"决策中心"之间相互支持和输入输出的过程。[①] 制度设计可确定国务院虚拟经济稳定发展委员会为虚拟经济风险治理的议事协调机构，通过法律确认政府、市场主体和社群组织共同参与的群决策机制，群决策机制应按照协商民主的基本原则，吸纳多个主体充分参与，批判性地审视各种政策建议，从而赋予立法、决策以合法性。[②] 实践中，可根据虚拟经济风险的具体样态对虚拟经济治理权在不同主体之间进行上移、下沉、外转和剥离式的"集分结合"，[③]围绕虚拟经济风险发生的领域、种类、程度、诱因，结合政府机制、市场机制和社会机制的治理能力和优势，对治理主体进行筛选和组合，实现虚拟经济风险治理权力（利）的结构性优化，从而更好地契合虚拟经济风险的治理要求。

（四）信息要素：虚拟经济风险治理的知识共享及制度落实

虚拟经济风险治理必须依托一定的信息来完成，信息的充分程度是决定虚拟经济风险治理能否成功的关键。但是，没有任何单个主体能拥有治理虚拟经济风险所需的全部知识，知识永远只能存在于特定的时空且"远远

---

① ［德］哈贝马斯：《在事实和规范之间：关于法律和民主法治国的商谈理论》，童世骏译，三联书店，2003，第440页。

② 陈家刚：《协商民主：民主范式的复兴与超越》，载陈家刚选编《协商民主》，上海三联书店，2004，第1页。

③ 徐晓琳、朱国伟：《大部制治理结构优化的推进策略与支持机制》，载《公共管理与政策评论》2013年第2期，第20页。

超过了任何一个人所能完全知道者"，[1]在资源拥有和存在日益分化的状态下，虚拟经济风险治理所需要的知识永远是一种弥散的存在。知识在不同主体间的分布和存在具有明显的差异性，"这种差异性部分导源于组织任务的性质和外部环境的技术特征，也和组织内部和外部可得的人力资产类型相联系"，[2]单个治理主体所供给的知识永远是不完善、不全面和局部的，甚至是带有"偏见"的。[3]　知识的交换和共享由此成为必要，它构成了治理主体有效互动、合作的基础和载体。在法治的视域下，知识共享是现代行政一体化和效率化的要求。[4]　笔者认为，虚拟经济风险治理知识共享的制度构成，大致应包括以下几方面的内容。

第一，明确承担虚拟经济风险信息搜集和管理的责任主体。在虚拟经济系统中，中央银行具有明显的信息优势地位，因此赋予其搜集、管理和分享虚拟经济风险信息的职责具有充分的正当性。就当下制度完善的重点而言，有学者指出，我国《中国人民银行法》对人民银行及其分支行信息搜集处理职能规范的缺位，以及中央人民银行权力高度集中，不利于中国人民银行实现更有效、更充分的信息搜集、处理权能。[5]　因此，明确赋予中国人民银行及其分支机构的信息搜集和处理职责，确认其在虚拟经济风险信息的采集、核准、更新、共享目录编制等方面的权责，是虚拟经济风险治理信息共享在组织层面的基本要求。

第二，虚拟经济风险信息披露和共享的制度安排。当前，我国相关虚拟

---

①　Hayek, The Errors of Constructivism, New Studies in Philosophy, Politics, Economics and the History of Ideal(University of Chicago Press,1978), p. 5.

②　[日]青木昌彦:《比较制度分析》,周黎安译,上海远东出版社,2001,第102页。

③　[美]理查德·A·波斯纳:《法理学问题》,苏力译,中国政法大学出版社,2002,第40页。

④　翁岳生:《行政法》,中国法制出版社,2002,第20页。

⑤　谢贵春:《债券市场风险治理法律机制研究——以信息规则的构建为中心》,武汉大学博士学位论文,2016年,第139页。

经济法律法规对信息披露制度已有较充分的规定,[①]一套覆盖虚拟经济主要领域的信息披露规则基本形成。但我国虚拟经济信息披露依然存在信息披露主体不周延,信息披露不主动、不充分的问题。"不同信息主体之间任何一个信息条件的不同,都可能造成不同信息主体之间信息拥有状况的差距。"[②]实践中根据虚拟经济风险信息的分布情况,以及信息占有主体在信息提供中的便利程度和技术条件,确定虚拟经济风险信息的供给主体,明确相应的时限要求。同时,构建信息共享平台,为不同主体共享虚拟经济风险信息提供制度支撑,这不仅是虚拟经济风险治理中知识共享法治保障的重要构成部分,也是知识层面上决定虚拟经济风险协同治理实现的关键依据。这还是保障虚拟经济风险治理信息共享中知识供给充分、高效和全面的关键所在。

三、虚拟经济风险治理机制实施过程的法治展开

作为一种值得追求的效应和目标,虚拟经济风险协同治理不仅需要"理想的图景",更需要过程性行动。虚拟经济风险协同治理既是一个静态的结构,更是一个动态的过程,其实现不仅是一个要素构建的问题,还是一个如何行动和运行的问题。众所周知,"行为"是法律的核心范畴之一,行为理论承担着法律实施和运行过程的总结、描述和概括的功能。前文已论,依据虚拟经济风险的具体情形和不同治理主体的功能优势,因时制宜、因地制宜地在市场机制、政府机制和社会机制之间选择、搭配和组合,是虚拟经济风险协同治理最基本的要求,这种选择、搭配和组合会通过各种行为呈现出来。

---

① 相关规定在《中国人民银行法》《商业银行法》《中华人民共和国证券法》《商业银行信息披露办法》《商业银行资本充足率管理办法》《商业银行金融创新指引》《商业银行资本管理办法(试行)》《商业银行流动性管理办法》《商业银行杠杆率管理办法》《全球系统重要性银行信息披露指引》《商业银行资本构成披露要求》等法律法规中均有体现。

② 谢俊贵:《信息的富有与贫乏:当代中国信息分化问题研究》,上海三联书店,2004,第41页。

因此,对虚拟经济风险的协同治理行为进行类型化归纳,并对行为实施的法律激励、约束和保障方案进行分析,构成了虚拟经济风险协同治理实施过程中法治展开的核心问题。

（一）虚拟经济风险治理机制运行中的行为类型

在虚拟经济风险协同治理的制度框架下,行政指导、行政契约、行政授权、行政委托和行政辅助行为是最能体现主体协同要求的行为类型。

第一,行政指导。行政指导是行政机关基于特定的行政目的,对行政相对人采取的引导、劝告和建议,以达到社会所期待效果的一种行为类型。"行政指导对公共事务之实现,喜好以行政主体与行政客体能相互接受之合作方式与非正式之方式进行有关,另一方面,行政指导具有使当事人理解与弹性对应实际情况之功能,行政指导在现代行政上具有重大意义,并发展成为各国普遍之现象。"[①]尽管学术界关于行政指导的性质认定尚存争议,但将其作为一种非强制、且能产生法律效果的行为已获普遍的认同。

行政指导在虚拟经济风险协同治理中,发挥市场主体的治理能力的重要路径作用。在当下世界各国,行政指导在维护虚拟经济安全过程中获得了较多的使用,比如,在我国,2006 年原银监会发布了《商业银行合规风险管理指引》,该指引从商业银行公司治理,商业银行的业务管理架构,商业银行风险管理体系的构建等方面,对商业银行的合规风险管理进行了指引性要求,这对于防范商业银行领域内的风险形成,确保商业银行的安全稳健运行具有重要的意义。笔者认为,作为虚拟经济风险治理中的一种行为类型,行政指导不仅为虚拟经济市场主体对自己的经营行为进行评估、规范和改进提供了依据,也为政府表达虚拟经济监管的方向、领域以及可能实施的惩戒提供了一个表达的途径,其借力于市场主体并从源头上防范虚拟经济风险

---

① 翁岳生:《行政法》,中国法制出版社,2002,第 910 页。

的特点,决定了其在虚拟经济风险协同治理实施中的重要地位,是值得推广的行为类型之一。

第二,行政契约。行政契约是"合作国家"思潮下促进公私伙伴关系、实现行政任务目标的一种新工具。作为一种有用的法律政策手段,行政契约被认为是促进合作式行政的重要机制,其不仅强化了行政和人民之间的对话沟通机能,达到官民合作、建构共识与行政决定可接受性的目的,同时也借助民间团体或私人之专业力量完成了行政事务。① 随着实践中"民营化"浪潮的涌现和公法理论对国家和人民平等地位的强调,行政契约作为一种独立的行政行为在给付行政、公共设施建设、公共服务的提供、公害预防等领域获得广泛的适用,"我们已经把治理的中心移向了合同。"②

行政契约在虚拟经济风险协同治理中具有广泛的适用空间。比如,虚拟经济基础设施的建设,对于一国虚拟经济安全具有关键的影响。"金融基础设施有助于增加金融体系的弹性和抵抗危机的能力,减轻系统重要性金融机构倒闭所带来的金融传染,从而有助于更好地维护金融稳定。"③但金融基础设施的建设并非必须由政府部门来承担,我国央行前行长周小川先生就曾表示,"私人部门在政府指导和监督下也可以做基础设施建设,也可以通过 PPP 公共部门和私营部门合作的方式进行。"④笔者认为,行政契约在本质上是政府向市场和社会放权,扩张市场和社会在虚拟经济风险治理行为空间的结果。虚拟经济风险治理实践中强化行政契约的运用,不仅符合协同治理的结构和要求,也可避免虚拟经济风险单一治理机制的力不从心,

---

① 于立深:《台湾地区行政契约理论之梳理》,载《中外法学》2018 年第 5 期,第 1284-1287 页。

② [美]菲利普·库珀:《合同制治理——公共管理者面临的挑战与机遇》,竺乾威等译,复旦大学出版社,2007,第 51 页。

③ 程红星、王超:《美国系统重要性金融市场基础设施的认定和监管及其启示》,载《证券法律评论》2018 年卷,第 22 页。

④ 周小川:《私人部门可承建金融基础设施,但需有公共精神》,新浪网,访问日期 2019 年 6 月 20 日。

是虚拟经济风险协同治理机制运行中应该仰赖的行为。

第三，行政授权和行政委托。尽管行政授权和行政委托在性质、范围、条件、标准和后果等方面均有不同，在主体、职权、名义和法治等方面的要求也有明显区别，①但两者作为行政权移转和再分配的一种方式，都是有权机关将所拥有的行政职权授予其他行政机关、行政机构和社会组织行使的一种行动类型，因此笔者将其整合起来加以论述。在现代社会对国家功能的要求日益复杂的背景下，行政授权和行政委托是防止行政机关机构臃肿、效率低下的重要举措，其不仅契合公共事务治理"更多依靠民间机构，更少依赖政府"的发展趋势，②也是政府和非政府组织间建立合作伙伴关系的重要方式。

行政授权和行政委托是虚拟经济风险治理中实现多元主体协同和互动的主要依托。实践中，虚拟经济监管机关基于其他主体在信息、专业、技术等方面的优势，将本属于监管机关的职权转移给其他主体来实施，是维护虚拟经济秩序、保障虚拟经济安全的惯常做法。我国《银行业协会章程》第6条规定，银行业协会的职责之一是"受政府有关部门委托，组织制定行业标准、业务规范及银行从业人员资格考试，推动实施并监督会员执行，提高行业服务水平。"证券业协会对证券业的执业标准、业务规范、从业人员资格考试、执业注册、投资者注册、专业人员的资质测试和胜任能力考试等事项负有管理职责。这是虚拟经济风险治理中行政委托和行政授权行为的典型表现，也无疑是虚拟经济风险协同治理的重要实践形式。

第四，行政辅助。如果说以上三点是相对稳定、持续且"型式化"的协同与合作行为，那么行政辅助则是在一定时间段内就某一特定项目，借力于其

---

① 薛刚凌：《行政授权与行政委托之探讨》，载《法学杂志》2002年第3期，第18-20页。

② ［美］E. S. 萨瓦斯：《民营化与公私部门的伙伴关系》，周志忍等译，中国人民大学出版社，2002，第6页。

他主体的专业知识、技术、人力或资金以完成行政任务的"非型式化"行为。行政辅助行为属于"私法行政行为"之一,和"行政给付行为""行政盈利行为"相并列。[①] 行政辅助人不享有行政权,虽具公私合作之名义,但并不享有公权之实,行政辅助人的介入并不影响公权力部门的责任承担。[②] 行政辅助行为的运用可促进行政效率的提升,为公私主体的协同提供了更多的选择和契机,是现代社会治理中缓解行政资源和行政任务张力的重要手段。

　　虚拟经济风险治理是一种包含诸多"技艺"的行为,常常需要借助或整合其他主体的力量才能完成。比如,虚拟经济风险的预警,需要将特定时段内可能诱发虚拟经济风险的诸多要素量化为具体的指标,并通过一定的方法加权形成综合指数以构造相应模型,用以计算表达虚拟经济风险发生的可能性及大小,为风险的遏制和克服提供依据。虚拟经济风险预警需要"科学"意义上的知识,专业的研究和技术可为虚拟经济风险监管中"科学"知识的发现和运用提供支持。实践中,借助于其他主体的专业知识实现对虚拟经济风险的准确预警已普遍存在,比如,在我国,2018 年深圳"金融风险防控实战预警系统上线",该系统依托"AI+新警务"大数据,引入"腾讯金融风险态势感知系统"数据,以人员背景、企业背景、违规行为等 8 大维度 26 项指标为参数,实时进行数据碰撞和融合分析,每项指标形成分值,分值量化为风险指数,自动产生出"红、橙、黄"三色预警,[③]这无疑是一种典型的行政辅助行为。在笔者看来,行政辅助行为的充分运用,符合虚拟经济风险协同治理对知识多样性的要求,在虚拟经济风险的识别、预警、预防、遏制和克服等领域有充分的适用空间,是虚拟经济风险协同治理中值得肯认的行动。

---

① 李震山:《行政法导论》,台北三民书局,1998,第 207 页。

② 张一雄:《公私合作行政行为形式选择》,东南大学博士学位论文,第 44 页。

③ 《深圳上线金融风险防控实战预警系统》,深圳新闻网,访问日期 2019 年 6 月 28 日。

（二）虚拟经济风险治理机制中行为实施的法治促成

虚拟经济风险协同治理改变了传统虚拟经济风险治理的逻辑框架和结构框架，这种改变不仅体现为治理主体及关系的变革，还体现为行为实施过程中动力机制、过程监督和责任制度的调整。从行为实施的角度来讲，动力机制、过程监督和责任制度是虚拟经济风险协同治理产生预期效果的关键所在。

1. 虚拟经济风险治理行为的法律激励

虚拟经济风险协同治理机制有赖于制度的有效运转，而制度的实施需要相应的动力机制。动力和激励密切关联，作为一种状态，激励是"在满足个体某些需求的情况下，个体付出很大努力去实现组织目标的某种意愿"。[1]众所周知，行为激励是法律的重要功能之一，"法律能激发个体合法行为的发生，使个体受到鼓励去作出法律所要求和期望的行为，最终实现法律所设定的整个社会关系的模式系统的要求，取得预期的法律效果，形成理想的法律秩序。"[2]对法律激励进行结构性分析可知，法律激励除了应确定明确的激励对象以形成激励的主体关系之外，还有一个更主要的要素是行为环境，"即行为主体所附属的潜在法律关系的环境，这种环境包括激励形成的导向和激励所给予的具体量，两者共同构成激励的向度关系"。[3] 以此为依据，笔者认为，虚拟经济风险协同治理行为的法律激励机制，也应包括行为动机的法律促成和行为实施中激励工具的设置两方面的内容。

第一，虚拟经济风险治理行为动机的法律促成。"人们为了满足需要会产生各种各样的动机，动机本身对于人的行为就有激励作用，法律规范可以

---

① 池丽华、伊铭:《现代管理学》，上海财经大学出版社，2006，第 246 页。

② 付子堂:《法律功能论》，中国政法大学出版社，1999，第 68-69 页。

③ 徐玖玖:《公私合作制 PPP 项目法律激励机制的制度重估及其优化》，载《商业研究》2019 年第 6 期，第 140 页。

通过抑制某些人的恶劣动机,预先就对人的行为方向作出指引。"①动机是行为发生的前提,动机来源于需要和认知,决定着行为的方式和方向。在虚拟经济风险协同治理行为动机的形成过程中,法律除了通过虚拟经济安全目标的设计,对单个主体行为给予抑制和指引之外,还需要通过对多元主体参与虚拟经济风险治理集体决策的保障,实现对虚拟经济风险协同治理方案的认同,尤其是协同治理中单个主体对自身职责的理解和接受。法律制度应通过实体制度和程序制度的设计以对虚拟经济风险协同治理中的决策系统具备开放性、包容性等特征,保障各个协同主体拥有参与、表达和协商的机会,通过"提供公开对话、获取信息、尊重、了解并重新界定问题的空间以及朝向共识的行动",②一方面使每个主体都认识到高效而稳定的虚拟经济体系对于一国整体经济和单个市场主体的重要意义,以及没有约束的虚拟经济市场可能遭遇的各种扭曲和失败;另一方面也要使每个主体充分理解根据不同主体的治理能力和优势所作出的治理方案的合理性,在彼此认同、彼此妥协的基础上达成共识,消除分歧认知,强化合作意愿,虚拟经济风险协同治理行为动机才能由此形成。

第二,虚拟经济风险治理的利益激励。虚拟经济风险协同治理行为法律激励的另外一个重要因素,是如何选择合适的激励工具。虚拟经济系统的稳定性和高效性关乎一国经济发展的状态和质量,也影响着每一个市场主体的信贷可获得性、融资可能性、交易费用和资本的边际回报。但虚拟经济终究是一个公共产品,③在虚拟经济风险的协同治理中,如果说由作为社会公共利益代表的政府承担治理虚拟经济风险的职责具有天然的正当性,

---

① 付子堂:《法律功能论》,中国政法大学出版社,1999,第68-69页。

② Lyn Carson, Janette Hartz-Karp, "Adapting and Combing Deliberative Designs: Juries, Polls, and Forums," in J. Gastil, P. Levine (ed.), The Deliberative Democracy Handbook: Strategies for Effective Civic Engagement in the 21st Century (San Francisco: Jossey-Bass Press, 2005), pp. 120-138.

③ 马勇、陈雨露:《金融发展中的政府与市场关系:"国家禀赋"与有效边界》,载《财贸经济》2014年第3期,第50页。

那么由非政府主体的承担就应当通过相应的利益激励来实现。笔者认为，制度设计可通过对非政府主体的财政补贴、税收优惠、基金支持、专项资金配套等制度的差异化适用，激发非政府主体参与虚拟经济风险治理的积极性，最大程度地释放内在潜能，为虚拟经济风险协同治理行为实现提供激励工具支撑。

2.虚拟经济风险协同治理行为的约束机制

虚拟经济风险的协同治理既涉及权力的分配与组合，又涉及权利的消减和扩张，这些都是"极其棘手、极其复杂的问题，需要由高超的技巧来处理，它需要对人类本性、人类需求，以及对社会机制所指向的各种目标的达成起着促进作用或阻碍作用的诸多事物具有深入的了解。"[1]稍有不慎，都可能造成治理主体的错配和颠倒，以及治理过程的混乱和无序。当虚拟经济风险转化为真实的虚拟经济危机时，其后果就是灾难性的——不仅会造成一国相当数量的虚拟经济机构倒闭、破产和支付困难，导致整个金融市场的崩溃、货币贬值、资本外逃，甚至会以另一种政治合法性取代已有政治秩序，导致社会政治力量的彻底性重组，[2]这种复杂性意味着虚拟经济风险的治理有"一招不慎、满盘皆输"的色彩。

按照法治的逻辑，责任制度是最重要的行为约束机制，"在公共行政和私人部门行政的所有词汇中，责任一词是最为重要的。"[3]立法者按照特定的价值预设，将对某种社会秩序的期待具体化为相应的规则、程序和标准，并以此作为对行为人施以否定性评价和不利后果的依据，是责任机制运行的基本逻辑，其对行为的约束功能不言自明。前文已论及，在虚拟经济风险协同治理中，市场主体通过私法机制的风险预防行为，所依托的就是合同责任

---

①　关保英:《行政法的私权文化与潜能》,山东人民出版社,2003,第275页。

②　单飞跃:《宪法政治场景中的金融危机干预》,载《法学家》2016年第6期,第3-4页。

③　Mosher. F. , *Democracy and Public Service* (Oxford University Press, 1968), p. 7.

的风险防范功能。再比如,虚拟经济协同治理中的政府责任,诚如有论者所言,在国家与私人部门共同履行任务时,国家的公法任务均涉及责任问题,在这一责任光谱中,两端是"履行责任"与"补充责任",在这两者之间还有"担保责任"之类型存在。① 另外,运用社会机制的承担虚拟经济风险治理职责的社会组织,如果其未能依法律或依约定履行治理职责,或基于非法目的行使公共性权力并对内部成员或相关社会公众造成损害,或不当干涉政府监管事务,影响政府权力的正当行使,可通过要求其承担实际履行责任、损害赔偿责任,甚至司法解散非政府组织等方式,②来约束其在虚拟经济风险协同治理中权力的规范行使。

当然,法律责任机制不能成为保证虚拟经济风险协同治理行为规范运行的唯一依托。这是因为,虚拟经济风险的协同治理是任务导向的,虚拟经济风险治理对象的技术性、专业性、模糊性和不确定性,以及协同过程中规则、关系、目标的变化性,决定了虚拟经济风险协同治理的立法安排无法规定为协同行为提供明确的构成要件,而只能是关于治理目的的设计,至于达成目的的手段,则由相关主体在个案中灵活决定,以及在传统法律的"构成要件—法律后果"模式与协同治理中充分展现。③ 而且,法律责任的追究是事后的,要求损害应当具有确定性、有限性、可计量性、可预期和可控制性等特征,④但这些要素也难以在虚拟经济风险所致损害中完整具备。

因此,尽管责任机制对于虚拟经济风险协同治理行为的规范极为重要,但虚拟经济风险治理"一招不慎、满盘皆输"的形态又要求必须强化对虚拟

---

① [德]施密特·阿斯曼:《秩序理念下的行政法体系建构》,林明锵等译,北京大学出版社,2012,第161页。

② 张继恒:《非政府组织的行政主体地位研究》,法律出版社,2017,第128-129页。

③ 章志远:《迈向公私合作型行政法》,载《法学研究》2019年第2期,第150-151页。

④ 刘水林:《风险社会大规模损害责任法的范式重构——从侵权赔偿到成本分担》,载《法学研究》2014年第3期,第109页。

经济风险协同治理的"行为—过程"控制。有论者认为,法治的"行为—过程"范式关注的基础和起点是经验事实,聚焦于法治的实然状态、实际行为和实际过程,是对法治行为、法治过程的观察、描述、概括和提炼,强调一切从时间、地点、条件、相互关系、交往方式等因素出发,重视这些因素对法治过程、法治行为的决定性影响。[①] 笔者认为,在虚拟经济风险协同治理中强调"过程—行为"控制模式,一方面,能克服责任机制以"后果判断"为基础的弊端,其能对虚拟经济风险治理各个环节施以规范约束,而不忽略其中任何一个环节,所具有的"防患于未然"色彩尤其契合虚拟经济风险治理需要;另一方面,"过程—行为"范式强调从具体情势出发考察行为过程,本身也是虚拟经济风险协同治理的内在要求。而有关行为过程法律规制的路径,学界已有较充分的研讨,[②]虚拟经济风险协同治理的过程控制可以此为参照展开设计,本文不再论述。

在多元主体参与的复杂虚拟经济世界里,政治集团、市场主体和虚拟经济机构围绕虚拟经济运行展开的博弈必然是多元而复合的。各种利益关系所构成的复合群像和复杂情境是一种客观存在。在这种背景下,对虚拟经济风险的防范是一项庞大而复杂的系统工程,无论是政府、市场抑或社会,都无法拥有防范虚拟经济风险的所有资源、工具和技术,这种能力的分化形态决定了对虚拟经济风险防范需要整合不同的力量,需要多元治理主体间的互动与合作。唯有此,才能更有效地维护虚拟经济安全,才能提升虚拟经济风险治理的实效性,进而为实体经济健康发展提供良好的虚拟经济环境。

---

① 喻中:《"行为—过程"范式下的社会主义法治理念》,载《法商研究》2012 年第 4 期,第 103-105 页。

② 代表性的文献有,湛中乐:《现代行政过程论:法治理念、原则与制度》,北京大学出版社,2005;江利红:《行政过程论研究:行政法学理论的变革与重构》,中国政法大学出版社,2012。

结　语

　　任何一部法律制度所包含的价值指向都不可能是单一的,虚拟经济秩序、虚拟经济效率和虚拟经济安全无疑都可以成为虚拟经济法律制度的价值构成。但是,它们的关系不是平行的、并列的,而且在各个价值之间还有可能出现冲突现象,其原因正如有学者所论,是"价值主体的多元化和社会经济生活的广泛性与复杂性及社会条件的多重性与多变性。"①在虚拟经济有限发展法学理论的框架下,虚拟经济法的安全价值尤其需要得到特别的强调,其理应成为虚拟经济法的首要价值并通过相应的保障来实现。

　　虚拟经济有限发展法学理论以历史为依据,考察并分析了诱发金融危机的历史事实。从中可见的一个现象,就是虚拟经济法的发展史,在本质上是以维护虚拟经济安全为内容的立法史。或者说,虚拟经济法律制度正是近现代经济不安全(经济灾难)的产物,其初衷就是要预防与应对虚拟经济生活中的不安全事件,是一种典型的"危机对策"立法。一般情况下,每次剧烈的危机之后,便会有应对危机的虚拟经济法律制度产生,比如,1929年经济危机之后,"面对严峻的经济形势,美国政府开始意识到证券市场在经济生活中的特殊意义以及自由放任所酿成的恶果。痛定思痛,美国政府决定以法律形式对证券市场进行干预和控制。"②

---

①　刘大洪、廖建求:《论市场规制法的价值》,《中国法学》2004年第2期,第98页。

②　胡光志:《内幕交易及其法律控制研究》,法律出版社,2002,第206-207页。

虚拟经济有限发展法学理论对虚拟经济法的价值序位进行了重构,认为从秩序、效率与安全的关系看,安全既是秩序、效率的基础,又是秩序、效率的保障,一个缺乏整体安全价值的虚拟经济法律制度,注定是缺乏效率和秩序的——即便有,也只能是暂时的、局部的。因此可以说,任何秩序与效率都要以安全为前提;秩序与效率虽然也是虚拟经济法律制度的基本价值,但它们还不足以解释虚拟经济立法的根本动因。而虚拟经济安全却能最好地解释虚拟经济立法的意图,是虚拟经济法律制度的主导价值或核心价值。

虚拟经济有限发展法学理论对虚拟经济的特征进行了全面的梳理和总结,认为与实体经济相比,虚拟经济具有运行中的自我异化性、高成本性、高风险性等特征,这些特征使得虚拟经济极易导致泡沫经济和经济危机,现代社会的实践也屡次证明,各地出现的所谓"经济危机""金融风暴""金融大爆炸""次贷危机"等,绝大多数都是直接源于虚拟经济领域。因此,从法律的层面来看,虚拟经济必须在有限发展的轨道上发展。立法者的立法动机和执法者的执法行为必然要反映人们对虚拟经济特点的认识,并将经济安全作为虚拟经济立法的首要价值目标,唯有此,虚拟经济才能健康发展,否则便有被戕害的危险。

虚拟经济法的安全价值需要通过相应的制度安排来实现。按照虚拟经济有限发展法治理论的分析逻辑,虚拟经济安全的法治塑造需要构造规范的法权结构。虚拟经济安全制度的构造蕴含的权利、权力内容及复杂关系,决定了以"权利—权力"为核心范畴的"法权理论"对其有更充分的解释力。提升金融素养,促成虚拟经济消费者权利的理性行使;实施"监管沙箱",平衡经营自由权行使中的创新与安全;规范虚拟经济监管权,提升虚拟经济监管行为的有效性,这些内容既是法权理论视角下虚拟经济安全法律制度建构的基本路径,也是实现虚拟经济有限发展的法治方案。同时,虚拟经济安全监管需要科学、高效的监管组织,监管组织的科学构造是决定虚拟经济风险监管合理性的关键要素,虚拟经济运行的基本事实和风险的具体状态,决定了对虚拟经济的监管必须是综合整体性监管和专业性监管的复合型监管,必须是灵活、适应和富有弹性的回应型监管。另外,虚拟经济风险的防范以风险识别和预警为前提。虚拟经济风险预警技术的科学性、预警组织的规范性和预警范围确定的合理性,是决定虚拟经济风险预警有效性的关键因素,它们均需要法律制度的促成和保障。最后,对虚拟经济风险的治理需要政府、社会和市场等机制的协同互动才能完成。从形成基础上讲,政府、社会和市场机制的治理能力及边界,以及虚拟经济风险的系统性、复杂性和治理所需知识的多样性,是虚拟经济安全价值实现的逻辑基础和现实依据。

参考文献

一、中文类参考文献

（一）著作类

［1］哈贝马斯.在事实和规范之间:关于法律和民主法治国的商谈理论[M].童世骏,译.北京:三联书店,2003.

［2］黑格尔.法哲学原理[M].范扬,张企泰,译.北京:商务印书馆,2017.

［3］马克斯·韦伯.经济与社会:下卷[M].林荣远,译.北京:商务印书馆,1997.

［4］马克斯·韦伯.经济与社会:第1卷[M].阎克文,译.上海:上海世纪出版集团,2010.

［5］马克斯·韦伯.支配社会学[M].康乐,等译.桂林:广西师范大学出版社,2004.

［6］施密特·阿斯曼.秩序理念下的行政法体系建构[M].林明锵,等译.北京:北京大学出版社,2012.

［7］乌尔里希·贝克,约翰内斯·威尔姆斯.自由与资本主义:与著名社会学家乌尔里希·贝克对话[M].路国林,译.杭州:浙江人民出版社,2001.

[8]乌尔里希·贝克.风险社会[M].何博闻,译.南京:译林出版社,2004.

[9]乌尔里希·贝克,等.自反性现代化:现代社会秩序中的政治、传统与美学[M].赵文书,译.北京:商务印书馆,2001.

[10]乌尔利希·贝克.从工业社会到风险社会:生存问题、社会结构与生态启蒙[M]//吴士余.全球化话语.上海:上海三联书店,2002.

[11]尤尔根·哈贝马斯.交往行为理论:行为合理性与社会合理化[M].曹卫东,译.上海:上海人民出版社,2004.

[12]埃哈尔·费埃德伯格.权力与规则:组织行动的动力[M].张月,等译.上海:上海人民出版社,2005.

[13]皮埃尔·卡蓝.破碎的民主:试论治理的革命[M].高凌瀚,译.北京:三联书店,2005.

[14]塞奇·莫斯科维奇.群氓的时代[M].许列民,等译.南京:江苏人民出版社,2003.

[15]亚里士多德.政治学[M].吴寿彭,译.北京:商务印书馆,2009.

[16]丹尼尔·贝尔.社群主义及其批评者[M].李琨,译.北京:三联书店,2002.

[17]B.盖伊·彼得斯.未来政府的治理模式[M].吴爱民,译.北京:中国人民大学出版社,2001.

[18]D.格林沃尔德.现代经济词典[M].翻译组,译.北京:商务印书馆,1981.

[19]E.S.萨瓦斯.民营化与公私部门的伙伴关系[M].周志忍,等译.北京:中国人民大学出版社,2002.

[20]W.理查德·斯格特.组织理论:理性、自然和开放系统[M].黄洋,等译.北京:华夏出版社,2002.

[21]埃莉诺·奥斯特罗姆.公共事物的治理之道:集体行动制度的演进

[M].余逊达,陈旭东,译.上海:上海译文出版社,2012.

[22]埃莉诺·奥斯特罗姆.制度激励与可持续发展[M].北京:三联书店,2000.

[23]安德鲁·芬伯格.技术批判理论[M].韩连庆,曹观法,译.北京:北京大学出版社,2005.

[24]伯纳德·施瓦茨.美国法律史[M].王军,等译.北京:中国政法大学出版社,1990.

[25]丹尼尔·F.史普博.管制与市场[M].余晖,等译.上海:格致出版社,1999.

[26]丹尼斯·H.朗.权力论[M].陆震纶,郑明哲,译.北京:中国社会科学出版社,2001.

[27]丹尼斯·M.帕特森.法律与真理[M].陈锐,译.北京:中国法制出版社,2007.

[28]丹尼斯·德鲁,唐纳德·斯诺.国家安全战略的制定[M].王辉青,等译.北京:军事科学出版社,1991.

[29]菲利普·库珀.合同制治理:公共管理者面临的挑战与机遇[M].竺乾威,等译.上海:复旦大学出版社,2007.

[30]菲利普·乔瑞.VAR:风险价值:金融风险管理新标准[M].张海鱼,等译.北京:中信出版社,2000.

[31]弗朗西斯·福山.国家构建:21世纪的国家治理与世界秩序[M].黄胜强,等译.北京:中国社会科学出版社,2007.

[32]弗里德曼.法律制度:从社会科学角度观察[M].李琼英,林欣,译.北京:中国政法大学出版社,1994.

[33]杰弗里·萨克斯,费利普·拉雷恩.全球视角的宏观经济学[M].费方域,等译.上海:上海人民出版社,2004.

[34]孔飞力.中国现代国家的起源[M].陈兼,陈之宏,译.北京:三联书

店,2013.

[35]莱斯利·辛克莱.相互竞争中的多种全球化概念[M]//吴士余.全球化话语.上海:上海三联书店,2002.

[36]理查德·A.波斯纳.法理学问题研究[M].苏力,译.北京:中国政法大学出版社,2002.

[37]理查德·A.波斯纳.法律的经济分析[M].蒋兆康,译.北京:中国大百科全书出版社,1997.

[38]理查德·波斯纳.超越法律[M].苏力,译.北京:中国政法大学出版社,2001.

[39]理查德·斯格特.组织理论:理想、自然和开放系统[M].黄洋,等译.北京:华夏出版社,2002.

[40]罗斯科·庞德.通过法律的社会控制[M].沈宗灵,等译.北京:商务印书馆,2017.

[41]迈克尔·麦金尼斯.多中心体制与地方公共经济[M].北京:三联书店,2000.

[42]诺内特,塞尔兹尼克.转变中的法律与社会:迈向回应型法[M].张志铭,译.北京:中国政法大学出版社,2004.

[43]帕特里夏·沃哈恩.亚当·斯密及其留给现代资本主义的遗产[M].夏镇平,译.上海:上海译文出版社,2006.

[44]塞缪尔·P.亨廷顿.变化社会中的政治秩序[M].王冠华,等译.北京:三联书店,1989.

[45]伊丽莎白·费雪.风险规制与行政宪政主义[M].沈岿,译.北京:法律出版社,2012.

[46]詹·库伊曼.治理和治理能力:利用复杂性、动态性和多样性[M]//俞可平.治理与善治.北京:社会科学文献出版社,2000.

[47]詹姆斯·M.布坎南,杰弗瑞·布伦南.宪政经济学[M].冯克利,

等译. 北京：中国社会科学出版社，2004.

[48]朱迪·弗里曼. 合作治理与新行政法[M]. 毕洪海，等译. 北京：商务印书馆，2010.

[49]青木昌彦. 比较制度分析[M]. 周黎安，译. 上海：上海远东出版社，2001.

[50]植草益. 微观规制经济学[M]. 朱绍文，等译. 北京：中国发展出版社，1992.

[51]贾维尔·埃斯特拉达. 果壳里的金融学[M]. 张桦，译. 杭州：浙江人民出版社，2009.

[52]安东尼·吉登斯. 失控的世界[M]. 周云红，译. 南昌：江西人民出版社，2001.

[53]F. A. 冯·哈耶克. 个人主义与经济秩序[M]. 邓正来，译. 北京：三联书店，2003.

[54]K. 波普尔. 猜想与反驳：科学知识的增长[M]. 傅季重，等译. 上海：上海译文出版社，1986.

[55]M. J. C. 维尔. 宪政与分权[M]. 苏力，译. 北京：三联书店，1997.

[56]安东尼·奥格斯. 规制：法律形式与经济学理论[M]. 骆梅英，译. 北京：中国人民大学出版社，2008.

[57]戴维·W. 皮尔斯. 现代经济学辞典[M]. 毕吉耀，谷爱俊，译. 北京：北京航空航天大学出版社，1992.

[58]弗里德里希·A. 哈耶克. 科学的反革命：理性滥用之研究[M]. 冯克利，译. 南京：译林出版社，2003.

[59]哈耶克. 法律、立法与自由：第一卷[M]. 邓正来，译. 北京：中国大百科全书出版社，2000.

[60]哈耶克. 自由秩序的原理[M]. 邓正来，译. 北京：三联书店，1997.

[61] E. 博登海默. 法理学：法律哲学及其方法[M]. 邓正来，译. 北京：

中国政法大学出版社,2004.

［62］白春阳.现代社会信任问题研究［M］.北京:中国社会出版社,2009.

［63］陈家刚.协商民主:民主范式的复兴与超越［M］//陈家刚.协商民主.上海:上海三联书店,2004.

［64］池丽华,伊铭.现代管理学［M］.上海:上海财经大学出版社,2008.

［65］道格拉斯·C.诺斯.制度、制度变迁与经济绩效［M］.刘守英,译.上海:上海三联书店,2016.

［66］付子堂.法律功能论［M］.北京:中国政法大学出版社,1999.

［67］关保英.行政法的私权文化与潜能［M］.济南:山东人民出版社,2003.

［68］管斌.金融法的风险逻辑［M］.北京:法律出版社,2015.

［69］郭道晖.法理学［M］.长沙:湖南人民出版社,2005.

［70］胡必亮,武岩,范莎.全球化与新农村［M］.重庆:重庆出版社,2016.

［71］胡光志.内幕交易及其法律控制［M］.北京:法律出版社,2002.

［72］胡光志.人性经济法论［M］.北京:法律出版社,2010.

［73］胡光志.虚拟经济的国家干预［M］//单飞跃等.需要国家干预:经济法视域的解读.北京:法律出版社,2005.

［74］胡光志.虚拟经济及其法律制度研究［M］.北京:北京大学出版社,2007

［75］胡光志.中国预防与遏制金融危机对策研究［M］.重庆:重庆大学出版社,2012.

［76］胡锦涛.坚定不移沿着中国特色社会主义道路前进 为全面建成小康社会而奋斗:在中国共产党第十八次全国代表大会上的报告［M］.北京:

人民出版社,2012.

[77] 季卫东,程金华.风险法学的探索:聚焦问责的互动关系[M].上海:上海三联书店,2018.

[78] 江必新,王红霞.国家治理现代化与制度构建[M].北京:中国法制出版社,2016.

[79] 江利红.行政过程论研究:行政法学理论的变革与重构[M].北京:中国政法大学出版社,2012.

[80] 金炳华.马克思主义哲学大辞典[M].上海:上海辞书出版社,2003.

[81] 李昌麒,应飞虎.论经济法的界限[M]//李昌麒.中国经济法治的反思与前瞻.北京:法律出版社,2001.

[82] 李昌麒.经济法学[M].北京:法律出版社,2007.

[83] 李震山.行政法导论[M].台北:台北三民书局,1998.

[84] 刘骏民.从虚拟资本到虚拟经济[M].济南:山东人民出版社,1998.

[85] 刘跃进.国家安全学[M].北京:中国政法大学出版社,2004.

[86] 罗伯特·阿克塞尔罗德.合作的复杂性[M].上海:上海世纪出版集团,2007.

[87] 沈岿.风险规制与行政法新发展[M].北京:法律出版社,2013.

[88] 沈宗灵.法理学[M].北京:北京大学出版社,2014.

[89] 王俊豪.政府管制经济学导论:基本理论及其在政府管制实践中的应用[M].北京:商务印书馆,2001.

[90] 王韶光,胡鞍钢.中国国家能力报告[M].沈阳:辽宁人民出版社,1993.

[91] 翁岳生.行政法[M].北京:中国法制出版社,2002.

[92] 吴越.经济宪法学导论:转型中国经济权利与权力之博弈[M].北

京:法律出版社,2007.

　[93]谢俊贵.信息的富有与贫乏:当代中国信息分化问题研究[M].北京:三联书店,2004.

　[94]徐孟洲.论经济法与宏观调控[M]//李昌麒.中国经济法治的反思与前瞻.北京:法律出版社,2001.

　[95]许国志.系统科学[M].上海:上海科技教育出版社,2000.

　[96]杨庆峰.技术现象学初探[M].上海:上海三联书店,2005.

　[97]姚建宗.法律与发展研究导论[M].长春:吉林大学出版社,1998.

　[98]应飞虎.信息失灵的制度克服研究[M].北京:法律出版社,2004.

　[99]湛中乐.现代行政过程论:法治理念、原则与制度[M].北京:北京大学出版社,2005.

　[100]张继恒.非政府组织的行政主体地位研究[M].北京:法律出版社,2017.

　[101]张守文.当代中国经济法理论的新视域[M].北京:中国人民大学出版社,2018.

　[102]张文显.法理学[M].北京:高等教育出版社,2003.

　[103]张文显.法哲学基础范畴研究[M].北京:中国政法大学出版社,2001.

　[104]赵林如.市场经济学大辞典[M].北京:经济科学出版社,1999.

　[105]中共中央马克思恩格斯列宁斯大林著作编译局.马克思恩格斯选集:第19卷[M].北京:人民出版社,1963.

　[106]中共中央马克思恩格斯列宁斯大林著作编译局.马克思恩格斯选集:第2卷[M].北京:人民出版社,2012.

　[107]卓泽渊.法的价值论[M].北京:法律出版社,2018.

　[108]顾功耘.金融危机与经济法的最新发展[M].北京:北京大学出版社,2010.

（二）论文类

［1］边卫红,单文.Fintech 发展与"监管沙箱":基于主要国家的比较分析［J］.金融监管研究,2017(7).

［2］蔡文成.多民族国家的国家认同:危机与重构——以国家治理为视角［J］.理论探索,2015(5).

［3］曹秋菊,唐正.开放经济下我国金融业安全度测算与对策研究［J］.求索,2013(12).

［4］曹瑞昌,吴建明.信息质量及其评价指标体系［J］.情报探索,2002(4).

［5］曹兴权.金融行业协会自律的政策定位与制度因应:基于金融中心建设的考量［J］.法学,2016(10).

［6］曾志兰.中国对外开放思路创新的历程:从外向型经济到开放型经济［J］.江汉论坛,2003(11).

［7］柴瑞娟.监管沙箱的域外经验及其启示［J］.法学,2017(8).

［8］陈斌,程永林.中国国家经济安全研究的现状与展望［J］.中国人民大学学报,2020(1).

［9］陈醇.金融系统性风险的合同之源［J］.法律科学,2015(6).

［10］陈醇.论金融法中的违约预防制度［J］.环球法律评论,2019(2).

［11］陈健,龚晓莺.新时代实体经济与虚拟经济协调发展研究［J］.经济问题探索,2018,39(3).

［12］陈金龙,魏银立.论我国制度优势的多维功能［J］.马克思主义理论学科研究,2020(1).

［13］陈乃新,季任天.论实现新发展理念的经济法改革:以加强劳动力权的保护为视角［J］.湘潭大学学报(哲学社会科学版),2017(6).

［14］陈秋玲,等.金融风险预警:评价指标、预警机制与实证研究［J］.

上海大学学报(社会科学版),2009(5).

[15] 陈瑞华.论企业合规的中国化问题[J].法律科学,2020(3).

[16] 陈瑞华.企业合规制度的三个维度:比较法视野下的分析[J].比较法研究,2019(3).

[17] 陈婉玲.法律监管抑或权力监管——经济法"市场监管法"定性分析[J].现代法学,2014(3).

[18] 陈婉玲.经济法权力干预思维的反思:以政府角色定位为视角[J].法学,2013(3).

[19] 陈婉玲.经济结构调整对传统法律主体理论的超越:以经济法区域经济调节为视角[J].法学,2014(10).

[20] 陈先才.西方国际危机管理三种理论模式之比较[J].河南大学学报(社会科学版),2006(6).

[21] 成思危.虚拟经济的基本理论及研究方法[J].管理评论,2009(1).

[22] 成思危.虚拟经济探微[J].南开学报(哲学社会科学版),2003(2).

[23] 成思危.虚拟经济与金融危机[J].管理科学学报,1999(1).

[24] 成思危.要重视研究虚拟经济[J].中国经贸导刊,2003(2).

[25] 程红星,王超.美国系统重要性金融市场基础设施的认定和监管及其启示[J].证券法律评论,2018.

[26] 褚葆一,马强.经济开放论与开放经济学[J].上海社会科学院学术季刊,1992(4).

[27] 戴凤岐.经济安全与经济法[J].法学杂志,2004(1).

[28] 戴赜,彭俞超,马思超.从微观视角理解经济"脱实向虚":企业金融化相关研究述评[J].外国经济与管理,2018(11).

[29] 丁冬.金融科技勃兴背景下金融监管法制的变革[J].上海政法学

院学报,2017(4).

[30] 丁志刚,于泽慧.论国家制度化治理与国家治理现代化[J].新疆师范大学学报(哲学社会科学版),2021(1).

[31] 丁志刚.论国家治理能力及其现代化[J].上海行政学院学报,2015(3).

[32] 杜厚文,伞锋.虚拟经济与实体经济关系中的几个问题[J].世界经济,2003(7).

[33] 段志国.金融监管权的纵向配置:理论逻辑、现实基础与制度建构[J].苏州大学学报(哲学社会科学版),2015(4).

[34] 范健.资本泛滥时期的公司治理与金融监管[J].法学杂志,2019(2).

[35] 范如国."全球风险社会"治理:复杂性范式与中国参与[J].中国社会科学,2017(2).

[36] 房莉杰.制度信任的形成过程:以新型农村合作医疗制度为例[J].社会学研究,2009(2).

[37] 冯果.金融法的"三足定理"及中国金融法制的变革[J].法学,2011(9).

[38] 冯留建."纪法贯通"的实践基础与当代价值[J].人民论坛,2020(4).

[39] 冯彦君.论职业安全权的法益拓展与保障之强化[J].学习与探索,2011(1).

[40] 高菲.网络嵌入性与互惠:产业集群网络治理机制的一个研究视角[J].公司治理评论,2012(4).

[41] 高小平.国家治理体系与治理能力现代化的实现路径[J].中国行政管理,2014(1).

[42] 耿明俊.全球化背景下的中国国家安全[J].当代世界与社会主

义,2003(2).

[43]古洪能.论基于国家治理体系的国家治理能力观[J].理论与改革,2020(5).

[44]顾海兵,沈继楼,周智高,等.中国经济安全分析:内涵与特征[J].中国人民大学学报,2007(2).

[45]顾海兵,朱凯.国家经济安全指标确定和修正的文献检索法:方法论与案例[J].南京社会科学,2017(3).

[46]顾海兵,等.俄罗斯的国家经济安全:经验与借鉴[J].湖南社会科学,2007(1).

[47]顾昕.走向互动式治理:国家治理体系创新中"国家市场社会关系"的变革[J].学术月刊,2019(1).

[48]郭建锦,郭建平.大数据背景下的国家治理能力建设研究[J].中国行政管理,2015(6).

[49]郭林宇,等.农产品质量安全网络舆情监控体制机制研究[J].食品科学,2013(3).

[50]韩庆祥,雷鸣.能力建设与当代中国发展[J].中国社会科学,2005(1).

[51]韩洋.危机以来国际金融监管制度的法律问题研究[D].上海:华东政法大学,2014.

[52]何德旭,娄峰.中国金融安全指数的构建及实证分析[J].金融评论,2012(5).

[53]何建雄.建立金融安全预警系统:指标框架与运作机制[J].金融研究,2001(1).

[54]何文龙.经济法的安全论[J].法商研究(中南政法学院学报),1998(6).

[55]何文龙.经济法的安全论[J].法商研究,1998(3).

［56］何问陶,王成进.股市波动对货币供求的影响研究:理论和中国的经验证据［J］.经济学家,2009(2).

［57］何增科.理解国家治理及其现代化［J］.马克思主义与现实,2014(1).

［58］洪银兴.虚拟经济及其引发金融危机的政治经济学分析［J］.经济学家,2009(11).

［59］洪正,周轶海.内部监督、监管替代与银行价值［J］.金融研究,2008(7).

［60］胡必亮,刘清杰,孙艳艳,王琛,孙苾蕙.一、全球化是一个客观的历史发展过程,谁也无法阻挡和逆转其发展趋势［J］.经济研究参考,2017(55).

［61］胡光志,靳文辉.国家干预经济中政府失灵的人性解读及控制［J］.现代法学,2009(3).

［62］胡光志,靳文辉.金融危机背景下对宏观调控法治化的再思考［J］.西南民族大学学报(人文社会科学版),2011(3).

［63］胡光志,张美玲.法律与社会的互动:经济法的民生价值及其展开［J］.西南民族大学学报(人文社科版),2016(1).

［64］胡光志.虚拟经济法的价值初探［J］.社会科学,2007(8).

［65］胡光志.中国虚拟经济制度供给模式之转变［J］.西南民族大学学报(人文社科版),2006(9).

［66］胡宁生.国家治理现代化:政府、市场和社会新型协同互动［J］.南京社会科学,2014(1).

［67］胡晓.虚拟经济发展对实体经济的影响:增长抑或结构调整［J］.财经科学,2015(2).

［68］黄谷.开放经济的宏观分析:理论与进展［J］.世界经济文汇,1991(1).

[69] 黄金老.论金融脆弱性[J].金融研究,2001(3).

[70] 黄萌.哲学视阈下虚拟经济发展的安全性与风险性研究[J].理论与改革,2015(1).

[71] 贾海燕.经济法的价值分析[J].法学论坛,2002(6).

[72] 江帆.经济法的价值理念和基本原则[J].现代法学,2005(5).

[73] 江泽民.加快改革开放和现代化建设步伐夺取有中国特色社会主义事业的更大胜利——在中国共产党第十四次全国代表大会上的报告[J].求实,1992(11).

[74] 姜建清,赵江.美国开放式金融保护主义政策分析:兼论开放式保护主义[J].金融研究,2003(5).

[75] 姜磊,等.金融体系的脆弱性与国际金融体制的创新[J].财政研究,2001(11).

[76] 蒋昌力.对我国虚拟经济与实体经济发展脱节的反思:基于日美泡沫经济破灭的启示[J].金融与经济,2014(7).

[77] 蒋悟真.现代经济法的法权结构论纲[J].法学杂志,2008(6).

[78] 金融稳定理事会金融科技课题工作组.金融科技对金融稳定的影响及各国应关注的金融科技监管问题[J].金融监管研究,2017(9).

[79] 靳文辉.弹性政府:风险社会治理中的政府模式[J].中国行政管理,2012(5).

[80] 靳文辉.公共规制的知识基础[J].法学家,2014(2).

[81] 靳文辉.互联网金融监管组织设计的原理及框架[J].法学,2017(4).

[82] 赖文燕.虚拟经济与实体经济发展中存在的问题及对策[J].金融与经济,2009(2).

[83] 雷华顺.众筹融资法律制度研究:以信息失灵的矫正为视角[D].上海:华东政法大学,2015.

［84］黎四奇.对我国金融危机预警法律制度构建的思考［J］.甘肃政法学院学报,2010(1).

［85］李宝伟.经济虚拟化下金融稳定与虚拟经济管理:基于次贷危机的启示［J］.亚太经济,2009(1).

［86］李昌麒,胡光志.宏观调控法若干基本范畴的法理分析［J］.中国法学,2002(2).

［87］李昌麒.论市场经济、政府干预和经济法之间的内在联系［J］.经济法研究,2000(1).

［88］李东方.证券监管法的理论基础［J］.政法论坛,2019(3).

［89］李东方.政府监管的缺陷与证券监管的适度性分析［J］.现代法学,2002(4).

［90］李华民.金融开放格局下的外源性金融危机:危机源甄别及其政策含义［J］.中国软科学,2007(3).

［91］李建.国家治理现代化内涵阐释与现实考量［J］.重庆社会科学,2017(1).

［92］李金泽,丁作提.经济法定位理念的批判与超越［J］.法商研究(中南政法学院学报),1996(5).

［93］李景鹏.关于推进国家治理体系和治理能力现代化:"四个现代化"之后的第五个"现代化"［J］.天津社会科学,2014(2).

［94］李军鹏.面向2035年的国家治理体系和治理能力现代化远景战略［J］.中国行政管理,2020(11).

［95］李俊慧.泡沫的经济分析［J］.学术研究,2018(2).

［96］李林.依法治国与推进国家治理现代化［J］.法学研究,2014(5).

［97］李晴,刘海军.党的领导制度引领国家治理现代化的路径分析［J］.长白学刊,2021(1).

［98］李少军.国家安全理论初探［J］.世界经济与政治,1995(12).

［99］李抒望. 正确认识和把握国家治理现代化［J］. 社会纵横,2014（1）.

［100］李玮玮,陈理飞. 新开放宏观经济学框架下经济稳定的动态分析［J］. 财经问题研究,2019（7）.

［101］李文红,蒋则沈. 金融科技（FinTech）发展与监管:一个监管者的视角［J］. 金融监管研究,2017（3）.

［102］李文钊. 理解治理多样性:一种国家治理的新科学［J］. 北京行政学院学报,2016（6）.

［103］李晓西,杨琳. 虚拟经济、泡沫经济与实体经济［J］. 财贸经济,2000（6）.

［104］李新廷,陈平. 国家治理能力:一种思想史维度的考察［J］. 福建行政学院学报,2014（5）.

［105］李鑫. 金融创新与风险:文献述评［J］. 金融评论,2014（4）.

［106］李营辉,毕颖. 新时代总体国家安全观的理论逻辑与现实意蕴［J］. 人民论坛·学术前沿,2018（17）.

［107］李志强. 中层场域:农村社会组织研究新框架［J］. 内蒙古社会科学（汉文版）,2016（3）.

［108］李滋仁. 对开放型经济的再认识［J］. 亚太经济,1991（6）.

［109］李子奈,齐良书. 关于计量经济学模型方法的思考［J］. 中国社会科学,2010（2）.

［110］林水波,陈志伟. 弹性化政府的设计与评估［J］. 公共管理评论（台湾）,2003.

［111］凌胜利,杨帆. 新中国70年国家安全观的演变:认知、内涵与应对［J］. 国际安全研究,2019（6）.

［112］刘大洪,廖建求. 论市场规制法的价值［J］. 中国法学,2004（2）.

［113］刘建伟. 国家治理能力现代化研究述评［J］. 探索,2014（5）.

［114］刘建卫.国家治理能力现代化研究述评［J］.上海行政学院学报，2015（1）.

［115］刘剑文，杨君佐.关于宏观调控的经济法问题［J］.法制与社会发展，2000（4）.

［116］刘洁，陈宝峰，吴莉昀.“脱实向虚”与“脱虚向实”：基于动态宏观经济效应的分析［J］.商业研究，2019（4）.

［117］刘金全.虚拟经济与实体经济之间关联性的计量检验［J］.中国社会科学，2004（4）.

［118］刘骏民，李曙军.全球流动性膨胀与经济虚拟化［J］.开放导报，2007（2）.

［119］刘骏民，王国忠.虚拟经济稳定性、系统风险与经济安全［J］.南开经济研究，2004（6）.

［120］刘骏民，张国庆.虚拟经济介稳性与全球金融危机［J］.江西社会科学，2009（7）.

［121］刘骏民.虚拟经济的理论框架及其命题［J］.南开学报（哲学社会科学版），2003（2）.

［122］刘骏民.虚拟经济的研究及其理论意义［J］.东南学术，2004（1）.

［123］刘少军.“虚拟经济法”的理论思考［J］.中国政法大学学报，2009（6）.

［124］刘水林.风险社会大规模损害责任法的范式重构：从侵权赔偿到成本分担［J］.法学研究，2014（3）.

［125］刘晓欣，宋立义，梁志杰.实体经济、虚拟经济及关系研究述评［J］.现代财经（天津财经大学学报），2016（7）.

［126］刘晓欣，田恒.虚拟经济与实体经济的关联性：主要资本主义国家比较研究［J］.中国社会科学，2021（10）.

［127］刘晓欣，张艺鹏.中国经济“脱实向虚”倾向的理论与实证研究：

基于虚拟经济与实体经济产业关联的视角[J].上海经济研究,2019(2).

[128] 刘晓欣.当代经济全球化的本质:虚拟经济全球化[J].南开经济研究,2002(5).

[129] 刘晓欣.虚拟经济与价值化积累:从虚拟经济角度认识当代资本积累[J].当代财经,2005(12).

[130] 刘洋.虚拟经济与实体经济背离对现代金融危机的影响研究[J].经济问题,2015(1).

[131] 刘玉东.国家治理视野下党组织的发展路径和功能建设[J].科学社会主义,2019(4).

[132] 刘跃进."安全"及其相关概念[J].江南社会学院学报,2000(3).

[133] 刘跃进.国家安全战略及其完善[J].新视野,2017(4).

[134] 刘跃进.国内关于安全是否具有主观性的分歧和争论[J].江南社会学院学报,2006(2).

[135] 刘跃进.论国家安全的基本含义及其产生和发展[J].华北电力大学学报(社会科学版),2001(4).

[136] 刘跃进.十四大以来中共中央关于国家安全的论述与决定[J].中央社会主义学院学报,2010(2).

[137] 刘跃进.以总体国家安全观构建国家安全总体布局[J].人民论坛,2017(34).

[138] 刘志彪.实体经济与虚拟经济互动关系的再思考[J].学习与探索,2015(9).

[139] 柳辉.扩大内需:我国经济安全的战略选择[J].华东经济管理,2001(4).

[140] 楼建波.金融海啸中的三重危机与法律应对[J].社会科学,2009(6).

[141] 鲁篱,黄亮.论银行业协会自律机制的设计[J].财经科学,2005

(4).

[142] 鲁篱,苏明.经济法价值新论[J].西南民族学院学报(哲学社会科学版),2001(3).

[143] 陆蓉,等.经济学论文的思想性与技术性关系笔谈[J].经济理论与经济管理,2013(10).

[144] 路艳丽.中国对东盟的安全战略研究(1992—2018)[D].北京:中共中央党校,2018.

[145] 罗海龙,吕善辉.21世纪初中国国家安全战略简论[J].理论界,2009(9).

[146] 罗依平,周江平.协商决策模式构建与国家治理能力现代化研究[J].理论探讨,2017(5).

[147] 罗泽胜.民法和经济法的经济安全价值之比较[J].渝西学院学报(社会科学版),2004(4).

[148] 罗智芸.国家治理能力研究:文献综述与研究进路[J].社会主义研究,2020(5).

[149] 吕忠梅,陈虹.论经济法的工具性价值与目的性价值[J].法商研究(中南政法学院学报),2000(6).

[150] 马宝成.总体国家安全观:一项战略学的分析[J].公安学研究,2020(3).

[151] 马登科.基于金融因素的国际油价波动分析:理论与实证[J].宏观经济研究,2013(10).

[152] 马华,马池春.乡村振兴战略与国家治理能力现代化的耦合机理[J].江苏行政学院学报,2018(6).

[153] 马晓红.金融危机后虚拟经济与实体经济耦合发展的必然性及对策[J].商业时代,2014(12).

[154] 马雪松.国家治理现代化视域下政治安全的内在机理与实现途

径[J].探索,2015(4).

[155] 马英娟.走出多部门监管的困境——论中国食品安全监管部门间的协调合作[J].清华法学,2015(3).

[156] 马勇,陈雨露.金融发展中的政府与市场关系:"国家禀赋"与有效边界[J].财贸经济,2014(3).

[157] 马勇.系统性金融风险:一个经典注释[J].金融评论,2011(4).

[158] 马振超.总体国家安全观:开创中国特色国家安全道路的指导思想[J].行政论坛,2018(4).

[159] 毛征兵,范如国,陈略.新时代中国开放经济的系统性风险探究——基于复杂性系统科学视角[J].经济问题探索,2018(10).

[160] 毛竹青.美国金融安全审查机制[J].银行家,2015(11).

[161] 孟建,刘志新.基于资本循环视角的产融结合研究[J].厦门大学学报(哲学社会科学版),2010(2).

[162] 孟祥青.关于21世纪初我国国家安全战略选择的几点思考[J].当代世界与社会主义,2001(6).

[163] 莫纪宏.国家治理体系和治理能力现代化与法治化[J].法学杂志,2014(4).

[164] 莫仲宁,张惠.实体经济与虚拟经济合理量比研究[J].改革与战略,2014(12).

[165] 牛军.中国国家安全战略60年:理论、历史与现实[J].国际政治研究,2009(4).

[166] 欧阳康.推进国家治理体系和治理能力现代化[J].华中科技大学学报(社会科学版),2015(1).

[167] 欧阳明程.整体效益:市场经济条件下经济法的主导价值取向[J].法商研究(中南政法学院学报),1997(1).

[168] 潘忠岐.利益与价值观的权衡:冷战后美国国家安全战略的延续

与调整[J].社会科学,2005(4).

[169] 庞金友.“中国之治”向何处去:党的十九届四中全会后国家治理的走向与趋势[J].人民论坛·学术前沿,2019(23).

[170] 裴惠宁,成延洲.《证券法》与证券投资安全[J].兰州大学学报,2000(3).

[171] 裴长洪.中国建立和发展开放型经济的演进轨迹及特征评估[J].改革,2008(9).

[172] 裴长洪.中国特色开放型经济理论研究纲要[J].经济研究,2016(4).

[173] 彭显琪,朱小梅.消费者金融素养研究进展[J].经济学动态,2018(2).

[174] 彭岳.互联网金融监管理论争议的方法论考察[J].中外法学,2016(6).

[175] 戚建刚.风险规制过程合法性之证成[J].法商研究,2009(5).

[176] 戚建刚.风险规制过程合法性之证成:以公众和专家的风险知识运用为视角[J].法商研究,2009(5).

[177] 戚建刚.极端事件的风险恐慌及对行政法制之意蕴[J].中国法学,2010(2),转引自 Michael Specter,“10 years later, through fear, Chernobyl stil kills in Belarus,” *New York Times*,(March31. 1996):1.

[178] 钱学锋,裴婷.国内国际双循环新发展格局:理论逻辑与内生动力[J].重庆大学学报(社会科学版),2021(1).

[179] 钱学森.开放型世界经济 70 年:实践探索、理论渊源与科学体系[J].中南财经政法大学学报,2019(6).

[180] 秦国民,陈红杰.国家治理能力现代化视阈下提升制度执行力的着力点[J].中国行政管理,2017(8).

[181] 秦前红.评法权宪法论之法理基础[J].法学研究,2002(1).

[182] 邱蓉,梁永坚.虚拟经济与实体经济比率研究:基于金融危机的视角[J].经济问题探索,2020(1).

[183] 单飞跃,刘思萱.经济法安全理念的解析[J].现代法学,2003(1).

[184] 单飞跃.经济法的法价值范畴研究[J].现代法学,2000(1).

[185] 单飞跃.宪法政治场景中的金融危机干预[J].法学家,2010(6).

[186] 闪淳昌,周玲,沈华.我国国家安全战略管理体系建设的几点思考[J].中国行政管理,2015(9).

[187] 斯蒂文·L.施瓦茨.金融系统性风险[J],沈晖,缪因知,译.金融法苑,2013(01).

[188] 沈伟.风险回应型的金融法和金融规制:一个面向金融市场的维度[J].东方法学,2016(2).

[189] 沈伟.金融科技的去中心化和中心化的金融监管[J].现代法学,2018(3).

[190] 盛学军.冲击与回应:全球化中的金融监管法律制度[J].法学评论,2005(3).

[191] 石佑启,杨治坤.中国政府治理的法治路径[J].中国社会科学,2018(1).

[192] 史际春,李青山.论经济法的理念[J].华东政法学院学报,2003(2).

[193] 史玉成.环境法学核心范畴之重构:环境法的法权结构论[J].中国法学,2016(5).

[194] 史忠良.参与经济全球化必须注意国家经济安全[J].经济经纬,2002(2).

[195] 宋慧宇.行政监管权研究[D].长春:吉林大学,2010.

[196] 苏治,方彤,尹力博.中国虚拟经济与实体经济的关联性:基于规

模和周期视角的实证研究[J].中国社会科学,2017(8).

[197] 谭劲松.关于中国管理学科定位的讨论[J].管理世界,2006(2).

[198] 谭学良.整体性治理视角下的政府协同治理机制[J].学习与实践,2014(4).

[199] 谭学良.政府协同三维要素:问题与改革路径:基于整体性治理视角的分析[J].国家行政学院学报,2013(6).

[200] 陶娅娜.互联网金融发展研究[J].金融发展评论,2013(11).

[201] 田长海.我国金融业经营模式演进中的监管分析[D].成都:西南财经大学,2014.

[202] 童之伟.法权中心主义之要点及其法学应用[J].东方法学,2011(1).

[203] 王东光.国家安全审查:政治法律化与法律政治化[J].中外法学,2016(5).

[204] 王芳.合作与制衡:环境风险的复合型治理初论[J].学习与实践,2016(5).

[205] 王贵松.风险行政的组织法构造[J].法商研究,2016(6).

[206] 王贵松.风险社会与作为学习过程的法:读贝克的《风险社会》[J].交大法学,2013(4).

[207] 王贵松.行政裁量权收缩之要件分析:以危险防止型行政为中心[J].法学评论,2009(3).

[208] 王国刚,郑联盛.中国证券业70年:历程、成就和经验[J].学术研究,2019.

[209] 王国刚.关于虚拟经济的几个问题[J].东南学术,2004(1).

[210] 王立争.人性假设与民法基本原则重建:兼论公平原则的重新定位[J].法学论坛,2009(4).

[211] 王浦劬.全面准确深入把握全面深化改革的总目标[J].中国高

校社会科学,2014(1).

[212] 王千.虚拟经济与实体经济的非对称性影响[J].开放导报,2007(4).

[213] 王千.中国虚拟经济发展的现状、问题及对策[J].经济纵横,2006(1).

[214] 王谦,董艳玲.中国实体经济发展的地区差异及分布动态演进[J].数量经济技术经济研究,2018(5).

[215] 王荣珍.不动产预告登记制度研究[D].武汉:武汉大学,2013.

[216] 王相坤,刘剑文.论税权的理论根据:以法权为视角[J].山东警察学院学报,2007(2).

[217] 王一鸣.中国经济新一轮动力转换与路径选择[J].管理世界(月刊),2017(2).

[218] 王志强,梁钦.中国社会主义制度的国家治理能力优势:基于与西方资本主义制度的比较[J].社会主义研究,2020(6).

[219] 王智,杨莹莹.治理现代化进程中的新社会组织能力建设[J].社会主义研究,2017(5).

[220] 魏治勋."善治"视野中的国家治理能力及其现代化[J].法学论坛,2014(2).

[221] 温祖俊,王春玺.论国家治理体系和治理能力现代化的核心要义[J].江西社会科学,2020(5).

[222] 文军.西方多学科视野中的全球化概念考评[J].国外社会科学,2001(3).

[223] 闻岳春,严谷军.论金融危机预警系统的构建[J].浙江大学学报(社会科学版),2000(5).

[224] 翁学东.信心是个啥魔方:浅析金融危机背后的社会心理机制[J].人民论坛,2008(22).

[225] 吴风云,赵静梅.统一监管与多边监管的悖论:金融监管组织结构理论初探[J].金融研究,2002(9).

[226] 吴海山.资本运动视域中的当代资本主义金融危机[J].当代经济研究,2010(9).

[227] 吴汉东.人工智能时代的制度安排与法律规制[J].法律科学(西北政法大学学报),2017(5).

[228] 吴庆荣.法律上国家安全概念探析[J].中国法学,2006(4).

[229] 吴志成,王慧婷.全球治理能力建设的中国实践[J].世界经济与政治,2019(7).

[230] 谢贵春.债券市场风险治理法律机制研究:以信息规则的构建为中心[D].武汉:武汉大学,2016.

[231] 辛向阳.推进国家治理体系和治理能力现代化的三个基本问题[J].理论探讨,2014(2).

[232] 邢会强.金融危机治乱循环与金融法的改进路径:金融法中"三足定理"的提出[J].法学评论,2010(5).

[233] 邢会强.证券期货市场高频交易的法律监管框架研究[J].中国法学,2016(5).

[234] 熊光清.大数据技术的运用与政府治理能力的提升[J].当代世界与社会主义,2019(2).

[235] 徐玖玖.公私合作制 PPP 项目法律激励机制的制度重估及其优化[J].商业研究,2019(6).

[236] 许凌艳.金融统合监管法制研究:全球金融法制变革与中国的选择[J].证券法苑,2010,2(1).

[237] 徐孟洲.经济法的理念和价值范畴探讨[J].社会科学,2011(1).

[238] 徐明棋.经济全球化与中国的对外开放[J].上海社会科学院学术季刊,2000(4).

［239］徐湘林.“国家治理”的理论内涵［J］.人民论坛,2014(10).

［240］徐晓琳,朱国伟.大部制治理结构优化的推进策略与支持机制［J］.公共管理与政策评论,2013(2).

［241］许红梅,杨继国.虚拟经济与金融危机［J］.生产力研究,2010(12).

［242］许圣道,王千.虚拟经济全球化与国家经济安全研究［J］.中国工业经济,2009(1).

［243］许耀桐,刘祺.当代中国国家治理体系分析［J］.理论探索,2014(1).

［244］宣昌能.中国首次金融部门评估规划圆满完成［J］.中国金融,2012(19).

［245］宣晓伟.国家治理体系和治理能力现代化的制度安排:从社会分工理论观瞻［J］.改革,2014(4).

［246］薛刚凌.行政授权与行政委托之探讨［J］.法学杂志,2002(3).

［247］薛澜,张帆,武沐瑶.国家治理体系与治理能力研究:回顾与前瞻［J］.公共管理学报,2015(3).

［248］薛荣久.我国开放型经济体系构建的纲领与重大意义［J］.国际商务,2007(6).

［249］薛亚利.风险的民主化与科层制隐忧［J］.学术月刊,2014(11).

［250］阎孟伟,朱丽君.全球化的实质和进程与马克思的全球化理论［J］.南开学报(哲学社会科学版),2007(1).

［251］杨东,陆徐元.我国金融业统合监管体制的实现路径分析［J］.社会科学研究,2000(6).

［252］杨东.后金融危机时代金融统合法研究［J］.法学杂志,2010(7).

［253］杨东.互联网金融的法律规制:基于信息工具的视角［J］.中国社会科学,2015(4).

［254］杨东.互联网金融监管体制探析［J］.中国金融,2014(8).

［255］杨东.监管科技:金融科技的监管挑战与维度建构［J］.中国社会科学,2018(5).

［256］杨帆.关于金融突发事件的"非主流"视角［J］.开放导报,2008(2).

［257］杨琳.从几次金融危机看虚拟经济和实体经济关系［J］.中国金融,2009(5).

［258］杨松,张永亮.金融科技监管的路径转换与中国选择［J］.法学,2017(8).

［259］杨永军.社会舆情监测与预警的指标体系研究［J］.现代传播,2014(9).

［260］杨运星.论虚拟经济的稳定性、系统风险与经济安全［J］.商业时代,2013(24).

［261］叶祥松,晏宗新.当代虚拟经济与实体经济的互动:基于国际产业转移的视角［J］.中国社会科学,2012(9).

［262］尹朝晖.中国古代国家安全战略思想的借鉴价值［J］.理论探索,2013(5).

［263］于海峰,王方方.建设新时代中国特色社会主义开放经济理论体系［J］.东岳论丛,2018(5).

［264］于立深.台湾地区行政契约理论之梳理［J］.中外法学,2018(5).

［265］余晖.中国的政府管制制度［J］.改革,1998(3).

［266］余绍山,陈斌彬.从微观审慎到宏观审慎:后危机时代国际金融监管法制的转型及启示［J］.东南学术,2013(3).

［267］俞可平.国家治理体系的内涵本质［J］.理论导报,2014(4).

［268］俞俏萍.经济均衡发展视野的"脱实向虚"治理［J］.改革,2017(4).

［269］虞崇胜.坚持"三者有机统一"：新时代国家治理现代化的黄金法则［J］.当代世界与社会主义,2018(4).

［270］喻中."行为—过程"范式下的社会主义法治理念［J］.法商研究,2012(4).

［271］袁明旭.国家治理能力现代化视阈下领导者节制德性涵养研究［J］.思想战线,2018(1).

［272］袁志田,刘厚俊.马克思国际贸易理论的时代性与实践性：兼论中国开放型经济［J］.马克思主义研究,2006(2).

［273］岳彩申,王俊.监管理论的发展与证券监管制度完善的路径选择［J］.现代法学,2006(2).

［274］张波,李群群.现代政治文化与国家治理能力提升的共生逻辑［J］.理论探讨,2020(4).

［275］张国庆,刘骏民.金融危机与凯恩斯主义的全面回归：兼论对中国的政策启示［J］.南京社会科学,2009(9).

［276］张海波.中国应急管理结构变化及其理论概化［J］.中国社会科学,2015(3).

［277］张康之,张乾友.在风险社会中重塑自我与他人的关系［J］.东南学术,2011(1).

［278］张可云,蔡之兵.全球化4.0、区域协调发展4.0与工业4.0——"一带一路"战略的背景、内在本质与关键动力［J］.郑州大学学报（哲学社会科学版）,2015(3).

［279］张莉莉.后危机时代虚拟经济与经济法的适应性问题分析［J］.现代经济探讨,2011(1).

［280］张敏.经济全球化与发展中国家经济安全问题浅析［J］.江淮论坛,2000(4).

［281］张敏.经济全球化与发展中国家经济安全问题浅析［J］.上海投

资,2007(7).

[282] 张鹏,解玉平.金融监管组织架构变迁的趋势、原因及对中国的启示[J].现代管理科学,2012(3).

[283] 张守文."发展法学"与法学的发展:兼论经济法理论中的发展观[J].法学杂志,2005(3).

[284] 张守文.金融危机的经济法解析[J].法学论坛,2009(3).

[285] 张守文.经济发展权的经济法思考[J].现代法学,2012(2).

[286] 张守文.经济法学的发展理论初探[J].财经法学,2016(4).

[287] 张守文.现代化经济体系建设的经济法补缺[J].现代法学,2018(6).

[288] 张桐.围绕"全球化"概念的争议[J].教学与研究,2015(10).

[289] 张一雄.公私合作行政行为形式选择[D].南京:东南大学,2016.

[290] 张云,刘骏民.从次贷危机透视虚拟经济命题的研究[J].东岳论丛,2009(1).

[291] 张长东.国家治理能力现代化研究:基于国家能力理论视角[J].法学评论,2014(3).

[292] 张忠军.论金融法的安全观[J].中国法学,2003(4).

[293] 章志远.迈向公私合作型行政法[J].法学研究,2019(2).

[294] 赵江.美国开放式金融保护主义政策:兼论开放式保护主义[J].国际经济评论,2002(Z3).

[295] 赵鹏.风险评估中的政策、偏好及其法律规制[J].中外法学,2014(1).

[296] 赵瑞彰.开放经济系统论:特征与功能[J].亚太经济,1988(4).

[297] 赵瑞政,王文汇,王朝阳.金融供给侧的结构性问题及改革建议——基于金融结构视角的比较分析[J].经济学动态,2020(4).

[298] 赵万里,李艳红.专家体制与公共决策的技术——政治过程[J].

自然辩证法研究,2009(11).

[299] 赵万一.合规制度的公司法设计及其实现路径[J].中国法学,2020(2).

[300] 赵中源,杨柳.国家治理现代化的中国特色[J].政治学研究,2016(5).

[301] 郑言,李猛.推进国家治理体系与国家治理能力现代化[J].吉林大学社会科学学报,2014(2).

[302] 郑智航.当代中国国家治理能力现代化的提升路径[J].甘肃社会科学,2019(3).

[303]郑智航.食品安全风险评估法律规制的唯科学主义倾向及其克服:基于风险社会理论的思考[J].法学论坛,2015(1).

[304] 郑智航.网络社会法律治理与技术治理的二元共治[J].中国法学,2018(2).

[305] 钟飞腾.发展型安全:中国的一项大战略[J].外交评论(外交学院学报),2013(6).

[306] 钟开斌.中国国家安全体系的演进与发展:基于层次结构的分析[J].中国行政管理,2018(5).

[307] 周安平.法律价值何以是与何以不是[J].深圳大学学报(人文社会科学版),2020(3).

[308] 周成杰.《欧洲市场基础设施规则》述评:兼论对中国金融市场主体的影响与启示[J].法商研究,2014(5).

[309] 周建荣.金融生态环境、金融主体发展及其关系探析[J].财政监督,2016(11).

[310] 周维富.我国实体经济发展的结构性困境及转型升级对策[J].经济纵横,2018(3).

[311] 周友苏,廖笑非.金融危机背景下中国金融监管模式的选择与完

善[J].清华法学,2009(2).

［312］周长城,殷燕敏.金融市场的社会学视野[J].社会学研究,1999(6).

［313］周志忍,蒋敏娟.中国政府跨部门协同机制探析:个叙事与诊断框架[J].公共行政评论,2013(1).

［314］朱楠,任保平.虚拟经济系统性风险背景下的我国国家经济安全机制的构建[J].福建论坛(人文社会科学版),2015(10).

［315］朱太辉,陈璐.Fintech 的潜在风险与监管应对研究[J].金融监管研究,2016(7).

［316］朱晓武,阎妍.组织结构维度研究理论与方法评介[J].外国经济与管理,2008(11).

(三)其他类

[1]深圳上线金融风险防控实战预警系统[N/OL].深圳特区报,2018-05-15[2019-06-28].http://www.jr.sz.gov.cn/sjrb/gzdt/201805/t20180530_12008313.htm.

[2]《岳西县金融风险监测预警工作机制》第四条,http://xianzhi.ahyx.gov.cn/fazhiban/guifanxingwenjian/201412/13120.html,访问日期:2019 年 6 月 20 日。

[3]胡锦涛:《坚定不移沿着中国特色社会主义道路前进　为全面建成小康社会而奋斗——在中国共产党第十八次全国代表大会上的报告》,载《理论学习》2012 年 12 期,第 19-20 页。

[4]佚名:《金融行业 10 大领域网络安全报告》,http://www.aqniu.com/industry/26308.html,访问日期:2021 年 8 月 5 日。

[5]周小川:《私人部门可承建金融基础设施,但需有公共精神》,http://finance.sina.com.cn/hy/hyjz/2018-11-18/doc-ihnyuqhh7081603.sht

ml,访问日期 2019 年 6 月 20 日。

［6］董志勇、李成明:《国内国际双循环新发展格局:历史溯源、逻辑阐释与政策导向》,载《中共中央党校学报》2020 年第 5 期。

［7］《中共中央关于建立社会主义市场经济体制若干问题的决定》,1993 年 11 月 14 日中国共产党第十四届中央委员会第三次全体会议通过。

［8］董小君:《建立有效的金融风险预警机制》,载《金融时报》,2004 年 11 月 17 日。

［9］张立伟:《从金融安全走向国家经济安全》,载《21 世纪经济报道》,2007 年 3 月 14 日,第 4 版。

［10］王华庆:《开展金融知识普及活动,提升消费者金融素养》,载《金融时报》,2013 年 8 月 26 日,第 001 版。

［11］刘阳、李政:《经济学研究"轻思想重技术"倾向须扭转》,载《光明日报》,2013 年 9 月 4 日,第 11 版。

［12］《中共中央关于全面深化改革若干重大问题的决定》(2013 年 11 月 12 日中国共产党第十八届中央委员会第三次全体会议通过),载《人民日报》2013 年 11 月 16 日第 1 版。

［13］《中共中央关于全面深化改革若干重大问题的决定》,载《人民日报》2013 年 11 月 16 日,第 1 版。

［14］《中共中央政治局召开会议审议通过〈国家安全战略纲要〉》,载新华网 2015 年 1 月 26 日,http://www.xinhuanet.com//politics/2015-01/23/c_1114112093.htm,访问日期:2021 年 6 月 21 日。

［15］高国梁等:《信任风险:内涵、根源与制度规制》,载《法律与伦理》2018 年 7 月刊。

［16］吴晓波:《电视剧里的 P2P 广告是怎么骗你的》,参见 http://p2p.hexun.com/2018-07-25/193560610.html,访问日期:2019 年 4 月 30 日。

［17］《中国共产党第十九届中央委员会第五次全体会议公报》,2019 年

10 月 29 日，中国共产党第十九届中央委员会第五次全体会议通过。

　　［18］《中国共产党第十九届中央委员会第四次全体会议公报》，2019 年
10 月 31 日，中国共产党第十九届中央委员会第四次全体会议通过。

　　［19］《中共中央关于制定国民经济和社会发展第十四个五年规划和二
〇三五年远景目标的建议》，2020 年 10 月 29 日中国共产党第十九届中央委
员会第五次全体会议通过。

　　［20］《世行预计明年中国经济增速 7.9%》，载环球网 2020 年 12 月 24
日，https：//baijiahao. baidu. com/s？ id = 16869163001166 73697&wfr = spider
&for=pc，访问日期 2021 年 6 月 21 日。

　　［21］交通运输部：《2020 年春运全国公发送旅客 14.8 亿人次，比去年
同期下降五成 综合运输组织调度不断加强 防运并举精准保障复工复产》，
载 http：//www. mot. gov. cn/zhuanti/2020chunyun_ZT/gongzuobushu/202002/
t20200220_3417523. html，访问日期 2021 年 6 月 21 日。

　　［22］中华人民共和国中央人民政府网站，http：//www. gov. cn/xinwen/
2019-09/12/content_5429404. htm，访问日期：2021 年 6 月 21 日。

二、外文类参考文献

　　［1］Jody Freeman & Jim Rossi，"Agency Coordination in Shared Regulatory
Space，" Harvard Law Review125，No.5（2012）：1133.

　　［2］Perri 6，Diana Leat，Kinbery Selter，Gerry Stoker，Towards Holistic
Governance：The New Reform Agenda（New York：palgrave Press，2002），pp.
37-39.

　　［3］Elizabeth C. Fisher，"The Risks of quantifying Justice，" in Robert
Baldwin（ ed.），Law and Uncertainty：Risks and legal Processes，1977，pp.
306-311.

　　［4］Jasanoff S.，"Law's Knowledge：Science for Justice in Legal Setting' s," American Journal of Public Health95, No. S1(2005):95.

[5] Hayek, The Errors of Constructivism, New Studies in Philosophy, Politics, Economics and the History of Ideas(University of Chicago Press, 1978), p.5.

[6] See Hirshleifer D., "Psychological Bias as a Driver of a Driver of Financial Regulation," European Financial Management14, No. 5 (2008): 856-874.

[7] See M. Billio et al. "Econometric Measures of Connectedness and Systemic Risk in the Finance and Insurance Sectors," Journal of Financial Economics104, No. 3(2012):535-559.

[8] Bossone B. Financial Development and Industrial Capital Accumulation, World Bank Working Paper, 2000.

[9] Berndsen,R.,What is Happening in Scrooge Digiduck Warehouse? Inaugural Address Delivered at Tiburg University,February 25,2011

[10] Rose A.M., "Rumor in the Stock Market," Public Opinion Quartery15, No. 3(1951):461-486.

[11] Hirshleifer D., "Psychological Bias as a Driver of a Driver of Financial Regulation," European Financial Management14, No.5(2008): 856-874.

[12] M. Billio et al., "Econometric Measures of Connectedness and Systemic Risk in the Finance and Insurance Sectors," Journal of Financial Economics104, No. 3(2012):535-559.

[13] Nelson Mandela, Our Global Neighborhood: The Report of the Commission on Global Governance(New York: Oxford University Press,1995), pp. 2-3.

[14] Samuel Bowles, Microeconomics: Behavior, Institutions, and Evolution, Princeton(Princeton University Press, 2004), pp. 474-501.

［15］Andrew Crockett，"Why is financial stability a goal of public policy?" in Jack Rabin，Glenn L. Stevens，Marcel Dekker(ed.)，Handbook of Monetary and Fiscal Policy，2002，pp. 70-71.

［16］Michael Sandel，Liberalism and the Limit of Justice（Cambridge University Press，1998），p. 150.

［17］Maguire S. ，Phillips N. ，"Citibankers at Citigroup：A Study of the Loss of Institutional Trust after A Merger，" Journal of Management Studies 45，No. 2（2008）:372-401.

［18］Hayek，The Errors of Constructivism，New Studies in Philosophy，Politics，Economics and the History of Ideal（University of Chicago Press，1978），p. 5.

［19］Drucker，Peter F. "The Discipline of Innovation，" Harvard Business Review63，No. 3（1985）:13-15.

［20］Lyn Carson，Janette Hartz-Karp，"Adapting and Combing Deliberative Designs：Juries，Polls，and Forums，"in J. Gastil，P. Levine(ed.)，The Deliberative Democracy Handbook：Strategies for Effective Civic Engagement in the 21st Century(San Francisco：Jossey-Bass Press，2005），pp. 120-138.

［21］Mosher. F. ，Democracy and Public Service（Oxford University Press，1968），p. 7.